キャリアコンサルタント試験学習書

キャリア教科書

国 家 資 格

キャリアコンサルタント学科試験

テキスト＆問題集 第2版

みんなで合格☆
キャリアコンサルタント試験
原田政樹

JN247688

本書内容に関するお問い合わせについて

このたびは翔泳社の書籍をお買い上げいただき、誠にありがとうございます。弊社では、読者の皆様からのお問い合わせに適切に対応させていただくため、以下のガイドラインへのご協力をお願い致しております。下記項目をお読みいただき、手順に従ってお問い合わせください。

●ご質問される前に

弊社Webサイトの「正誤表」をご参照ください。これまでに判明した正誤や追加情報を掲載しています。

正誤表　https://www.shoeisha.co.jp/book/errata/

●ご質問方法

弊社Webサイトの「刊行物Q&A」をご利用ください。

刊行物Q&A　https://www.shoeisha.co.jp/book/qa/

インターネットをご利用でない場合は、FAXまたは郵便にて、下記"翔泳社 愛読者サービスセンター"までお問い合わせください。
電話でのご質問は、お受けしておりません。

●回答について

回答は、ご質問いただいた手段によってご返事申し上げます。ご質問の内容によっては、回答に数日ないしはそれ以上の期間を要する場合があります。

●ご質問に際してのご注意

本書の対象を越えるもの、記述個所を特定されないもの、また読者固有の環境に起因するご質問等にはお答えできませんので、予めご了承ください。

●郵便物送付先およびFAX番号

送付先住所　〒160-0006　東京都新宿区舟町5
FAX番号　　03-5362-3818
宛先　　　　（株）翔泳社 愛読者サービスセンター

※ 著者および出版社は、本書の使用によるキャリアコンサルタント試験合格を保証するものではありません。
※ 本書に記載されたURL等は予告なく変更される場合があります。
※ 本書の出版にあたっては正確な記述に努めましたが、著者および出版社のいずれも、本書の内容に対してなんらかの保証をするものではなく、内容やサンプルに基づくいかなる運用結果に関してもいっさいの責任を負いません。
※ 本書に掲載されている画面イメージなどは、特定の設定に基づいた環境にて再現される一例です。
※ 本書に記載されている会社名、製品名はそれぞれ各社の商標および登録商標です。
※ 本書では ™、®、© は割愛させていただいております。

はじめに

本書を手にとってくださった皆様、はじめまして。

私はキャリアコンサルタント試験が国家試験化して以来、受験する皆様を自らのホームページやセミナーで支援しています。また、自らもキャリアコンサルタントとして、求職者の支援や、働く方のキャリアアップのお手伝いをしています。

皆様の「キャリアコンサルタントになりたい！」と思ったきっかけは何ですか。

そのきっかけは様々だと思いますが、昨今の雇用を巡る状況の変化、働き方改革の進展、働くひとの意識が多様に変化する中で、今後は益々、キャリアコンサルタントの活躍のフィールドは広がっていくことでしょう。

ただ、キャリアコンサルタント試験の対策は、どうも一筋縄ではいきません。養成講習に通い、きちんと勉強したつもりでも、学科試験では広範な出題範囲の中から、幅広く、かつ奥行きのある知識が求められます。

これまでの過去問題を試しに解いてみて、その出題範囲の広さや深さ、難易度に驚いた方もいらっしゃるのではないでしょうか。

さらに、受験される方の多くは、職場での仕事はもちろんのこと、家庭や地域コミュニティ等においても、重要な役割や重い責任を担い、日々、やるべきことをたくさん抱えている、多忙な方ばかりでしょう。

私は、そのような環境の中でも、「キャリアコンサルタントになりたい！」と思った皆様のお気持ちに寄り添い、支援をしていきたいと考えています。

そのため、本書ではこれまでの学科試験に出題された内容を中心に、試験対

策に必要な知識をなるべくコンパクトにまとめています。また、試験で必ず正解してほしい問題を掲載しました。加えて、多忙な方でもなるべく効率よく学習できるようにすることを軸としつつも、今後の出題に備えるための内容のまとめや問題も掲載しています。

　この試験は一定の割合の方が合格する相対試験ではなく、合格基準を満たした方全員が合格できる絶対試験の形式をとっています。

　ですから、合言葉は「みんなで合格」です。
　学科試験では、合格ラインの35問を、落ち着いて必ず確保しましょう。

　合格まで伴走しますので、みんなで合格しましょう！
　キャリアコンサルタント試験の合格とともに、皆様の益々のご活躍をお祈りしています。
　書籍を通じて巡り会えた一人の人間として、応援しています。

みんなで合格☆キャリアコンサルタント試験
キャリアコンサルタント

原田 政樹

Contents ＜目次＞

はじめに iii

本書の使い方 ix

試験情報 xiv

学科試験対策の学習法 xxiii

キャリアコンサルタント試験に関するQ&A xxvii

1章 キャリアコンサルティングの社会的意義　1

1-1 社会及び経済の動向並びにキャリア形成支援の必要性の理解 2
厚生労働白書 2
労働経済の分析 3
第10次職業能力開発基本計画 4
働き方改革 7

1-2 キャリアコンサルティングの役割の理解 12
キャリアコンサルティングの役割と意義 12
キャリアコンサルタントの能力要件の見直し等に関する報告書 13

2章 キャリアコンサルティングを行うために必要な知識　17

2-1 キャリアに関する理論①
パーソナリティ・特性因子論アプローチ 18
パーソンズの理論 18
ローの理論 19
ホランドの理論 19
ホールの理論 22

2-2 キャリアに関する理論②
発達論・トランジションに関するアプローチ 26
ギンズバーグの理論 26
スーパーの理論 26
シャインの理論 28
ハンセンの理論 31
サビカスの理論 32
その他の理論家 34

2-3 キャリアに関する理論③
社会的学習理論アプローチ 38
バンデューラの理論 38
クランボルツの理論 40

v

2-4 キャリアに関する理論④ 意思決定論アプローチ 44

ジェラットの前期理論 44
ジェラットの後期理論 45
ヒルトンの理論 46

2-5 動機づけ（職務満足・職業適応）理論 48

マズローの理論 48
その他の理論家 49

2-6 代表的なカウンセリング理論の概要（基礎知識）、特徴 52

感情的アプローチ 52
認知的アプローチ 55
行動的アプローチ 56
その他のカウンセリング技能・知識 58

2-7 職業能力開発（リカレント教育を含む）の知識 64

リカレント教育 64
OJTとOff-JT 64
能力開発基本調査（令和元年度）　.. 65
教育訓練給付金制度 72
職業能力の開発に関する助成金 74
社内検定認定制度 75
職業能力評価基準 75
ジョブ・カード制度 75
キャリアシートの作成 77

2-8 企業におけるキャリア形成支援の知識 87

採用管理 87
配置や異動の管理 88
退職管理 90
労働時間管理 92
人事考課 93
人事制度 94
リーダーシップ理論 95
新しい働き方 96

2-9 労働市場の知識 102

労働市場に関する調査についての用語 102
国が行う調査の種類と特徴 104

2-10 労働政策及び労働関係法令並びに社会保障制度の知識 109

労働基準法 109
労働契約法 113
労働時間等設定改善法 114
労働安全衛生法 114
労働者派遣法 115
個別労働紛争解決促進法 116
育児・介護休業法 116
雇用保険法 117
労働者災害補償保険法（労災保険法） 118

Contents ＜目次＞

職業能力開発促進法 119
社会保障制度 120

2-11 学校教育制度及びキャリア教育の知識.................................. 130
学校教育法 130
キャリア教育の知識 131
卒業後の進路について 135

2-12 メンタルヘルスの知識 140
ストレス 140
職場における心の健康づくり
～労働者の心の健康の保持増進のための指針～（厚生労働省）........142
健康づくりのための睡眠指針2014（厚生労働省）...........................143
（改訂）心の健康問題により休業した労働者の職場復帰支援の手引き
（厚生労働省）..144
代表的な精神疾患 146

2-13 中高年期を展望するライフステージ及び発達課題の知識 151
エリクソンの理論...151
レビンソンの理論...152
その他の理論家 153

2-14 人生の転機の知識 156
シュロスバーグの理論..156
ブリッジスの理論...157

2-15 個人の多様な特性の知識 159
若年者への支援 159
高齢者への支援 161
障害者への支援 161
女性への支援 164
LGBTへの支援...166
治療と仕事の両立支援 167
外国人への支援 168

3章 キャリアコンサルティングを行うために必要な技能　173

3-1 カウンセリングの技能 174
包括的・折衷的アプローチ 174
3-2 グループアプローチの技能 181
グループアプローチ 181
ベーシック・エンカウンター・グループ 182
構成的グループ・エンカウンター...182
その他のグループアプローチ 183
様々なワークショップの手法...184
3-3 相談過程全体の進行の管理に関する技能 187
相談過程全体の進行の管理 187
3-4 相談過程において必要な技能... 190

vii

相談場面の設定 190
自己理解の支援 192
仕事の理解の支援 196
自己啓発の支援 197
意思決定の支援 198
方策の実行の支援 199
新たな仕事への適応の支援 200
相談過程の総括 200

4章 キャリアコンサルタントの倫理と行動 207

4-1 キャリア形成及びキャリアコンサルティングに関する教育並びに普及活動 .. 208
キャリア自律 208
4-2 環境への働きかけの認識及び実践 211
環境への働きかけ 211
4-3 ネットワークの認識及び実践 214
ネットワーク 214
4-4 自己研鑽及びキャリアコンサルティングに関する指導を受ける必要性の認識 ... 217
自己研鑽 217
スーパービジョン 217
4-5 キャリアコンサルタントとしての倫理と姿勢 220
キャリアコンサルタント倫理綱領 220

5章 模擬問題 227

模擬問題の解答一覧 278
解答用紙 279

資料① キャリアコンサルタント試験の出題範囲 281
資料② キャリアコンサルタント倫理綱領 294
Index＜索引＞ 299

本書の使い方

本書の構成

　本書は、キャリアコンサルタント試験の学科試験合格のために、体系的な学習ができるように構成しています。

　章立てについては、4つの試験科目ごとに4章に分けています。

第1科目　キャリアコンサルティングの社会的意義（第1章）
第2科目　キャリアコンサルティングを行うために必要な知識（第2章）
第3科目　キャリアコンサルティングを行うために必要な技能（第3章）
第4科目　キャリアコンサルタントの倫理と行動（第4章）

　さらに各章は複数の節で構成しています。節の並び順も、原則として出題範囲に沿った流れとなっています。

　節の内容は、テキストと一問一答からなります。知識や理論についてテキスト形式で解説し、節末の「一問一答でふりかえり」でポイントをすぐに確認できるようにしています。

　巻末には、実際の試験が模擬体験できるように、著者が作問した、模擬問題を掲載しています。

　テキスト、一問一答、模擬問題を構成している要素は、次のとおりです。

テキスト部分

❶ リード文
この節の出題傾向や、節内容の概要がわかるようになっています。

❷ 赤い文字
試験に重要なポイントが赤文字になっています。付属の赤シートをかぶせると文字が見えなくなるので、暗記などに活用できます。

❸ 出る、よく出る、読む、必ず読むアイコン
本文中の見出し横の「出る」「よく出る」アイコンはテーマの頻出度を示しています。また、資料に関するテーマには、「読む」「必ず読む」アイコンをつけています。特に必ず読むアイコンがついたテーマについては、該当する最新の資料を必ず一読することをお勧めします。

❹ 得点アップ
覚えておくと便利な知識やフレーズ（語呂合わせ等）を記載しています。

本書の使い方

一問一答部分

❺ 一問一答でふりかえり

各節の出題ポイントを簡潔に学習できるように、一問一答（Q&A方式）を各節末に配置しています。過去問題の問題文や選択肢を模して制作したので、より試験に近い問われ方で、かつコンパクトに知識の確認、整理ができます。テキスト部分で学んだ内容だけでなく、追加的に覚えておくべき知識が学べるような問題も盛り込んでいます。

❻ チェックボックス

繰り返し学習がしやすいように、チェックボックスをつけています。解いた結果を記入しておくことで、もう解かなくてもわかる問題や、何度も間違えてしまう問題などが、ひと目でわかるようになります。

❼ 模擬問題

　実際の試験の出題形式を模した上で、これまでの試験の出題範囲の順序や出題量などを分析し、制作しました。そのため、実際に問われたことのあるポイントなどを押さえることができます。学習の締めくくりとして、また自らの実力と合格との距離を測るためにご活用ください。

❽ 解答解説

　左ページに問題文、右ページに解答解説を配置しているため、問題を解く際は左ページのみを用い、解答解説を読む際は右ページを見てください。問題と解説の左右のページを見比べながら振り返りができるので、スムーズに内容を確認することができます。

本書の使い方

❾ 解答用紙

　より本番の試験をイメージできるように、解答用紙を用意しています。実際の試験の解答用紙とは形式が異なりますが、メモを書き込む空欄を加えているので、振り返りに活用できます。もちろん、実際の過去問題などを解く際にも、ご活用ください。

試 験 情 報

試験概要

　キャリアコンサルタントは、2016年4月に法制化された国家資格です。キャリアコンサルタントになるには、原則として、キャリアコンサルタント試験の学科試験と実技試験の両方に合格し、キャリアコンサルタント名簿に登録する必要があります。

受験資格

　下記いずれかの条件を満たしている方が受験できます。

・厚生労働大臣が認定する講習の課程を修了した者
・労働者の職業の選択、職業生活設計又は職業能力開発及び向上のいずれかに関する相談に関し3年以上の経験を有する者
・技能検定キャリアコンサルティング職種の学科試験又は実技試験に合格した者　など

試験実施機関

　厚生労働大臣が登録した次の登録試験機関が実施します（2021年2月1日現在2機関）。

・特定非営利活動法人キャリアコンサルティング協議会
・特定非営利活動法人日本キャリア開発協会

試験の概要

試験は学科試験と実技試験が行われます。

試験区分	学科	実技	
		論述試験	面接試験
出題形式	四肢択一	記述式	ロールプレイ、口頭試問
問題数	50問	キャリアコンサルティング協議会：1ケース（事例）日本キャリア開発協会：1〜2問	1ケース（事例）
試験時間	100分	50分	20分
合格基準	70/100点以上	90/150点以上（論述試験で4割以上、かつ面接試験のそれぞれの評価区分で4割以上）	
受験料	8,900円（税込）	29,900円（税込）	

(2021年1月1日現在)

　学科試験の内容は、2つの試験実施機関で共通です。一方、実技試験の論述試験は試験実施機関によって内容が異なります。また、実技試験の面接試験は、試験実施機関によって内容と評価区分が異なります。面接の評価区分は、キャリアコンサルティング協議会は「態度、展開、自己評価」、日本キャリア開発協会は「主訴・問題の把握、具体的展開、傾聴」となっています。

試験免除

下記の条件を満たしている方は、それぞれ該当する試験が免除されます。

・学科試験又は実技試験のどちらか片方に合格した方は、合格した試験が免除されます。
・技能検定キャリアコンサルティング職種の1級又は2級の学科試験、実技試験のどちらか片方の合格者は、キャリアコンサルタント試験の対応する試験が免除されます。

学科試験の試験科目と出題範囲

学科試験の試験科目と出題範囲は、下記のとおりです。

科目1：キャリアコンサルティングの社会的意義
①社会及び経済の動向並びにキャリア形成支援の必要性の理解
②キャリアコンサルティングの役割の理解

科目2：キャリアコンサルティングを行うために必要な知識
①キャリアに関する理論
②カウンセリングに関する理論
③職業能力開発（リカレント教育を含む）の知識
④企業におけるキャリア形成支援の知識
⑤労働市場の知識
⑥労働政策及び労働関係法令並びに社会保障制度の知識
⑦学校教育制度及びキャリア教育の知識
⑧メンタルヘルスの知識
⑨中高年齢期を展望するライフステージ及び発達課題の知識
⑩人生の転機の知識
⑪個人の多様な特性の知識

科目3：キャリアコンサルティングを行うために必要な技能
①基本的な技能
　(1) カウンセリングの技能
　(2) グループアプローチの技能
　(3) キャリアシート（法第15条の4第1項に規定する職務経歴等記録書を
　　　含む。）の作成指導及び活用の技能
　(4) 相談過程全体の進行の管理に関する技能

②相談過程において必要な技能
  (1) 相談場面の設定
    1. 物理的環境の整備
    2. 心理的な親和関係（ラポール）の形成
    3. キャリア形成及びキャリアコンサルティングに係る理解の促進
    4. 相談の目標、範囲等の明確化
  (2) 自己理解の支援
    1. 自己理解への支援
    2. アセスメント・スキル
  (3) 仕事の理解の支援
  (4) 自己啓発の支援
  (5) 意思決定の支援
    1. キャリア・プランの作成支援
    2. 具体的な目標設定への支援
    3. 能力開発に関する支援
  (6) 方策の実行の支援
    1. 相談者に対する動機づけ
    2. 方策の実行のマネジメント
  (7) 新たな仕事への適応の支援
  (8) 相談過程の総括
    1. 適正な時期における相談の終了
    2. 相談過程の評価

科目4：キャリアコンサルタントの倫理と行動

①キャリア形成及びキャリアコンサルティングに関する教育並びに普及活動
②環境への働きかけの認識及び実践
③ネットワークの認識及び実践
  (1) ネットワークの重要性の認識及び形成
  (2) 専門機関への紹介及び専門家への照会

④自己研鑽及びキャリアコンサルティングに関する指導を受ける必要性の認識

　(1) 自己研鑽

　(2) スーパービジョン

⑤キャリアコンサルタントとしての倫理と姿勢

　(1) 活動範囲・限界の理解

　(2) 守秘義務の遵守

　(3) 倫理規定の厳守

　(4) キャリアコンサルタントとしての姿勢

（キャリアコンサルティング協議会、学習情報・過去問題、「キャリアコンサルタント試験の出題範囲」より抜粋）

試験日程（2021年度の場合）

　実施機関によって、時期や試験開催地が異なるため、注意が必要です。また、記載内容は2021年1月1日現在、公表されている予定です。最新情報は、各実施機関のWebサイトをご確認ください。

▼キャリアコンサルティング協議会

試験回数	受験申込	学科・実技論述試験	実技面接試験	合格発表
第17回	2021年4月12日〜4月26日	2021年6月27日	2021年7月10日、11日、17日、18日	2021年8月10日
第18回	2021年8月16日〜8月30日	2021年10月31日	2021年11月6日、7日、20日、21日	2021年12月13日
第19回	2021年12月7日〜2022年1月17日	2022年3月6日	2022年3月19日、20日、26日、27日	2022年4月18日

試験	受験地*
学科	札幌・仙台・東京・名古屋・大阪・広島・福岡・沖縄
実技	札幌・仙台・大宮・東京・名古屋・大阪・神戸・広島・福岡・沖縄

＊実技試験の受験地は日程によって異なるので要注意。また、受験者数の状況によっては、予定よりも少ない日程で試験を行うこともある。詳しくはキャリアコンサルティング協議会のWebサイトを参照。

試験情報

▼日本キャリア開発協会

試験回数	受験申込	学科・ 実技論述試験	実技面接試験	合格発表
第17回	2021年4月8日 ～4月23日	2021年6月27日	2021年7月3日、4日 （追加7月11日*）	2021年 8月10日
第18回	2021年8月10日 ～8月30日	2021年10月31日	2021年11月13日、 14日（追加11月7日*）	2021年 12月13日
第19回	2021年12月13日 ～12月28日	2022年3月6日	2022年3月12日、 13日（追加3月19日*）	2022年 4月18日

試験	受験地
学科	札幌・仙台・東京・金沢**・名古屋・大阪・広島・高松**・愛媛**・ 福岡・沖縄**
実技	札幌・仙台・東京・金沢**・名古屋・大阪・広島・高松**・愛媛**・ 福岡・沖縄**

＊追加日程の実施地区は東京・名古屋・大阪・福岡のみ開催
＊＊金沢・高松・愛媛・沖縄会場は予定。開催有無は受験申請前に新着情報で知らされる

法令基準日（2021年度の場合）

　2021年度試験は、2021年4月1日の時点で既に施行（法令の効力発生）されている法令等に基づくものとされています。なお、試験範囲に含まれる時事的問題など、キャリアコンサルティングに関連するものとして知っておくべき知識・情報については、基準日にかかわらず出題される可能性があります。

合格発表

　受験団体の各サイトにて合格番号が発表され、結果通知書が手元に届きます。キャリアコンサルタント名簿の登録には、この合格番号と結果通知書が必要になるので大切に保管してください。

登録の更新

キャリアコンサルタントの登録継続には5年毎の更新を受ける必要があり、更新には、以下のA及びBの講習を受ける必要があります。

A. キャリアコンサルティングを適正に実施するために必要な知識の維持を図るための講習（知識講習）につき8時間以上
B. キャリアコンサルティングを適正に実施するために必要な技能の維持を図るための講習（技能講習）につき30時間以上

その他、詳細については、厚生労働省のHP「キャリアコンサルタントになりたい方へ」の「3．キャリアコンサルタントの登録の更新について」をご覧ください。

お問い合わせ

試験に関する最新情報や詳細な情報は、厚生労働省や、試験実施機関のホームページにてご確認ください。

厚生労働省「キャリアコンサルタントになりたい方へ」
https://www.mhlw.go.jp/stf/seisakunitsuite/bunya/koyou_roudou/jinzaikaihatsu/career_consultant01.html

キャリアコンサルティング協議会

【URL】https://www.career-cc.org/

03-5402-4688（**試験部**）　　03-5402-5588（**代表**）
10:00〜12:00、13:00〜17:00（土日祝日、夏季、年末年始休暇を除く）

　受験申請書類配布開始日から受験申請書類受付終了日までの期間は試験センターが開設されています。受験資格や申請書類の記載方法など、試験に関するご質問は、試験センターにお問い合わせください。

キャリアコンサルタント試験　試験センター
TEL：048-731-3233
受付時間：10:00〜12:00／13:00〜17:00（土日祝日、夏季、年末年始休暇を除く）

日本キャリア開発協会

【URL】https://www.j-cda.jp/

　受験・申請手続きについてのご質問は、受験サポートセンターにお問い合わせください。

受験サポートセンター
TEL：03-5209-0553、FAX：03-5209-0552
E-mail：jcda-careerex@cbt-s.com
受付時間：10:00〜17:00（土日祝を除く）

　受験資格（受験資格証明書）や、上記以外のご質問は、試験グループにお問い合わせください（実務経験が該当するかしないかの事前の問い合わせは受け付けていません）。

日本キャリア開発協会 試験グループ
TEL：03-6661-6224、FAX：03-5645-7170
受付時間：10:00〜15:00（土日祝を除く）

合格率

　学科試験、実技試験、及びそれぞれの試験の同時受験者について、合格率の推移を次の表にまとめました。なお、それぞれの数字は試験実施団体であるキャリアコンサルティング協議会（表中、キャリ協とする）と日本キャリア開発協会（表中、JCDAとする）で分けて記載しています。

▼合格率

試験回数 （実施時期）	学科		実技		学科、実技試験 同時受験者	
	キャリ協	JCDA	キャリ協	JCDA	キャリ協	JCDA
第1回 （2016年8、9月）	81.0% （945人）	74.2% （763人）	71.6% （716人）	51.5% （709人）	59.1% （389人）	37.2% （271人）
第2回 （2016年11、12月）	77.2% （511人）	74.8% （934人）	74.3% （597人）	59.4% （932人）	67.2% （295人）	50.7% （525人）
第3回 （2017年2、3月）	66.1% （496人）	63.3% （925人）	65.7% （564人）	61.9% （1,022人）	50.6% （296人）	48.6% （571人）
第4回 （2017年5、6月）	23.5% （217人）	19.7% （235人）	75.4% （782人）	63.7% （827人）	24.5% （181人）	17.1% （142人）
第5回 （2017年8、9月）	48.5% （513人）	51.4% （867人）	72.1% （557人）	65.7% （842人）	42.9% （261人）	43.3% （449人）
第6回 （2017年11、12月）	64.2% （917人）	61.5% （1,105人）	76.0% （890人）	66.4% （955人）	56.7% （562人）	50.9% （584人）
第7回 （2018年2、3月）	53.6% （575人）	54.8% （886人）	70.0% （636人）	74.6% （1,024人）	49.3% （336人）	52.4% （561人）
第8回 （2018年5、6月）	66.5% （992人）	59.9% （831人）	67.5% （909人）	71.9% （779人）	54.9% （637人）	53.6% （472人）
第9回 （2018年8、9月）	28.8% （392人）	32.1% （439人）	67.8% （879人）	67.9% （745人）	26.2% （265人）	34.6% （309人）
第10回 （2018年11、12月）	65.4% （1,464人）	62.9% （1,161人）	73.3% （1,320人）	65.7% （865人）	55.9% （889人）	53.3% （603人）
第11回 （2019年2、3月）	62.5% （1,185人）	62.7% （1,203人）	75.3% （1,235人）	74.1% （1,213人）	56.4% （761人）	58.3% （818人）
第12回 （2019年7月）	75.5% （1,421人）	75.5% （1,406人）	62.4% （1,034人）	68.7% （1,108人）	56.7% （751人）	60.3% （802人）
第13回 （2019年11月）	71.7% （1,509人）	70.4% （1,296人）	58.0% （1,298人）	65.4% （1,191人）	50.6% （906人）	58.1% （866人）
第14回 （2020年3月）	65.1% （1,043人）	69.1% （1,194人）	66.6% （1,225人）	65.3% （1,182人）	54.8% （706人）	55.8% （827人）
第15回 （2020年11月）	75.3% （2,136人）	74.7% （2,390人）	61.7% （1,786人）	64.3% （2,013人）	53.5% （1,301人）	57.0% （1,548人）

学科試験対策の学習法

みんなで合格のための5つのステップ

学科試験にスムーズに合格するための学習法をお伝えします。次のステップで、合格を目指しましょう。

1. 学科試験の出題範囲を確認しましょう。

多くの方は養成講習の受講が終わってから、本格的な学科試験対策を始めることと思います。まずは、日本キャリア開発協会（JCDA）やキャリアコンサルティング協議会のホームページで公開されている、キャリアコンサルタント試験の出題範囲の表をご覧ください（**本書巻末にも掲載しています**）。養成講習ではあまり意識してご覧になったことがない方が多いと思いますが、実際の学科試験は、この出題範囲から毎回概ね一定の割合で出題されています。まずは学科試験の全体像を掴みましょう。本書はこの出題範囲に基づいて、出題傾向を分析して、テキスト部分、一問一答部分を制作しています。

2. 本書のテキスト部分で学習内容を確認しましょう。

テキスト部分は、知識をインプットして、養成講習で学んだことや、知らなかったことをマスターするための部分として制作しています。

これまでに出題された内容を中心にしながらも、さらに今後出題の可能性のある内容も重要なポイントをまとめています。また、重要なキーワード等を赤字で表示しています。付属の赤シートで紙面を隠し、該当するキーワードを思い出しながら確認することで、知識が定着していきます。最初は思い出せなくても構いません。徐々にキーワードの確認を深めていきましょう。まずは知識の幹となる部分を作りましょう。段階的で構いませんので、細かな内容も思い出せるようになると、問題への対応力がより一層増していくことでしょう。

3. 本書の一問一答部分で正誤判定ができるかどうか確認しましょう。

一問一答部分は、知識をアウトプットして、その内容がきちんとマスターできているかどうかを確認するための部分として制作しています。

一問一答部分の問題は、過去に出題された問題を分析し、頻出項目を中心に掲載しています。合格ラインを確保するため、是非正解して欲しい問題ばかりを厳選しましたので、間違えてしまった問題は、是非、再度トライしてみてください。なお、一問一答部分にトライする時は、赤シートで解答と解説を隠しながら確認しましょう。

4．模擬問題部分に挑戦しましょう。

　模擬問題部分は、実際の学科試験の形式に基づき、四肢択一の形式で制作しています。過去の出題項目や問題量、2020年度からの新しい出題範囲を考慮して制作しています。四肢択一の形式での正答へのアプローチを演習しましょう。その際には、問題文をよく読み、「適切なもの」を選ぶのか「不適切なものを選ぶ」のかを確認してから着手しましょう。積極的に正答を導きだせるものもあれば、消去法で導き出すものもあります。問題の指示や解き方に注意して、合格に必要な得点力の養成にご活用ください。

5．本書を一巡したら、過去問題を解きましょう。

　スムーズに合格している方の学習方法をお聞きすると、過去問題を可能な限り、より多くの回数を解き、それを繰り返している方が多いです。過去問題は本書には掲載していませんので、各自で入手しましょう。過去問題にトライして、八割以上の得点が取れるまで、是非、粘り強く繰り返してみてください。

　過去問題の解説や出典と思われる参考書や官公庁の資料の詳細については、ホームページ「みんなで合格☆キャリアコンサルタント試験」において掲載していますので、是非参考にしてみてください。

参考書

　学科試験の出題範囲の内容理解をより一層向上させ、合格を確実にするために、特におすすめの参考書を下記に紹介します（版数は本書執筆時点のもの）。これまでの試験においては、これらの参考書等の記述内容がほぼそのまま出題されることも多々あります。試験問題への対応力を向上させるため、過去問題を解いて正答を確認する際には是非用意して欲しい参考書となります。読み込

むことも有効ですが、それが時間的に難しい場合には、出題箇所を参照（リファレンス）することで、頻出箇所の確認と今後の出題への対応に役立ちます。

・木村周著『キャリアコンサルティング　理論と実際 5訂版』（一般社団法人雇用問題調査会、2018年）

　これまでの学科試験で、最も多く出典となっていると思われる書籍です。キャリア理論、カウンセリング理論（療法）、その他キャリアコンサルティングに関しての教科書といってもよい位置づけの参考書です。

・渡辺三枝子編著『新版キャリアの心理学［第2版］』（ナカニシヤ出版、2018年）

　キャリア理論（キャリア理論家）に関する参考書です。理論家ごとに章立てがされており、キャリア理論に知識を体系的に身につけることができる参考書です。本書からの出題と思われる過去問題は、これまでに毎回多数あります。

・労働政策研究・研修機構編「職業相談場面におけるキャリア理論及びカウンセリング理論の活用・普及に関する文献調査」（独立行政法人労働政策研究・研修機構、2016年）

　独立行政法人労働政策研究・研修機構のホームページにおいて、PDFファイルが無料で公開されています。こちらはキャリア理論（キャリア理論家）とカウンセリング理論（療法）がバランスよく収載されています。公開されているPDFファイルは、スマートフォン、タブレットでもご覧になることができますので、移動時間や隙間時間の学習にも役立ちます。なお、本書の書籍版は、書名「新時代のキャリアコンサルティング」（労働政策研究・研修機構、2016年）として発行されています（有料)。詳しくは同機構のホームページをご確認ください。

　上記の書籍及び資料の3点は、過去問題に挑戦する際に用意してほしい参考書となります。その他では、次の2点も大変勉強になりますので、必要に応じてご用意ください。

・宮城まり子著『キャリアカウンセリング』（駿河台出版社、2002年）
・岡田昌毅著『働くひとの心理学』（ナカニシヤ出版、2013年）

　これまでたくさんの受験者をサポートしてきましたが、キャリアコンサルタント試験は頑張る皆様のご努力を裏切りません。
　合格を目指して、一緒に頑張っていきましょう。応援しています。

キャリアコンサルタント試験に関する Q&A
資格に関する皆様からのご質問

Q キャリアコンサルタント試験にはどのような人が受験していますか？

A 様々な経歴の人が受験していますが、次の方たちが多いようです。
・企業の人事部門や、教育研修部門で仕事をしている方
・人材派遣会社で仕事をしている方
・ハローワークなどの公的な職業需給調整機関で仕事をしている方
・公的職業訓練を実施している企業や行政機関で仕事をしている方
・高校や大学、塾や予備校などの教育機関で仕事をしている方
・社会保険労務士を中心とした士業としての仕事をしている方
・定年退職等をして、これまでの経験を活かして次のキャリアを構築しようと
　している方
・出産や子育てなどで一旦、仕事から離れているが、仕事に復帰するために取
　得を目指している方

　他には、人事部門に限らず企業の経営者層、管理職層の方、また年齢を問わ
ず転職に向けて取得している方もいます。
　最近では、若い方（大学生を含む）が、ご自身の将来のキャリア構築や、将
来の就職（転職）活動のために取得する動きもあると感じています。

Q これまでに一つの業界しか知らず、転職業界に詳しくないのですがキャ
リアコンサルタントが務まりますか？

A これまでのご自身の経験は、仕事での経験も私生活での経験もすべて、
キャリアコンサルタントとして活躍するに当たっての資源（リソース）、資産
になると思ってください。新たな仕事での、それぞれの業界知識などは後から
でも身につけることができます。
　どの業界でこの資格を活用するにしても、相談者（クライアント）に寄り添

うことができる姿勢や態度、キャリアの理論、カウンセリングの知識やスキル等を身につけることが大切です。資格取得の前も後も、絶えず学ぶ姿勢はどのような仕事に就いても、どんな年齢であっても必要になります。

Q 50代となってしまいましたが、キャリアコンサルタントとしてキャリアを積むには遅すぎるでしょうか。

A 40代の私がいうのは説得力に欠けるかもしれませんが、ご自身のご経験は、キャリアコンサルタントにとっては資源（リソース）であり、資産です。

ただし、働く人を取り巻く環境の変化や、若い人たちの仕事への姿勢や働き方の変化、経済情勢、雇用情勢などには常にアンテナの感度を良くしておきましょう。また、キャリア理論やカウンセリング理論、技法への探究心や好奇心を大切にして自己研鑽しましょう。これは私も肝に銘じます。

Q キャリアコンサルタントの年収はどれくらいですか？

A 一概にはいえませんが、独立行政法人労働政策研究・研修機構での調査結果がありますので紹介します。最近1年間の税込み個人年収が調査結果として報告されています。

▼最近1年間の税込み個人年収（一部抜粋）

最近1年間の税込み個人年収	割合
なし	2.1%
200万円未満	13.6%
200〜400万円未満	33.2%
400〜600万円未満	21.5%
600〜800万円未満	14.1%
800〜1,000万円未満	7.5%
1,000〜1,200万円未満	4.6%
1,200〜1,400万円未満	1.7%
1,400〜1,600万円未満	0.8%
1,600〜1,800万円未満	0.2%
1,800〜2,000万円未満	0.2%
2,000万円以上	0.4%
合計	100%

出典：独立行政法人労働政策研究・研修機構「キャリアコンサルタント登録者の活動状況等に関する調査　労働政策研究報告書No.200」（2018年、p.23）

ただし、これはそもそも企業等に勤務している方が、キャリアコンサルタントを取得している場合も含まれますし、大学のキャリアセンターなどで、週に２、３日程度、短時間の勤務をしている方も含まれますから、数値の読み取りには注意が必要です。

なお、同報告書において、「最近1年間の税込み個人年収の現在の就労状況別の特徴」の調査結果もあります。

正社員と非正規社員での比較では、正社員では割合の高い順から、400〜600万円未満（31.9%）、800万円以上（26.0%）、600〜800万円未満（24.0%）となっているのに対して、非正規社員では、200〜400万円未満（62.0%）、200万円未満（23.0%）、400〜600万円未満（10.9%）の順となっています（独立行政法人労働政策研究・研修機構「キャリアコンサルタント登録者の活動状況等に関する調査　労働政策研究報告書No.200」（2018年、p.25））。

育児や介護等との両立を考え、自宅近くの大学のキャリアセンターなどで短時間の仕事に就いているという方がいる一方で、企業に属している方や、フリーランス（自営業者）、会社経営者としてキャリアコンサルタント資格を活かしている方もいます。また、Zoom等を活用してオンラインでカウンセリングをしている方もいます。

キャリアコンサルタント自身の働き方もまた様々です。キャリアコンサルタントは、まだ歴史がとても浅い国家資格です。その求められる姿や仕事の仕方、報酬についても、様々な形が今後登場するのではないかと感じています。

資格取得後は、ともにキャリアコンサルタントの世界を開拓していきましょう。

キャリアコンサルタント試験に関するQ&A 試験に関する皆様からのご質問

Q 日本キャリア開発協会（JCDA）とキャリアコンサルティング協議会について、どちらで受験するべきでしょうか。

A キャリアコンサルタント試験は、2つの登録試験機関で実施されます。登録試験機関とは試験を実施する機関のことで、日本キャリア開発協会（JCDA）とキャリアコンサルティング協議会があります。キャリアコンサルタント試験を受験する人はどちらかに受験申請をすることになります。

どちらの登録試験機関で受験しても「学科試験」の内容は同じですが、「実技試験（論述・面接）」は内容が異なります（p.xv）。注意してください。

どちらで受験するのか？

どちらが良いとか、どちらが易しいといったものはありません。実技試験の合格率にはいつも差がありますが、それは回によって異なりますので、どちらが受かりやすいか、という視点ではあまり考えない方がよいでしょう。

ではどちらにするか？

多くの方が受験資格を得るためや、受験資格がある方でも、体系的に学び直すために養成講習に通うことと思います。養成講習は、両方の登録試験機関に対応しているところもあれば、いずれかに対応しているところもあります。試験対策は通常の養成講習とは別にオプション講習として、両方に対応しているところもあるようです。ですから、養成講習をどこで受講するかの検討においては、養成講習を実施しているスクール等にそれらを必ず確認しましょう。

どちらで合格しても「キャリアコンサルタント」の資格が与えられることは同様です。

ただし、実技試験の内容を検討すると、相談者（クライエント）に寄り添い、その発言に対して、丁寧にじっくりと耳を傾けるということは同様ですが、次のような違いがあるように感じています。

どちらかといえば、日本キャリア開発協会（JCDA）はキャリア・カウンセリング（相談）の視点がやや強めであり、キャリアコンサルティング協議会はキャリア・ガイダンス（指導）の視点がやや強めなのではないかと私は感じています。これはあくまで私見で、試験制度の中で定義づけられたものではありませんし、どちらが良いというものでもありません。また、このあたりの感触は人によって異なりますので、既に受験をした先輩などが周囲にいましたら、相談してみるのもよいでしょう。

ちなみに私は旧試験制度の頃に、日本キャリア開発協会（JCDA）のCDA対応の養成講習を「日本マンパワー」で受講し、その中で学んだ「経験代謝」のカウンセリング手法がとても好きで、今でもカウンセリング手法の軸にしてカウンセリング実務を実践しています。

Q 学科試験対策は、どのくらい、どのように勉強したらよいですか。

A その人のそもそもの前提知識や普段の業務内容、養成講習での学びの質によって変わってきますが、時間にすると概ね100時間程度を学科試験対策に使って合格する方が多いようです。ただし、これには個人差があります。これより多い方も少ない方もいます。

本書を中心に知識を確認し、掲載されている問題を演習した後は、過去問題を解いては、解説や出典となっていると思われる参考書や官公庁が公表している資料などを確認し、知識の幹づくりと枝葉付けをしていくのが学科試験対策の王道といえます。

出題範囲は広く、身につけるべき知識が非常に多いことは、過去問題を解くとすぐに気づくことと思います。ですから養成講習が終わったら、たとえ養成講習の復習が不十分であっても、なるべく早めに過去問題を解き始めることをおすすめしています。「急がば過去問題」、これは頭の片隅に入れておいてください。

なお、これまでの過去問題の解説や出典と思われる参考書や資料の詳細については、ホームページ「みんなで合格☆キャリアコンサルタント」に掲載していますので、是非参考にしてみてください。

また、過去問題を解く際には、日本キャリア開発協会（JCDA）やキャリアコンサルティング協議会のホームページで公開されている、出題範囲の表を意識しながら解いてください。養成講習では、この出題範囲の表があまり考慮されていないようです（出題範囲は、本書巻末にも掲載）。

　私は出題範囲ごとに横断的にこれまでの過去問題を解く、「ヨコ解き」の実践を特におすすめしています。試験回ごとに問1から問50まで順に解くことを私は「タテ解き」と呼んでいますが、これまでの出題傾向を掴んで知識を整理するには、「ヨコ解き」の方が時間的にも、労力的にも効率が良いと考えています。

　また、「ヨコ解き」や「タテ解き」を実践する際に便利なシート「タテヨコくん」を、ホームページ「みんなで合格☆キャリアコンサルタント試験」で公開しています。是非、シートも活用して実践してみてください。学科試験対策にかける時間を短縮しながら、効率よく知識を習得することができる可能性が高まるでしょう。

みんなで合格☆キャリアコンサルタント試験
URL https://www.career-consultant.info/

Q 実技試験対策はどのようにしたらよいですか？

A 実技試験（面接試験、論述試験）については、本書では深くは言及しませんが、どちらの登録試験機関で受験するにせよ、面接試験と論述試験は表裏一体の関係にあると考えています。適切な面接（ロールプレイング）ができるようになることが、すなわち論述試験対策にもなると私は考えています。なぜならば、論述試験は、問題用紙と答案用紙上で行われる面接（ロールプレイング）であると捉えているからです。面接（ロールプレイング）の逐語録を検討する要領です。

　ですから、実技試験は面接試験対策を軸として、養成講習が終わった後も、有志メンバーによる勉強会や有料の講習等を通じて自己研鑽することをおすすめしています。養成講習の面接（ロールプレイング）対策は、回数や時間が限

られていますから、養成講習後の研鑽はマストといってよいでしょう。

　なお、有志の勉強会においては、既に資格を取得している先輩や、講師（指導者）の支援を受けた方がより効果的です。アドバイスを謙虚に受けとめ、軌道修正を繰り返しましょう。練習をすれば必ずできるようになります。言語的追跡の技法等は、日常生活においても身近な方たちとの会話で実践してみてください。きっと、これまでのやり取りとは違った感触を覚えることでしょう。

　論述試験対策においては、実際に「書く」ことが大切です。特に日本キャリア開発協会（JCDA）の論述試験は、時間との戦いになることが多いです。時間内に、空欄を作らず書き終えることが合格ライン確保のために重要です。実際に「書く」練習を過去問題等により実践しましょう。面接対策も論述対策も、なかなかすぐに上達するものではないですから、焦らずに練習しましょう。

1章 キャリアコンサルティングの社会的意義

この章では、キャリアコンサルティングの社会的意義について学びます。雇用や働き方の現状から、キャリアコンサルタントとしての相談者（クライエント）との関係に至るまで、幅広い視野での理解が求められます。そのため、「労働経済の分析」などで雇用や働き方の現状と課題や、「職業能力開発基本計画」から読み取れる国の人材育成の方向性を理解し、徐々に進化（深化）していく、キャリアコンサルタントがあるべき姿の理解を深めましょう。

1-1 社会及び経済の動向並びにキャリア形成支援の必要性の理解

1-2 キャリアコンサルティングの役割の理解

1-1 社会及び経済の動向並びにキャリア形成支援の必要性の理解

全体をつかもう この出題範囲は、1問から2問、時事問題が出題されることが多く、予測が難しい部分です。労働経済の分析や職業能力開発基本計画からの出題が多いですが、働き方改革など、雇用を取り巻く最近の課題や動きにアンテナを張りましょう。

厚生労働白書

『令和2年版厚生労働白書-令和時代の社会保障と働き方を考える-』では、新型コロナウイルス感染症の感染拡大に伴う、働き方への影響についても言及している。

■ 新しい働き方

いわゆる3つの「密」を避け、極力非接触・非対面とする新たな生活様式は、働き方を大きく変えつつあり、自宅等でパソコンなどを使って仕事を行い、通勤時間や移動時間を節約できる、**テレワーク**が急速に広がり実施率が大きく増加した。また、テレワークを始めとする情報通信技術を活用した働き方は、雇用に限らず、いわゆる**フリーランス**という形でも広がっている。

■ エッセンシャルワークの重要性

一方で、医療・福祉、流通業、生活衛生業など人々の社会生活の維持に不可欠であり、感染拡大下でも継続せざるを得ない仕事、いわゆる**エッセンシャルワーク**の重要性もあらためて認識させることになった。

労働経済の分析

『労働経済の分析』は、厚生労働省が発表する白書で、大きく分けると二部構成になることが多く、第Ⅰ部の「労働経済の推移と特徴」は、一般経済や企業の動向、完全失業率や有効求人倍率等の雇用情勢や労働時間・賃金等の動向、消費・物価の動向に関する統計データの分析が中心となる。第Ⅱ部は、毎年、取り扱うテーマが異なり、労働や雇用を取り巻く現状や課題などがまとめられている。

完全失業率や有効求人倍率などの統計データについては、第2章でインプットします。

■ 労働経済の分析の第Ⅱ部のテーマ

その時々の克服すべき課題の検討や、推進すべき新しい動きなどがテーマとして取り上げられているが、ここでは最近の第Ⅱ部のテーマを紹介する。

『令和元年版 労働経済の分析 -人手不足の下での「働き方」をめぐる課題について-』では、次のようなテーマが取り上げられている。

・我が国を取り巻く人手不足等の現状
・就労を望む誰もが安心して働き続けられる「働きやすさ」の実現に向けて
・「働き甲斐」を持って働くことのできる環境の実現に向けて

働き甲斐については、ワーク・エンゲイジメントという概念を紹介している。
ワーク・エンゲイジメントは、仕事に関連するポジティブで充実した心理状態として、「仕事から活力を得ていきいきとしている」（活力）、「仕事に誇りとやりがいを感じている」（熱意）、「仕事に熱心に取り組んでいる」（没頭）の3つがそろった状態として定義される。

また、『平成30年版 労働経済の分析 -働き方の多様化に応じた人材育成の在り方について-』では、次のようなテーマが取り上げられている。

- 労働生産性や能力開発をめぐる状況と働き方の多様化の進展
- 働き方や企業を取り巻く環境変化に応じた人材育成の課題について
- 働き方の多様化に応じた「きめ細かな雇用管理」の推進に向けて
- 誰もが主体的にキャリア形成できる社会の実現に向けて

そして、平成29年版労働経済の分析「イノベーションの促進とワーク・ライフ・バランスの実現に向けた課題」では、次のようなテーマが取り上げられている。

- 我が国の経済成長とイノベーション・雇用との関係
- 働き方をめぐる環境の変化とワーク・ライフ・バランス（仕事と生活の調和）の実現

第Ⅰ部の内容は新しい版から、第Ⅱ部は過年度の版に遡って出題されることがあります。移動時間などに興味のあるテーマからでも読んでおきましょう。また最新版が発表された際には、WEBサイト「みんなで合格☆キャリアコンサルタント試験」にてお知らせします。

第10次職業能力開発基本計画

　職業能力開発基本計画は職業能力開発促進法に基づき、職業訓練や職業能力評価など、職業能力の開発に関する基本となるべき計画である。なお、「第10次」は、2016年度〜2020年度の5カ年を表し、その期間の計画である。その背景と目指す姿、今後の方向性、基本的施策は以下のとおりである。

■ 職業能力開発基本計画の背景と目指す姿

　日本経済は四半世紀ぶりの良好な状況を迎えるに至っている。この流れを確実にし、さらに加速させるためには、人口減少に伴う経済成長への制約を打ち

破り、日本経済を持続的な成長軌道に乗せることが求められる。

本計画の背景と目指す姿のイメージは次のとおりである。

社会背景：人口減少社会、グローバル化の進展、
　　　　　AI、ビッグデータ等の活用の広がり
　　　　　　　　　　　↓
目指す姿：全員参加の社会と人材の最適配置の実現
　　　　　　　　　　　↓
　　　　生産性の向上のための人材育成戦略
▲職業能力開発基本計画の人材育成戦略

■ 職業能力開発の4つの方向性

　職業能力開発をめぐる経済社会の変化と課題を踏まえ、生産性向上のための人材育成戦略を実行するために、今後の我が国は次の4つの観点から、職業能力開発を推進していく。

①生産性向上に向けた人材育成の強化
②「全員参加の社会の実現加速」に向けた職業能力底上げの推進
③産業界のニーズや地域の創意工夫を活かした人材育成の推進
④人材の最適配置を実現するための労働市場インフラの戦略的展開

■ ①生産性向上に向けた人材育成の強化の基本的施策

　国、企業、民間教育訓練機関、学校等の教育訓練資源の効果的な活用と、国全体の人材育成の抜本的な強化を図る。

・専門実践教育訓練給付制度等におけるIT分野の講座拡充や職業訓練の推進等
・キャリアコンサルタントの質の保証や専門性向上、セルフ・キャリアドックの導入の推進
・グローバル人材育成等のための助成金による訓練機会の確保、教育訓練休暇制度等の導入支援

■ ②「全員参加の社会の実現加速」に向けた職業能力底上げの推進の基本的施策

　全員参加の社会の実現加速のため、個々の特性やニーズに応じた職業能力開発の機会の提供と、一人一人の能力の底上げを図る。

- ・育児等と両立しやすい短時間訓練や託児支援サービス
- ・児童・生徒への職場体験等の支援、若者に対する雇用型訓練の推進、地域若者サポートステーションにおけるNEETや高校中退者等への支援の強化
- ・中高年の在職中のキャリアアップや再就職に向けた支援
- ・障害者の特性やニーズに応じた訓練の実施
- ・キャリアアップ助成金、雇用型訓練等による非正規雇用労働者の支援

■ ③産業界のニーズや地域の創意工夫を活かした人材育成の推進の基本的施策

　地域特性や、産業ニーズを反映した人材育成を、地域レベルで実施していく。

- ・産学官が連携した地域コンソーシアム（共同事業体）の構築
- ・多種多様なニーズに対応した人材育成プログラムの開発等の支援
- ・地域訓練協議会における多様な産業のニーズの把握、産業界や地域のニーズを反映した職業訓練の実施分野及び規模の設定
- ・教育訓練機関への訓練指導員派遣等による連携の強化

■ ④人材の最適配置を実現するための労働市場インフラの戦略的展開の基本的施策

　経済社会環境が急速に変化する中で、個々の労働者の能力を最大限に活かしながら、人材の最適配置を図るために、職業訓練制度や職業能力評価制度を両輪とした労働市場インフラの戦略的展開を図る。

- ・産業・職業構造の中長期的な変化を見据えた人材ニーズの把握
- ・総合的な訓練計画の策定、職業訓練におけるe-ラーニング（オンラインでの学習）の導入検討、最先端の技術革新やグローバル化に対応した人材

育成
- 対人サービス分野を重点とした技能検定の整備、認定社内検定の普及促進等による職業能力評価制度の構築
- ジョブ・カードの活用促進
- 企業における人材育成投資の促進
- 地域の職業能力開発行政の拠点としての都道府県労働局の機能強化

■第11次職業能力開発基本計画

　第11次職業能力開発基本計画は、2021年度に策定される予定である。第11次の計画期間となる2021年度からの5カ年においては、少子高齢化がさらに進展することや、AIやビッグデータ、IoT、ロボットといった、いわゆる第4次産業革命による技術革新の進展が見込まれ、これらの産業を支える人材確保や労働力の質の維持・向上に向け、時代の変化に対応した職業能力開発が期待される。

第11次職業能力開発基本計画が発表された際には、WEBサイト「みんなで合格☆キャリアコンサルタント試験」にてお知らせします。

働き方改革

　働き方改革は暮らし方そのものであり、日本の企業文化、日本人のライフスタイル、日本の働くということに対する考え方そのものに手を付けていく改革である。
　厚生労働省は働き方改革について、次のように位置づけている。

　我が国は、『少子高齢化に伴う生産年齢人口の減少』『育児や介護との両立など、働く方のニーズの多様化』などの状況に直面しています。こうした中、投資やイノベーションによる生産性向上とともに、就業機会の拡大や意欲・能力を存分に発揮できる環境を作ることが重要な課題になっています。

■ 働き方改革実行計画 読む

　働き方改革実行計画は、2017年3月に働き方改革実現会議において決定され、非正規雇用の処遇改善、柔軟な働き方がしやすい環境整備など、様々なテーマを持った計画である。2017年度から10年間のロードマップが設定されている。

　働き方改革の目指すところは、働く方一人一人が、より良い将来の展望を持ち得るようにすることであり、次のようなテーマと具体策がある。

▼働き方改革実行計画のテーマと具体策

テーマ	具体策（例）
非正規雇用の処遇改善	・同一労働同一賃金の導入
賃金引上げと労働生産性向上	・最低賃金の引上げ ・生産性の向上支援
長時間労働の是正	・時間外労働の上限規制 ・パワーハラスメント、メンタルヘルス対策 ・勤務間インターバル制度
柔軟な働き方がしやすい環境整備	・雇用型テレワークの推進 ・非雇用型テレワークへのセーフティネットと支援 ・副業、兼業の推進
女性・若者の人材育成	・女性のリカレント教育など学び直しの支援 ・就職氷河期世代や若者の活躍に向けた支援
病気の治療と仕事の両立	・主治医、会社・産業医、患者に寄り添う両立支援コーディネーターのトライアングル型のサポート体制
子育て・介護等との両立、障害者の就労	・保育士処遇改善 ・障害者の希望や能力を活かした就労支援の促進
雇用吸収力、付加価値の高い産業への転職・再就職支援	・年齢にかかわりない多様な選考・採用機会の拡大 ・職業能力・職場情報の見える化
教育環境の整備	・給付型の奨学金制度の創設
高齢者の就業促進	・継続雇用延長、定年延長への支援 ・全国マッチングネットワークの創設
外国人材の受入れ	・高度IT人材など外国人材の積極的な受入れ

1-1
社会及び経済の動向並びにキャリア形成支援の必要性の理解

　なお、リカレント教育とは、生涯にわたり、教育と労働などの諸活動を交互に行う学びの仕組みのことである。

■ その他の働き方改革の諸施策

　働き方改革を実行するために、様々な施策が、順次実施されている。

・働き方改革を総合的かつ継続的に推進するための基本方針を定めた労働施策総合推進法（いわゆるパワハラ防止法）の制定
・正社員と非正規社員の雇用形態にかかわらない公正な待遇の確保
・残業時間の上限は原則として月45時間、年360時間
・月60時間超の残業割増賃金率は大企業、中小企業ともに50%へ引上げ
・フレックスタイム制の拡充
・高度な専門的知識を持ち、高い年収を得ている労働者に対する高度プロフェッショナル制度の創設
・産業医・産業保険機能の強化

一問一答でふりかえり

☐ **Q** 医療・福祉、流通業、生活衛生業など人々の社会生活の維持に不可欠な仕事を、テレワークという。

　A 適切ではない。社会生活の維持に不可欠な仕事をエッセンシャルワークといい、そうした仕事をする人を、エッセンシャルワーカーという。

☐ **Q** 情報通信技術を活用した働き方は、いわゆるフリーランスという形でも広がっている。

　A 適切である。フリーランスは、特定の企業や団体、組織に属さずに仕事をする人のことである。

第1章　キャリアコンサルティングの社会的意義

9

Q ワーク・ライフ・バランスとは、仕事に関連するポジティブで充実した心理状態のことをいう。

A 適切ではない。ワーク・ライフ・バランスとは、仕事と生活の調和のことをいい、仕事に関連するポジティブで充実した心理状態のことは、ワーク・エンゲイジメントという。

Q 第10次職業能力開発基本計画は、全員参加の社会と人材の最適配置を同時に実現することを目指している。

A 適切である。我が国の経済を量の拡大と質の向上の双方から成長させる「生産性向上に向けた人材育成の強化」として位置づけている（第10次職業能力開発基本計画、p.4）。

Q 我が国の「企業が行う人的資本投資」は、主要国と比較して多い。

A 適切ではない。「企業が行う人的資本投資」は、主要国と比較して少ない（第10次職業能力開発基本計画、p.6）。

Q 第10次職業能力開発基本計画では、職業能力開発の4つの方向性の一つとして、「新しい社会人基礎力の向上と促進」を挙げている。

A 適切ではない。これは4つの方向性の一つではない。社会人基礎力は経済産業省が提唱しており、平成30年に新・社会人基礎力を打ち出している（第10次職業能力開発基本計画、p.8）。

Q 第10次職業能力開発基本計画の基本的施策として、若者のキャリア形成支援、セルフ・キャリアドック等によるキャリアコンサルティングの機会の確保がある。

A 適切である。「全員参加の社会の実現加速」のため、セルフ・キャリアドック等によるキャリアコンサルティングの機会を確保する（第10次職業能力開発基本計画、p.14）。

Q 非正規雇用労働者は主体的な職業能力開発が重要であるため、企業におけるキャリアコンサルティングは、正規雇用労働者を中心に行う方がよい。

A 適切ではない。能力開発の機会に恵まれにくい非正規雇用労働者に対しては、企業が主体となった人材育成の促進が必要であるため、キャリアコンサルティングの機会を確保する（第10次職業能力開発基本計画、p.16）。

- **Q** 働き方改革実行計画では、長時間労働を是正することにより、ワーク・ライフ・バランスが改善し、女性や高齢者も仕事に就きやすくなるとされている。

  A 適切である。長時間労働の是正により、労働参加率の向上や労働生産性の向上につながるとしている（働き方改革実行計画、p.2）

- **Q** 2019年4月より、すべての管理職に対して高度プロフェッショナル制度が導入されることとなった。

  A 適切ではない。すべての管理職ではなく、高度な専門的知識を持ち、高い年収を得ている労働者に限定して、高度プロフェッショナル制度が導入された。

1-2 キャリアコンサルティングの役割の理解

全体をつかもう キャリアコンサルタントの役割と意義については、出題範囲表にもわかりやすくまとめられています。また、「キャリアコンサルタントの能力要件の見直し等に関する報告書」は頻出です。ポイントを確認しましょう。

キャリアコンサルティングの役割と意義

キャリアコンサルタント試験の出題範囲においても、役割と意義について下記のようにまとめられており、これを裏付けとした問題もよく出題されている。

キャリアコンサルティングの役割と意義

キャリア形成支援の必要性が増している中で、キャリアコンサルタントとして必要な知識を備えておくことが大切である。その第一歩として、キャリアコンサルティングの役割と意義を理解する。

①キャリアコンサルティングは、職業を中心にしながらも個人の生き甲斐、働き甲斐まで含めたキャリア形成を支援するものであること。
②個人が自らキャリア・マネジメントをすることにより自立・自律できるように支援するものであること。
③キャリアコンサルティングは個人と組織との共生の関係を作る上で重要なものであること。
④キャリアコンサルティングは、個人に対する支援だけでなく、キャリア形成やキャリアコンサルティングに関する教育・普及活動、環境への働きか

け等も含むものであること。
（キャリアコンサルタント試験の出題範囲：キャリアコンサルティング協議会・日本キャリア開発協会）

キャリアコンサルティングの役割には大きく分けると、<u>個人</u>に対する支援、<u>組織</u>に対する支援、教育・普及活動と<u>環境</u>への働きかけがある。

キャリアコンサルタントの能力要件の見直し等に関する報告書

2018年、『キャリアコンサルタントの能力要件の見直し等に関する報告書』が発表され、「キャリアコンサルタント養成講習（養成講座）」の時間数の増加や試験範囲の改訂が行われた。その見直しの背景や具体的な内容は次のとおりである。

■ 見直しの背景

キャリアコンサルタントが、これまでの<u>就職</u>支援という観点に止まらず、一人一人のキャリア自立の観点から、職業生涯にわたる<u>職業生活設計</u>にかかわる支援の役割を、より確実に、幅広く担うための能力習得を図るため。

■ 見直しの内容

養成講習（養成講座）の全体時間数が、140時間から<u>150</u>時間程度に増加した。内訳は、演習時間の60時間から70時間程度への増加である。
そして、「働き方改革」等における新たな政策的課題に対応した役割を的確に担うことができるキャリアコンサルタントの養成及び質の向上を推進するため、次の4つを拡充強化策として挙げている。

① <u>セルフ・キャリアドック</u>等の企業におけるキャリア支援の実施に関する知識・技能
② <u>リカレント</u>教育等による個人の生涯にわたる主体的な学び直しの促進に関する知識・技能
③ 職業生涯の長期化、仕事と<u>治療</u>、子育て・介護と仕事の両立等の課題に対

する支援に関する知識・技能

④クライエントや相談場面の多様化への対応に関する知識・技能

さらに、キャリアコンサルティング利用者の評価やニーズ等を踏まえ、利用者の納得感を高める応対や、企業の組織内での人事部門等との連携、組織のマネージャー等への支援もキャリアコンサルタントの社会的役割として求められるとしている。

一問一答でふりかえり

☐ **Q** キャリアコンサルティングにおいては、個人の職業生活設計にのみ焦点を当て、職務内容に関する不満などは対象にしない。

A 適切ではない。職務内容に関する不満や、情緒的な問題にも耳を傾ける。

☐ **Q** キャリアコンサルティングの役割には、個人に対する支援、組織に対する支援があり、環境への働きかけは含まれない。

A 適切ではない。個人、組織に加えて、環境への働きかけや教育・普及活動が含まれる。

☐ **Q** キャリアコンサルティングは、個人が自ら自立・自律できるように支援するものである。

A 適切である。自らがキャリア・マネジメントすることにより自立・自律することを支援するものである。

☐ **Q** 働き方改革が進められる中でも、組織に対して問題を提起するよりも、個人の働き方の支援に徹することが大切である。

A 適切ではない。環境への働きかけもキャリアコンサルティングの役割である。

☐ **Q** 『キャリアコンサルタントの能力要件の見直し等に関する報告書』によると、拡充・強化すべき事項として、クライエントや相談場面の多様化への対応に関する知識や技能が挙げられる。

A 適切である。具体的に拡充・強化すべき事項としている（キャリアコンサルタントの能力要件の見直し等に関する報告書、p.6）。

14

- **Q** 『キャリアコンサルタントの能力要件の見直し等に関する報告書』によると、補強が必要と考えられる点として、キャリア開発や組織開発、人的資源管理などに関する理解を踏まえた組織内での人事部門等との連携がある。

  A 適切である。今後求められる能力要件の前提となる社会的役割の重点等の例として挙げられている（キャリアコンサルタントの能力要件の見直し等に関する報告書、p.15）。

- **Q** 『キャリアコンサルタントの能力要件の見直し等に関する報告書』によると、中高年・高齢者が活躍できる就業・転職の促進はキャリアコンサルタントではなく、企業の人事部門が行うこととしている。

  A 適切ではない。中高年・高齢者が活躍できる就業・転職の促進は、キャリアコンサルタントのさらなる役割発揮が特に期待される点である（キャリアコンサルタントの能力要件の見直し等に関する報告書、p.15）。

- **Q** キャリアコンサルタントが担うべき役割について、精神的疾病の症状の理解と、疾病の可能性のある相談者へ診断名の告知が求められる。

  A 適切ではない。精神的疾病の症状の理解は必要だが、疾病の可能性のある相談者へ診断名を告知することはできない。

2章

キャリアコンサルティングを行うために必要な知識

この章は、実務で必要な知識であると同時に、試験対策においても核になる章といえます。キャリアに関する理論とカウンセリングに関する理論は、理論家とその理論、療法の特徴について整理しましょう。また、職業能力開発やキャリア形成支援、労働市場や労働関係法令、メンタルヘルスの知識等は、キャリアコンサルタントとしての業務を行う上で不可欠な知識といえます。ボリュームの多さに負けずに、少しずつでも丁寧に確認していきましょう。

2-1 キャリアに関する理論①
パーソナリティ・特性因子論アプローチ

2-2 キャリアに関する理論②
発達論・トランジションに関するアプローチ

2-3 キャリアに関する理論③
社会的学習理論アプローチ

2-4 キャリアに関する理論④
意思決定論アプローチ

2-5 動機づけ（職務満足・職業適応）理論

2-6 代表的なカウンセリング理論の概要（基礎知識）、特徴

2-7 職業能力開発（リカレント教育を含む）の知識

2-8 企業におけるキャリア形成支援の知識

2-9 労働市場の知識

2-10 労働政策及び労働関係法令並びに社会保障制度の知識

2-11 学校教育制度及びキャリア教育の知識

2-12 メンタルヘルスの知識

2-13 中高年期を展望するライフステージ及び発達課題の知識

2-14 人生の転機の知識

2-15 個人の多様な特性の知識

2-1 キャリアに関する理論①
パーソナリティ・特性因子論アプローチ

全体をつかもう 特性因子論は、最も古くから用いられてきた職業指導の理論であり、パーソンズにより提唱されました。この理論の根底には、「丸い釘は丸い穴」へと表現されるような「人と職業のマッチング」があります。また、ホランドは、職業選択の要因として、個人の行動スタイルや人格類型に着目し、性格特性（パーソナリティ）と環境との相互作用により、キャリア形成が成り立つとしています。

パーソンズの理論

　パーソンズは職業指導の創始者、父ともいわれる。1900年代の初頭に、"Choosing a Vocation（職業の選択）"（1909年）を発表し、後に特性因子論といわれる職業指導の理論の原型を提唱している。

■ 特性因子論

　特性因子論は、人間と職業の両者を合致させることにより、職業選択や職業適応を行うため、マッチングの理論とも呼ばれている。

▲特性因子論の考え方

■ キャリア・ガイダンスでの有効性

キャリア・ガイダンスとは、職業に就こうとする者に対して、その者に適当な職業の選択を容易にさせ、及びその職業に対する適応性を持たせるための、必要な実習、指示、助言その他の指導を行うことである。

特性因子論は、厚生労働省編一般職業適性検査（GATB：General Aptitude Test Battery）をはじめ、現在に至るまで、様々なテストや検査、職業分析など、キャリア・ガイダンスの手法を生み出している。

なお、一般職業適性検査では、知的能力、言語能力、数理能力、書記的知覚、空間判断力、形態知覚、運動能力、指先の器用さ、手腕の器用さの9つの適性能が測定される。

ローの理論

ローは、パーソナリティの個人差は親の養育態度によってもたらされるとし、その態度については、情緒型、拒否型、受容型の3つに分類している。また、ローは幼児期における欲求の強さやそれと満足とのズレ、個人が持つ満足の価値などが職業に影響するとしている。

ホランドの理論 よく出る

ホランドは、キャリア形成を、個人の性格特性（パーソナリティ）と個人を取り巻く環境の相互作用の結果から成り立つものであるとしている。そして、それが一致するような環境で仕事することにより、より安定した職業生活を行うことができ、職業的な満足を得られるとしている。

Holland, J.L.

■ 6つの類型

個人の性格特性（パーソナリティ）は、以下の6つの類型に分けることができる。

▼6つの性格タイプ

頭文字	タイプ	特徴
R：Realistic	現実的	物、道具、機械などを扱うことを好み、秩序的、組織的な操作を伴う活動を好む
I：Investigative	研究的	数学、物理、生物学などに興味があり好奇心が強く学究的
A：Artistic	芸術的	言語、音楽、美術などの能力があり、創造的で独創的、発想が豊か
S：Social	社会的	友好的で対人関係を大切にし、コミュニケーション能力に優れている
E：Enterprising	企業的	外交的で精力的、リーダーシップや説得力がある
C：Conventional	慣習的	情報やデータ等を秩序立てて整理することができ、緻密で責任感がある

　また、環境についても、次の6つの類型に同じく分けることができるとしている。具体的には現実的環境、研究的環境、芸術的環境、社会的環境、企業的環境、慣習的環境である。

得点アップ
頭文字から、次に紹介する六角形と併せ、（リアセック）と覚えましょう。

■ 六角形とスリー・レター・コード

6つの性格タイプは次のような六角形で表される。

2-1 キャリアに関する理論①
パーソナリティ・特性因子論アプローチ

▲ホランドの六角形

　人はそれぞれが独自の性格タイプを持つものであり、これらの6種類の性格タイプのうち、傾向が強い3つの性格タイプ（コード）の頭文字で表したものを**スリー・レター・コード**という。

　なお、この3つの性格タイプの強弱は人それぞれであり、1つが強く、2つが弱いこともあれば、いずれも均一なこともある。また、六角形上で隣り合っている性格タイプは**類似**性が高く、逆に六角形の対角線上にある性格タイプは最も**異なる**タイプといえる。

　各タイプの類似性や関係性をまとめると次のようになる。

▼スリー・レター・コードの類似性と関係性

タイプ（コード）	類似性	関係性
隣り合っている	高い	**一貫性**がある
対角線上にある	低い	**一貫性**がない

■ キャリア・ガイダンスへの活用

　ホランドは研究のみならず、キャリア・ガイダンスで使用するアセスメント・ツールとして、**職業興味検査（VPI：Vocational Preference Inventory）**を開発した。我が国においても日本版職業興味検査（日本版VPI）として、主に**若年**者の進路指導において活用されている。

ホールの理論 ◎→出る

　ホールの理論は、他者との関係において形成されていくという関係性アプローチをとる。他者に依存的でも独立的でもない、相互依存的な関係の中で学び続けることにより、個人によって形成される、変幻自在（プロティアン）なキャリアを築き、移り変わる環境を対応していくことを主張している。

■ プロティアン・キャリア

　プロティアンとは、ギリシャ神話のプロテウスから名付けられ、「変幻自在」であることを意味する。とどまることを知らない現代の環境変化の中で、自己志向的に変幻自在に対応していくキャリアといえる。

■ 2つのメタ・コンピテンシー

　ホールはプロティアン・キャリアを形成するに当たってのメタ・コンピテンシー、つまり、変化に対応し、新たな能力を自ら学習していく能力や行動特性として、アイデンティティとアダプタビリティの2つを挙げている。

・アイデンティティ（自分が何をしたいのか）
　　自分の興味・能力・計画等とともに、過去・現在・未来の自分の連続性への確信。

・アダプタビリティ（適応能力）
　　アイデンティティの探索、反応学習、統合力の3要素からなる適応コンピテンス（適応することができる力）と、それらを発達、応用させようとする、適応モチベーションの積（掛け算）からなる。

> アダプタビリティ＝適応コンピテンス×適応モチベーション

■ プロティアン・キャリアと伝統的キャリアの比較

　プロティアン・キャリアと伝統的なキャリアにおいては、その主体や価値観、重視するパフォーマンスやアイデンティティが異なる。

2-1 キャリアに関する理論①
パーソナリティ・特性因子論アプローチ

▼プロティアン・キャリアと伝統的キャリアの比較

比較項目	プロティアン・キャリア	伝統的キャリア
主体	個人	組織
価値観	自由、成長	昇進、権力
重要なパフォーマンス側面	心理的成功	地位、給料
重要なアイデンティティ側面	自分は何がしたいのか	私は何をすべきか
評価	主観的	客観的

一問一答でふりかえり

☐ **Q** スーパーは、職業指導の父と呼ばれ、著書『職業の選択』を発表した。

A 適切ではない。職業指導の父と呼ばれ、『職業の選択』を発表したのはパーソンズである。

☐ **Q** 賢明な職業選択のために実現するポイントとしてパーソンズが示したものの一つに、自分自身と仕事の関係について合理的な推論を行い、マッチングすることがある。

A 適切である。自己理解と仕事の関係について合理的な推論を行うことが、パーソンズが原型を唱えた、特性因子論の基本的な考え方である。

☐ **Q** 厚生労働省編一般職業適性検査（GATB：General Aptitude Test Battery）は、特性因子論に基づいて作成されている。

A 適切である。一般職業適性検査は、多様な職業分野で仕事をする上で必要とされる9種の能力（適性能）を測定することにより、望ましい職業選択を行うための情報を提供することを目的として作成されたものである。

☐ **Q** ホールは、親の養育態度を情緒型、拒否型、受容型の3つに分け、子どものキャリア発達の「最適化」の在り方について説明した。

A 適切ではない。親の養育態度を3つに分け、パーソナリティの個人差と職業選択とを関係づけたのは、ローである。

第2章 キャリアコンサルティングを行うために必要な知識

☐ **Q** ホランドの考えた6つのパーソナリティタイプは、現実的・研究的・芸術的・社会的・企業的・文化的の6タイプである。

A 適切ではない。文化的ではなく、慣習的（Conventional）である。

☐ **Q** ホランドの示したパーソナリティタイプのうち、現実的タイプと対極のタイプは芸術的タイプであるとされている。

A 適切ではない。現実的タイプと対極のタイプは社会的タイプである。

☐ **Q** ホランドの理論は、職業興味検査（VPI）などのキャリア・ガイダンスのための具体的道具の開発につながった。

A 適切である。我が国においても、日本版職業興味検査（日本版VPI）として、主に若年者への進路指導において活用されている。

☐ **Q** ホランドがパーソナリティを6つの基本的タイプに分けて六角形に表したパーソナリティ・タイプは、六角形における距離が近いほど心理的類似性が低いといえる。

A 適切ではない。六角形で隣り合っているなど、距離が近いほど心理的類似性は高いといえる。

☐ **Q** ホランドの理論においては、個人がキャリア形成のスタイルをどのように選択するかは、パーソナリティによって決定されるものであり、仕事環境に左右されるものではない。

A 適切ではない。ホランドはパーソナリティと環境との相互作用によってキャリア形成が成り立つとしている。

☐ **Q** ホールのプロティアン・キャリアにおける、キャリア構築の主体は組織にある。

A 適切ではない。ホールのプロティアン・キャリアにおいて、その主体は組織ではなく、個人にある。

☐ **Q** キャリアには客観的な側面と主観的な側面の両面があるが、ホールのプロティアン・キャリアにおいては、主観的な側面をより重視している。

A 適切である。地位などの客観的な側面ではなく、心理的成功という主観的な側面を重視している。

2-1 キャリアに関する理論①
パーソナリティ・特性因子論アプローチ

Q プロティアン・キャリアとは、キャリアは個人ではなく組織によって形成されるものであり、その組織のニーズに見合うようにその都度方向転換され、「変幻自在」であるとされる。

A 適切ではない。プロティアン・キャリアでは、組織ではなく個人によってキャリアは形成されるものであり、組織などの他者との関係において、その人の欲求に見合うようにその都度、方向転換されるものである。

Q ホールはプロティアン・キャリアの形成するためのメタ・コンピテンシーとして、アイデンティティとアダプタビリティの2つを挙げている。

A 適切である。また、アダプタビリティは、適応コンピテンスと適応モチベーションの積からなる。

第2章

キャリアコンサルティングを行うために必要な知識

2-2 キャリアに関する理論②
発達論・トランジションに関するアプローチ

全体をつかもう 発達論・トランジションに関するアプローチは、スーパー、シャイン、ハンセン、サビカスなど、試験でよく出題される理論家の多い試験範囲です。それぞれの理論の特徴とキーワードを確認しましょう。

ギンズバーグの理論

1950年代にギンズバーグは、職業選択は一時の選択ではなく、生涯にわたる**発達**的なプロセスであると最初に理論化し、職業発達において**3**つのプロセスを経るものと考えた。

▼ギンズバーグの職業発達のプロセス

発達段階	時期
①**空想**期	11歳以下
②**試行**期	11歳～17歳
③**現実**期	17歳～20歳代初期

スーパーの理論 よく出る

スーパーは、特性因子理論と**自己概念**理論を統合し、現実的なキャリア発達の理論が構築できると考えた。そして、生涯にわたるキャリア発達の解明に焦点を当て、**5**段階からなるライフ・ステージ論を提唱し、その中で自己概念はキャリアと互いに関連しながら発達するとしている。また、キャリア発達においては、人生上における役割（**ライフ・ロール**）と密接に相互に関連するとしている。

Super, D.E.

2-2 キャリアに関する理論②
発達論・トランジションに関するアプローチ

■ 職業的適合性

スーパーは、人と職業の適合性を重要な概念としている。この職業的適合性は、能力とパーソナリティから構成されている。

■ ライフ・ステージ

スーパーは、職業的発達段階が5つの段階で構成されるとし、一連のライフ・ステージをマキシ・サイクルと呼んだ。また、それぞれの発達段階の間には、移行期（Transition）があり、そこではミニ・サイクルがある。

▼ライフ・ステージ（マキシ・サイクル）

発達段階	時期
①成長段階	0〜14歳
②探索段階	15〜24歳
③確立段階	25〜44歳
④維持段階	45〜64歳
⑤解放段階	65歳以降

解放段階は下降段階や、衰退段階ともいわれる

得点アップ

スーパーのライフ・ステージの覚え方
= せい　た　かい　か
　成長　探索　確立　維持　解放もしくは下降

■ ライフ・ロール

人が生涯において果たす役割は少なくとも6種類ある。6種類とは、①子ども、②学習する人、③余暇人、④市民、⑤労働者、⑥家庭人である。ただし、これに配偶者、親、年金生活者の3つを加え、合計9種類とする場合もある。

そして、ライフ・ステージとライフ・ロールを組み合わせて図式化したものが、ライフ・キャリア・レインボーである。

▲ライフ・キャリア・レインボー
●渡辺三枝子編著『新版キャリアの心理学［第2版］』（2018年、ナカニシヤ出版、p.49）

シャインの理論 よく出る

　シャインは、組織心理学者であり、**組織**におけるキャリア開発に焦点を当てることにより、組織内キャリア発達理論を提唱した。組織のニーズだけでなく、個人のニーズと融合するような、組織と個人の**相互**作用に重きを置いている。

Schein, E.H.

■ 外的キャリアと内的キャリア

　シャインは、人のキャリアを、外的キャリアと内的キャリアの2つの軸で考えた。

2-2 キャリアに関する理論②
発達論・トランジションに関するアプローチ

▼外的キャリアと内的キャリア

2つの軸	内容
外的キャリア	会社名、役職、保有資格や学歴などが該当し、履歴書等に明記することができるものである。客観的なキャリアということもできる
内的キャリア	職業生活における位置づけや役割に関する、自分なりの意味付けである。主観的なキャリアということもできる

■ 組織の三次元モデル

シャインは、組織内キャリア発達を、組織の三次元モデル（キャリア・コーン）を使って説明している。組織の三次元モデルは、外的キャリアの観点から表されており、組織内でのキャリアは3方向で形成される。

▲シャインの三次元モデル（キャリア・コーン）
●金井壽宏著『経営組織―経営学入門シリーズ』1999年、日本経済新聞社（現：日本経済新聞出版社）

組織の三次元モデルの垂直方向での動きは、階層の上下を意味している。また、円周に沿った水平方向での動きは、販売から製造といった職能や技術（専門領域）での移動を意味している。さらに、組織の中心（核）方向への動きは、

その職のエキスパートになり、重要情報へアクセスができる、部内者化又は中心性を意味している。

■ キャリア・アンカー

シャインは、個人が選択を迫られたときに、その人が職業生活において、最も放棄したがらない自己概念ともいえる、欲求や価値観、能力（才能）などのことを、キャリア・アンカーと名付け、船の錨（いかり）のように、人のキャリアを安定させるのに役立つものであるとした。

キャリア・アンカーには、次の8つのカテゴリーがある。

▼8つのキャリア・アンカー

キャリア・アンカーの種類	内容
①専門・職種別コンピテンス	特定の業界・職種・分野へのこだわり
②全般管理コンピテンス	組織内の管理的職位を目指す
③自律/独立	規則に縛られず、自律的であることを重視する
④保障/安定	生活の保障、安定を第一とする
⑤起業家的創造性	新規のアイデアによる起業や創業を望む
⑥奉仕/社会献身	人の役に立っていることを重視する
⑦純粋な挑戦	常に挑戦を求める
⑧生活様式	仕事生活と他の生活との調和を重視する

得点アップ
8つのキャリア・アンカーの覚え方
＝せん ぜん じ ぶんは ほう き で ほうし した じん せい
　　専　全　自　　　保 起　　奉仕　　　純　　生

■ キャリア・サイクル

シャインは、人が生きていく領域を、①生物学的・社会的、②家族関係、③仕事・キャリアの3つに分け、それぞれにサイクルと段階及び課題を設けた。

シャインは、生涯を通じた組織内での人のキャリアの**発達段階**を、下記の9つの段階に区分した。

▼9つのキャリア・サイクルの発達段階と年代

発達段階	年代
①成長・空想・探究	0歳～21歳
②仕事の世界への**エントリー**	16歳～25歳
③基本訓練	16歳～25歳
④キャリア初期	17歳～30歳
⑤キャリア中期	25歳以後
⑥キャリア中期の**危機**	35歳～45歳
⑦キャリア後期（指導者・非指導者）	40歳～引退まで
⑧衰え及び離脱	40歳～引退まで（始期は人により異なる）
⑨引退	

■ **キャリア・サバイバル**

シャインはキャリア・アンカーによって個人のニーズを明らかにするとともに、それが仕事とマッチングするかどうかを決定するために、組織のニーズを分析し、**職務・役割**を戦略的にプランニングすることも提唱している。

職場で生き残り、個人がキャリア開発をしていく

▲キャリア・アンカーとキャリア・サバイバルの関係

ハンセンの理論 出る

ハンセンはキャリア概念の中に、家庭における役割から社会における役割まで、人生における役割をすべて盛り込み、**統合的人生設計（ILP：Integrative**

Life Planning）という概念を提唱した。

■ 人生の4つの役割

　ハンセンは、仕事を他の生活上の役割との関係の中で捉え、人生の役割として、次の4つの要素（4L）が組み合わさることによって「意味のある全体」になるとした。

4L＝①愛（Love）、②労働（Labor）、③学習（Learning）、④余暇（Leisure）

　なお、人生の役割について、スーパーは「レインボー（虹）」に例えたのに対し、ハンセンは、布を縫い合わせて大きな布にするキルト（パッチワーク）に例えた。

■統合的人生設計における6つの人生課題

　ハンセンは、統合的人生設計において6つのテーマ（人生課題）を設定した。

①グローバルな視点から仕事を探す
②人生を意味のある全体の中に織り込む
③家族と仕事を結ぶ
④多様性と包括性を大切にする
⑤精神性、人生の目的、意味を探求する
⑥個人の転機と組織の変革にともに対処する

サビカスの理論 よく出る

Savickas, M.L.

　サビカスはキャリア構築理論を唱え、特性因子論やスーパーのキャリア発達理論などを統合、発展させた21世紀のキャリア理論と位置づけられている。

■ キャリア構築理論

　キャリア構築理論の主要概念には、職業パーソナリティ、キャリア・アダプタビリティ、ライフテーマの3つがある。

▼キャリア構築理論の3つの主要概念

主要概念	内容
職業パーソナリティ	キャリアに関連する能力、欲求、価値観、興味
キャリア・アダプタビリティ（適合性）	キャリア構築理論の中核概念。関心、統制、好奇心、自信の4つの次元からなる
ライフテーマ	個人にとっての重要なこと。キャリアストーリーを語ることによって、過去を再構成する

■ キャリア・アダプタビリティ

サビカスはキャリア構築理論の中核概念として、キャリア・アダプタビリティを挙げており、それには4つの次元がある。

▼キャリア・アダプタビリティの4次元

次元	内容
キャリア関心	未来を展望して未来に備えること
キャリア統制	自らのキャリアの構築する責任は自らにあると自覚すること
キャリア好奇心	好奇心を持って、職業を探索すること
キャリア自信	挑戦することによって成功できるという自己効力感

■ キャリア構築インタビュー

サビカスは、カウンセリングの初期にキャリア構築のためのインタビューを行うことを提案している。

①ロールモデル（具体的な行動や考え方の模範となる人物）
②お気に入りの雑誌もしくはテレビ番組やWebサイト
③お気に入りの本
④モットー
⑤幼少期の記憶
▲キャリア構築インタビューの項目

その他の理論家

発達論・トランジションに関するアプローチに関する理論家では、他にブロンフェンブレナーを紹介する。なお、発達課題で有名なエリクソン、レビンソン、ハヴィガースト、レヴィンらについては、2-13節で解説する。

■ ブロンフェンブレナー

ブロンフェンブレナーは、個人の発達は個人が生活する中での社会システムとの相互作用からなると考え、個人の発達に影響を及ぼす環境を4つに分類している。

▼個人の発達に影響を及ぼす4つの環境

環境の種類	環境
①ミクロシステム	直接的にかかわる環境。親、兄弟、学校、職場など
②メゾシステム	直接的ではないが影響を受ける学校や地域社会など
③エクソシステム	メゾシステムよりも広がり、両親の職場や兄弟の学校など
④マクロシステム	国や文化、法律、社会の規範など

一問一答でふりかえり

☐ **Q** ギンズバーグは、職業選択は、生涯にわたる発達的なプロセスであるとした。

A 適切である。当初は、職業選択は一般に10年以上もかかるとしていたが、後に修正し、生涯にわたるプロセスであるとした。

☐ **Q** スーパーが示した職業的適合性には、能力とパーソナリティがある。

A 適切である。スーパーは、職業的適合性という考え方により、職業と個人の特性を結びつけた。

☐ **Q** スーパーは、生涯にわたる職業的発達段階として、7つのステージを設定した。

A 適切ではない。スーパーは、職業的発達段階を5つの段階で表現した。

2-2 キャリアに関する理論②
発達論・トランジションに関するアプローチ

Q スーパーは、成長段階、空想段階、確立段階、維持段階、解放段階の5つの段階を職業的発達段階とした。

A 適切ではない。2つ目の段階は空想段階ではなく、探索段階である。

Q スーパーは、個人のライフ・ステージ全体をマキシ・サイクルと名付け、移行期と呼ばれる節目にはミニ・サイクルが生じるとした。

A 適切である。生涯を通じたライフ・ステージをマキシ・サイクルといい、移行期にはミニ・サイクルが含まれる。

Q 成人期以降のキャリア行動は、概ねその個人の暦年齢によって規定される。

A 適切ではない。暦年齢ではなく、社会的年齢で規定される。

Q スーパーが示した生涯における役割（ライフ・ロール）には、愛、労働、学習、余暇がある。

A 適切ではない。この4つの役割は、統合的人生設計を提唱したハンセンの4L（愛、労働、学習、余暇）である。スーパーは子ども、学習する人、余暇人、市民、労働者、家庭人などを生涯における役割とした。

Q シャインは、人のキャリアを捉えるに当たり、動的キャリアと静的キャリアの2つの軸を提唱した。

A 適切ではない。外的キャリアと内的キャリアである。

Q シャインの唱える内的キャリアは、履歴書等に記すことができるような客観的なキャリアである。

A 適切ではない。問題文の説明は外的キャリアのものである。内的キャリアは、自分なりの意味付けであり、主観的なキャリアである。

Q シャインは、組織内キャリアについて、機能、階層、中心性の三次元モデルで説明している。

A 適切である。組織の三次元モデル（キャリア・コーン）により、組織内のキャリア発達を説明している。

Q シャインは長期的な職業生活における個人の価値観を、船の錨に例え、キャリア・サバイバルと名付けた。

A 適切ではない。キャリア・サバイバルではなく、キャリア・アンカーである。

第2章 キャリアコンサルティングを行うために必要な知識

Q キャリア・アンカーの8つの種類について、生活の保障や安定を第一とするのは、全般管理コンピテンスである。

A 適切ではない。生活の保障や安定を第一とするのは、保障/安定であり、全般管理コンピテンスは、組織内で管理的な職位を目指すことである。

Q シャインは、キャリア・サイクルの段階について、成長・空想・探究、仕事の世界へのエントリー、基本訓練、キャリア初期、キャリア中期、キャリア中期の危機、キャリア後期、衰え及び離脱、引退の各段階に区分した。

A 適切である。他の理論家の発達段階の区分に比べて、表現がやや独特である点に注意する。

Q シャインの提唱したキャリア・サバイバルは、組織のニーズよりも個人のニーズを明らかにして、キャリア発達の方向づけを行うことである。

A 適切ではない。組織のニーズと個人のニーズを結びつけるものとして、キャリア・サバイバルを提唱している。

Q ハンセンは、人生における役割として、Love(愛)、Labor(労働)、Learning(学習)、Leisure（娯楽）の 4 つの活動が統合されるべきとした。

A 適切である。統合的人生設計の、いわゆる4Lである。なお、統合的人生設計は、統合的生涯設計と訳されることもある。

Q ハンセンは人生の役割について、レインボー（虹）に例えた。

A 適切ではない。キルト（パッチワーク）に例えた。人生の役割をレインボー（虹）に例えたのは、スーパーである。

Q ハンセンは、統合的人生設計における3つの人生課題を設定した。

A 適切ではない。ハンセンは、統合的人生設計における6つの人生課題を設定した。

Q ハンセンの統合的人生設計の6つの人生課題の一つに、家庭と仕事を切り分けることがある。

A 適切ではない。家庭と仕事を切り分けるのではなく、家庭と仕事を結ぶ。また、男女が対等のパートナーとして協力しあうことを強調している。

2-2 キャリアに関する理論②
発達論・トランジションに関するアプローチ

Q サビカスは、キャリア構築理論の主要概念として、職業パーソナリティ、キャリア・アダプタビリティ、ライフテーマの3つを挙げた。

A 適切である。これらはキャリア構築理論の主要概念であり、中でもキャリア・アダプタビリティを中核概念とした。

Q サビカスのキャリア構築理論は、キャリアを客観的な側面で捉えることを重視している。

A 適切ではない。主観的な側面から捉えることを重視している。

Q サビカスのキャリア構築理論の立場では、心理検査の実施とその結果による診断を重視している。

A 適切ではない。キャリア構築理論においては、インタビュー等によるライフテーマを明らかにすることが重要な課題である。

Q サビカスのキャリア・アダプタビリティの4次元について、キャリア関心とは、キャリアを構築する責任が自分にあると自覚することを意味している。

A 適切ではない。これはキャリア統制の内容である。キャリア関心とは、未来に関心を持ち、備えることが重要であることを意味している。

Q サビカスのキャリア・アダプタビリティの4次元について、キャリア好奇心とは、好奇心を持って、職業にかかわる環境を探索して有用な知識を得ることを意味している。

A 適切である。キャリア好奇心とは、職業の世界を好奇心を持って調べ、探索することである。

Q サビカスが提案しているキャリア構築インタビューでは、カウンセラーは、クライエントのお気に入りの雑誌や本、ロールモデルなどを尋ねる。

A 適切である。他には、モットーや幼少期の記憶などをインタビューすることを提案している。

Q ブロンフェンブレナーは、個人の発達に影響を及ぼす環境を、ミクロシステム、メゾシステム、エクソシステム、マクロシステムの4つに分類している。

A 適切である。ミクロシステムは、マイクロシステムと呼ばれることもある。

第2章 キャリアコンサルティングを行うために必要な知識

2-3 キャリアに関する理論③
社会的学習理論アプローチ

全体をつかもう 社会的学習理論とは、他者からの影響を受けながら、個人が習慣、態度、価値観、行動等を身につけていくことをいいます。ここからは、バンデューラとクランボルツが特によく出題されています。社会的学習理論は、「自己効力感」のバンデューラが基礎を作り、「プランドハプンスタンス」のクランボルツがキャリアの理論として発展させたと捉えておきましょう。キーワードは「学習」。大別すると、自らの行動、経験から学ぶことと、他人のそれを観察して学ぶことに分けられます。

バンデューラの理論 出る

　バンデューラは、社会的学習理論を提唱し、それまでの直接経験による学習に加え、**観察学習**（モデリング）を重要な学習理論とした。また、自分がある行動について達成できるという自信を意味する、**自己効力感**の概念を唱えた。

■ モデリングによる観察学習

　バンデューラは、学習は自らが経験した直接経験によるもののみならず、他人の行動を観察しそれを真似る、観察学習（**モデリング**）を重要な学習理論とした。他者（**モデル**）の行動を観察し、同様の行動を取った際にどのような報酬や罰があるのかを意識することが、自分自身の行動に影響を与えるとしている。

■ モデリングの4つの過程

　バンデューラはモデリングの過程として、注意過程、保持過程、運動再生過程、動機づけ過程の4過程があるとしている。順序に着目して内容を確認する。

▼モデリングの4過程と内容

過程	内容
①注意過程	無数にある情報の中から何に注目するのか（モデリング刺激）
②保持過程	注意過程で選択したモデリング刺激を記憶にとどめる
③運動再生過程	モデルによって示された行動を再生する（真似をする）
④動機づけ過程	③までに習得した行動を実際に遂行するかどうかを決定する

■ 自己効力感

バンデューラは自己効力感を高めるための4つの情報源を以下のように挙げている。

▼自己効力感を高めるための4つの情報源

情報源	内容	具体例
遂行行動の達成	自分の力でやり遂げたという経験	実際の自身の成功体験
代理的経験	他者の体験を見聞きしたり、観察したりする経験	職業講話やインタビュー
言語的説得	周囲の人からの励ましやサポートを受ける経験	行動や技術などを繰り返し認められたり褒められたりする
情動（的）喚起	身体や精神的に起きた生理的・感情的な変化の経験	人前での冷や汗や、高ぶりといった変化

■ 機会遭遇理論

バンデューラは、「偶然は予期されずに起こるが、いったん起こると予定されていたことと同じように、通常の連鎖の中に組み込まれて、人間の選択行動に影響を与える」としている。これをキャリア選択に活用すべく、次のクランボルツの理論へとつながっていくこととなる。また、バンデューラの考えに基づき、レント、ブラウン、ハケットらは、社会認知的キャリア理論（SCCT：Social Cognitive Career Theory）を開発した。

クランボルツの理論 出る

クランボルツは、バンデューラの社会的学習理論を基礎にして、キャリア・カウンセリングにおける学習理論（The Learning Theory of Career Counseling）として理論化した。クランボルツの唱える「学習」とは、新しい行動を獲得することや、行動を変化させることを意味している。

Krumboltz, J.D.

■ キャリア意思決定に影響を与える4つの要因

クランボルツは、職業選択等の意思決定に与える要因として、①遺伝的な特性や特別な能力といった先天的資質、②環境的な状況や出来事、③学習経験、④課題接近スキルを挙げている。

▼意思決定に与える4つの要因

要因	内容
①遺伝的な特性や特別な能力	性差、民族、身体的外見や障害、知能、能力など
②環境的な状況や出来事	個人のコントロールを超えた社会的、政治的、経済的な個人を取り巻く環境での出来事
③学習経験	道具的学習経験：直接経験による学習 連合的学習経験：観察学習
④課題接近スキル	課題への取り組み方

■ 計画された偶然性

クランボルツは、計画された偶発性理論（Planned Happenstance Theory）を提唱し、これまではカウンセリング理論の中では望ましくないと考えられていた「未決定」を望ましい状態と捉えている。つまり、キャリアの構築はあらかじめ用意周到に準備できるわけではなく、むしろ偶発的なチャンスを見逃さないようにすることや、変化し続ける環境や仕事に対して準備をすることが大切であるとしている。

2-3 キャリアに関する理論③ 社会的学習理論アプローチ

■ 偶然の出来事を捉える5つのスキル

クランボルツは、偶然の出来事を、自らのキャリアに活かすことを提唱しており、そのための5つのスキルとして、次のスキルを挙げている。

▼偶然の出来事を捉える5つのスキル

スキル	内容
①好奇心	新しいことへの学び
②持続性	努力をし続ける
③柔軟性	変化を取り入れる
④楽観性	達成できると考える
⑤冒険心	行動を恐れない

得点アップ
偶然の出来事を捉える5つのスキルの覚え方
＝コージ君、柔軟に楽しく冒険！
好奇心 持続性　柔軟性　楽観性　冒険心

一問一答でふりかえり

Q バンデューラが提唱した自己効力感とは、自分がある行動についてしっかりとやれるという自信のことである。

A 適切である。さらに自己効力感を高めるための情報源として、遂行行動の達成、代理的経験、言語的説得、情動的喚起を挙げている。

Q バンデューラは、モデリングの過程には、注意過程、保持過程、運動再生過程、動機づけ過程の4過程があるとした。

A 適切である。学習は直接学習によるものだけでなく、観察学習（モデリング）によるものがあり、観察学習（モデリング）の過程として4過程を提唱した。

Q バンデューラの観察学習の4過程は、動機づけ過程から始まる。

A 適切ではない。①注意過程、②保持過程、③運動再生過程、④動機づけ過程の順である。

Q バンデューラの自己効力感を高める情報源について、言語的説得とは、「他の人の体験談を見聞きしたり、観察したりすること」である。

A 適切ではない。本問の内容は代理的経験のことである。言語的説得とは、「周囲の人からの励ましやサポートを受けること」である。

Q バンデューラの自己効力感を高める情報源について、身体に起きた生理的な変化の経験は、「遂行行動の達成」の具体例である。

A 適切ではない。本問の内容は情動的喚起のことである。遂行行動の達成とは、「自分の力でやり遂げたという経験」である。

Q 社会的学習理論においては、遺伝的な特性・特別な能力、環境的状況・環境的出来事、学習経験、課題接近スキルを個人のキャリア意思決定に影響を与える要因として挙げている。

A 適切である。これらの結果として、信念、スキル、行動が生まれるとされる。

Q クランボルツは、職業的発達理論を主眼に置き、個人のキャリア発達を支援する。

A 適切ではない。職業的発達理論は、職業選択や適応は、長期にわたるプロセスであるとする理論である。職業的発達理論を提唱したのは、スーパーやギンズバーグなどであり、クランボルツは、社会的学習理論を主眼に置き、キャリア・カウンセリングに応用している。

Q バンデューラは、計画された偶発性(Planned Happenstance)の概念を提唱した。

A 適切ではない。計画された偶発性の概念を提唱したのは、クランボルツである。

Q クランボルツは、キャリア選択において「未決定」であることは避けなければならないものとした。

A 適切ではない。新しい学習のため、「未決定」であることはむしろ望ましいものであるとした。

2-3 キャリアに関する理論③
社会的学習理論アプローチ

☐ **Q** クランボルツは、個人の職業選択等の意思決定に与える4つの要素のうち、特に「遺伝的な特性」や「環境的な状況や出来事」を重視している。

A 適切ではない。いずれも要因として挙げているが、「学習経験」や「課題接近スキル」を重視している。

☐ **Q** 社会的学習理論において、学習経験は道具的学習経験と連合的学習経験に分けることができる。

A 適切である。道具的学習経験は直接経験等による学習であり、連合的学習経験は観察学習等によるものである。

☐ **Q** クランボルツは、偶然の出来事を捉える5つのスキルとして、好奇心、持続性、柔軟性、客観性、冒険心を挙げている。

A 適切ではない。客観性ではなく、楽観性である。

☐ **Q** クランボルツの唱える「学習」とは、新しい行動を獲得することや、行動を変化させることである。

A 適切である。それにより、変化し続ける環境に適応することができる。

第**2**章 キャリアコンサルティングを行うために必要な知識

2-4 キャリアに関する理論④
意思決定論アプローチ

全体をつかもう キャリアの意思決定論アプローチでは、ジェラットとヒルトンの理論をおさえておきましょう。ジェラットは「積極的不確実性」を提唱し、ヒルトンは「認知的不協和理論」をキャリア意思決定モデルへ応用したことが有名です。それぞれの意思決定に向けてのプロセスを確認しましょう。

ジェラットの前期理論

　ジェラットは、前期においては主に左脳を使った客観的で合理的な意思決定を、後期においては右脳も使った主観的で直感的な意思決定を、変化が激しく予測不可能な現代のキャリア発達における意思決定の方法として構築した。以下ではまず前期の理論について解説する。

■ 意思決定の3つのステージ

　3つのステージを通して、合理的な意思決定を行うことができるとした。

　　　①予測システム …起こりうる結果の可能性を判断する
　　　　　↓
　　　②価値システム …結果の好ましさを判断する
　　　　　↓
　　　③決定システム …決定する
　　　▲意思決定の3つのステージ

■ 主観的可能性

価値システムにおいては、主観的な思い込み、つまり、主観的可能性が採用されやすく、それゆえに陥りやすい「誤り」があるため、客観的なデータを与えることにより主観的可能性に縛られない、フリー・チョイスを進行させることが望ましいとした。

■ 連続的意思決定プロセス

キャリアにおける意思決定の決定システムには、選択肢を絞っていく探索的決定と、最終的に決定を行う最終的決定がある。探索的決定から最終的決定へのスムーズな進行のため、ジェラットは連続的意思決定プロセスを提唱した。

ジェラットの後期理論

■ 積極的不確実性

前期理論の提唱は1960年代であったが、その後1980年代後半から、変化の激しい社会的背景の中で、ジェラットは、そうした変化、不確実性による非合理性をも受け入れる意思決定のモデル、積極的不確実性を提唱した。

▲積極的不確実性の特徴

ジェラットといえば、**積極的不確実性**

ヒルトンの理論

ヒルトンは、心理学者フェスティンガーが唱えた**認知的不協和**理論を、職業選択の意思決定プロセスに応用した。

■ 認知的不協和理論

認知的不協和とは、自分の中に生じた**矛盾**を解消しようとする心理的作用のことである。

▲意思決定における認知的不協和理論のプロセス

得点アップ

ヒルトンといえば、**認知的不協和理論**

一問一答でふりかえり

☐ **Q** ジェラットの前期理論では、予測システムと価値システムから決定を経る、連続的意思決定プロセスを提唱した。

A 適切である。予測システム、価値システムを経て決定（探索的決定又は最終的決定）するプロセスを連続的意思決定プロセスという。

☐ **Q** ジェラットの前期理論では、主観的可能性が正しい意思決定につながると考えた。

A 適切ではない。主観的可能性には陥りやすい誤りがあるとし、客観的なデータを与えることにより選択肢をより幅広いものにすることを提唱している。

2-4 キャリアに関する理論④
意思決定論アプローチ

Q ジェラットの後期理論では、意思決定においては、社会の不確実性や矛盾は排除すべきであるものとした。

A 適切ではない。社会の不確実性や矛盾も受け入れる、積極的不確実性の理論を提唱した。

Q ジェラットの後期理論では、1980年代後半において、将来に向かって柔軟な意思決定を行うために、想像力や直感、柔軟性、社会の不確実性を積極的に意思決定プロセスに取り入れることを提唱した。

A 適切である。意思決定に対して、左脳のみならず、右脳をも活用するような考え方である。

Q ジェラットの理論を用いたキャリアコンサルティングにおいては、相談者が経験している内的な感情や直感にはできるだけ触れず、客観的で合理的な意思決定のみを試みる。

A 適切ではない。ジェラットは、主観的で直感的なストラテジーも意思決定の際に加えるべきであるとし、積極的不確実性を提唱している。

Q ヒルトンはキャリアの意思決定において、特性因子理論を唱えた。

A 適切ではない。特性因子理論（人と仕事とのマッチング理論）は、パーソンズが提唱した。ヒルトンが提唱したのは、認知的不協和理論のキャリア意思決定への応用である。

Q ヒルトンは、個人が持つ自己概念、期待、職業観といった「前提」と、外界からの「情報」との間に生じた不協和の解消を、意思決定のプロセスに取り入れた。

A 適切である。心理学で提唱されていた、認知的不協和理論を職業選択のメカニズムに応用した。

Q ヒルトンは、不協和への調整を青年期の発達課題として提唱した。

A 適切ではない。不協和への調整は発達課題ではなく、職業選択における意思決定のプロセスである。

第2章 キャリアコンサルティングを行うために必要な知識

2-5 動機づけ（職務満足・職業適応）理論

全体をつかもう 毎回ではないものの、定期的に動機づけに関する理論が出題されます。動機づけとは、モチベーションともいいます。やる気ややりがいは、どこから湧き上がるのでしょうか。内面的なものもあれば、外面的なものもあるでしょう。理論家ごとに特徴を整理しましょう。

マズローの理論

マズローは、人間は<u>自己実現</u>に向かって絶えず成長していくとの人間観に立ち、人間の欲求を低い次元から高い次元へと5つの段階に分類する<u>欲求階層</u>説を提唱した。

▲マズローの5段階欲求

この5段階について、下の欲求（低次の欲求）が満たされると、次の欲求（高次）の欲求を満たそうとする心理的な欲求、<u>モチベーション</u>が生じるとしている。

マズローの5段階欲求の内容は以下のとおりである。

▼マズローの5段階欲求

欲求の段階	内容	分類		
生理的欲求	生命の維持に必要な、睡眠、休息、食欲、性欲などの欲求	物理的欲求	欠乏欲求	
安全の欲求	住まいや衣服、雇用が確保されるなど、安全、安心に対する欲求			
所属と愛情の欲求	社会的欲求とも呼ばれ、社会の一員として認められることや、人から愛されたいという欲求	精神的欲求		
自尊と承認の欲求	単に承認欲求とも呼ばれ、名声や権威、地位を得たい、人から認められたいという欲求			
自己実現の欲求	自らの持つ可能性を実現して、個人としての個性や能力を発揮したいという欲求で、マズローの欲求階層説の中核的概念		成長欲求	

その他の理論家

■ アルダファ

アルダファは、仕事の場面を中心とした研究により、マズローの欲求階層説を修正し、ERGモデルを提唱した。EはExistenceの存在欲求、RはRelatednessの関係欲求、GはGrowthの成長欲求である。なお、各欲求は連続的であり、高次と低次の欲求が同時に生じることがあるとしている。この点は、マズローとは異なる点である。

■ ハーズバーグ

ハーズバーグは、職務満足もしくは不満足を規定する要因には、動機づけ要因と衛生要因の2つがあるとした（2要因説）。前者は、仕事の達成感や責任、承認、昇進、成長であり、後者は、会社の施策、給与等も含む作業条件や、上司等との対人関係である。

衛生要因の改善により、人の不満足を減少させることはできるが、職務満足は動機づけ要因の充足により、初めてもたらされるとした。

■ マクレランド

マクレランドは、職場での社会的欲求が動機づけを高めると考え、**達成動機**理論を提唱した。マクレランドの社会的欲求には、**親和**欲求、**権力（支配）欲**求、**達成**欲求があり、それぞれは、マズローの所属と愛情の欲求、自尊と承認の欲求、自己実現の欲求に対応している。ただし、達成動機が強すぎる場合には、自己実現を阻害するとも指摘している。

一問一答でふりかえり

☐ **Q** マズローの動機づけ理論によると、人間の欲求は、生理的欲求、安全の欲求、所属と愛情の欲求、権力（支配）欲求、自己実現の欲求の5層から生じる。

A 適切ではない。権力（支配）欲求ではなく、自尊と承認の欲求である。

☐ **Q** マズローの欲求階層説において、自尊と承認の欲求は、社会の一員として認められることや、人から愛されたいという欲求をいう。

A 適切ではない。社会の一員として認められることや、人から愛されたいという欲求は、所属と愛情の欲求（社会的欲求）である。

☐ **Q** マズローの5段階欲求において、5段階の欲求は大きく欠乏欲求と成長欲求の2つに分類されるが、成長欲求は生理的欲求のみが該当する。

A 適切ではない。成長欲求は自己実現の欲求のみが該当する。

☐ **Q** マズローの欲求階層説において、下位の欲求が全く充足されなくても、上位の欲求は発生すると考えられている。

A 適切ではない。下位の欲求が満たされると、次の上位の欲求を満たそうとする。

☐ **Q** ハーズバーグの2要因説によると、衛生要因には、給与や作業条件などがある。

A 適切である。他には会社の施策や経営、上司との対人関係などがある。

2-5
動機づけ（職務満足・職業適応）理論

Q ハーズバーグは、職務満足や不満足を規定する要因として、動機づけ要因と衛生要因があるとし、衛生要因の改善により、職務満足がもたらされるとした。

A 適切ではない。衛生要因の改善により、人の不満足を減少させることはできるが、職務満足は動機づけ要因の充足により、初めてもたらされるとした。

Q マクレランドは、マズローの欲求段階モデルを修正し、存在欲求、関係欲求、成長欲求の三次元からなるERGモデルを提唱した。

A 適切ではない。マズローの欲求段階モデルを修正し、存在欲求、関係欲求、成長欲求の三次元からなるERGモデルを提唱したのは、アルダファである。

Q 職場における動機づけ理論について、アルダファのERGモデルは、各欲求は連続的であり、高次と低次の欲求が同時に生じることがあるとしている。

A 適切である。高次と低次の欲求が同時に生じることがあるという点で、マズローの理論とは異なる。

Q マクレランドは、親和欲求、権力（支配）欲求、達成欲求の3つの社会的欲求からなる達成動機理論を提唱した。

A 適切である。これらは、マズローの所属と愛情の欲求、自尊と承認の欲求、自己実現の欲求に対応している。

第2章 キャリアコンサルティングを行うために必要な知識

2-6 代表的なカウンセリング理論の概要（基礎知識）、特徴

全体をつかもう この出題範囲からは5問から7問と多く出題され、範囲も幅広いです。カウンセリングには様々な理論やアプローチ方法があります。来談者中心療法や精神分析理論などの「感情的アプローチ」、論理療法などの「認知的アプローチ」、行動療法などの「行動的アプローチ」などがあります。それぞれのアプローチの方法、特徴を確認しましょう。

感情的アプローチ よく出る

　感情的アプローチには、ロジャーズの来談者中心療法、フロイトの精神分析的理論、ゲシュタルト療法的カウンセリングなどがある。

■来談者中心療法

　来談者中心療法（クライエントセンタードアプローチ）は、**ロジャーズ**が提唱した、感情的アプローチの代表的な療法である。

　ロジャーズは、これまでのような診断と指示を中心とした**指示**的なカウンセリングでは、真の問題解決にはつながらないと考えた。そこで、ロジャーズは、来談者が本来持っている「自ら**成長**し、**自己実現**」しようとしている力に注目し、非指示的であり、来談者主導でのカウンセリングを提唱した。そして、クライエントの**自己概念**と**経験**が一致（**自己一致**）する方向へと援助するのがカウンセリングの役割であるとしている。

　ロジャーズは来談者中心療法における、カウンセラーの傾聴のための基本的態度として、次の3条件を挙げている。

2-6
代表的なカウンセリング理論の概要（基礎知識）、特徴

▼カウンセラーの基本的態度

基本的態度	内容
①自己一致	純粋性ともいわれる。クライエントとの関係において、カウンセラーが心理的に安定しており、ありのままの自分を受け入れていること。取り繕わないことである
②無条件の肯定的配慮	受容ともいわれる。クライエントに対して、カウンセラーは無条件の肯定的関心を持つこと。クライエントへの温かな関心を示して、受けとめることである
③共感的理解	カウンセラーは、クライエントの内的世界を共感的に理解しており、それを相手に伝えること

　ロジャーズは、著作「クライエント中心療法」において、19の命題から構成される「人格と行動についての理論」という論文を発表している。

　命題の1～6では、来談者中心療法がよって立つ世界観が説明されている。そして命題の7～10では、来談者中心療法の中核となる自己理論（self-theory）とその発達が説明されており、命題14～19では、クライエントが心理的不適応から心理的適応に変化する方向性が示されている。

■精神分析理論 　出る

　精神分析理論は、クライエントの症状や悩みの背後にある無意識的な葛藤や不満などを表出させ、それまで気づかなかった自分に気づかせることで、新たな自己理解を深め、症状の改善や悩みの解決を目指す理論である。フロイトによって創始された。フロイトは、無意識的な力が人の行動を決定していると考える。

　フロイトは、心の世界を、意識と無意識の2つの局面ではなく、意識、前意識（意識せずにやっていること）、無意識（抑圧されたもの）の3つの局面からなるとした。これを局所論という。
　フロイトは、心の構造を、自我（エゴ）、イド（エス）、超自我（スーパーエゴ）の3層からなる心的装置として捉えた。これを構造論という。

第2章　キャリアコンサルティングを行うために必要な知識

53

▼自我（エゴ）、イド（エス）、超自我（スーパーエゴ）の構造と内容

心の構造	内容
自我（エゴ）	主に意識的な心の働きのことであり、「現実原則」で動く
イド（エス）	無意識な本能欲求のことであり、「快楽原則」で動く
超自我 （スーパーエゴ）	自我に対する検閲機関又は理想像の役割。「道徳原理」で動く

　自我に対する危険から無意識的に防衛しようとする反応のことを防衛機制という。防衛機制は、フロイトの娘であるアンナ・フロイトによって整理された。主な防衛機制の種類は下記のとおりである。

▼防衛機制

種類	内容
抑圧	受け入れがたい考えや感情や記憶を意識の外に追いやること
反動形成	受け入れがたい考えや感情を見ないようにし、正反対の態度や行動を取ること
隔離（分離）	感情を切り離して、表に出さないこと
否認	直視せずに、事実として認めないこと
投影	自分の中にある感情や欲求を、他人が自分へ向けていると思うこと
退行	以前の発達段階に後戻りすること
同一化	ある人の性質を自分に取り入れ、その人と同一になろうとすること
摂取（取り入れ）	自分の中に、自分以外のものを取り入れようとすること
合理化	もっともらしい理屈をつけ、納得しようとすること
補償	劣等感に対して、別の得意な性質によってバランスを取ること
置き換え	欲求が阻止されると別のもので満足すること
昇華	衝動を満たすことが許されないときに、社会的・文化的に価値ある行動へ置き換えること

なお、カウンセリングにおいて、クライエントが抵抗を示すことがある。クライエントの抵抗や防衛機制を明らかにしてその内容を検討することを**抵抗**分析という。

また、カウンセリングにおいて、カウンセラーに対してクライエントが個人的な感情を向けてくることがあり、これを**感情転移**という。この感情には陽性のもの（信頼や尊敬など）と陰性のもの（敵意、攻撃性など）がある。

反対に、クライエントに対して、カウンセラーが個人的な感情を向けることを**逆転移**という。

■ゲシュタルト療法

ゲシュタルト療法は、**パールズ**が創始した心理療法である。「いま、ここ」での気づきを得る心理療法であり、代表的な技法として、**エンプティ・チェア（空の椅子）**がある。これは、自分の話したい人がそこにいると想定して対話をする技法である。

認知的アプローチ

主な認知的アプローチには、エリスの論理療法とベックの認知療法がある。この2つの理論は重なる部分が多く、現代においては、論理療法、認知療法、さらには後述する行動療法を統合して発展させた**認知行動療法**の実践と研究が広く行われている。

■論理療法

論理療法は**エリス**によって、1955年頃に提唱された心理療法である。

論理療法では、人間の感情は、出来事によって引き起こされるのではなく、その出来事をどのように受けとめるかという**信念**によって生じると考え、不快な感情は、**非論理的な信念（イラショナルビリーフ）**によってもたらされると考える。これをエリスのABC（DE）理論という。

ABC（DE）理論のAは出来事（Activating Event）、Bは**信念**や**思い込み**（Belief）、Cは結果としての感情（Consequence）を表している。論理療法では、C（感情）は、A（出来事）からもたらされるのではなく、B（信念）

からもたらされると考える。

そのため、発見したクライエントの非論理的な信念（イラショナルビリーフ）に対して、反論（Disputing）を行い、論理的な信念（ラショナルビリーフ）に変化した場合には、悩みの解消などの効果（Effects）が得られるとしている。

■ 認知療法

認知療法は、ベックによって1970年代に提唱された心理療法である。認知療法では、人の考え方や受け取り方といった認知が行動や感情に影響を与えていると考える。そうした考え方や受け取り方といった認知は、無意識に思い浮かぶことから自動思考ともいわれる。その自動思考による、認知の歪みを修正することが、認知療法である。

行動的アプローチ

行動的アプローチは、感情的アプローチや認知的アプローチとは異なり、人の内面に焦点を当てるのではなく、学習と行動の視点から人を捉えている点に特徴があり、心理療法として行動療法がある。

■行動療法

行動療法は、クライエントの症状や問題行動は、不適切な行動の学習又は、適切な行動の未学習によって引き起こされると考え、不適切な行動の除去や適切な行動の学習を行う心理療法である。なお、初めて行動療法という用語を使用したのは、スキナーである。

学習が生じるメカニズムには、レスポンデント条件付けとオペラント条件付けがある。どちらも、一定の刺激に対して、一定の反応が生じるプロセスを重視するメカニズムである。

2-6
代表的なカウンセリング理論の概要（基礎知識）、特徴

▼レスポンデント条件付けとオペラント条件付け

種類	内容
レスポンデント条件付け	**古典**的条件付けともいい、「パブロフの犬」の例で知られ、条件反射に注目した条件付けである
オペラント条件付け	**道具**的条件付けともいい、スキナーによるネズミの例で知られ、**強化と罰（弱化）**に注目した条件付けである。なお、強化とは行動が**増える**ことをいい、罰（弱化）とは行動が**減る**ことをいう

　レスポンデント条件付け、オペラント条件付けを活用した行動療法としては、以下のものがある。

▼レスポンデント条件付け、オペラント条件付けを活用した行動療法

行動療法	内容
系統的脱感作	ある刺激に不安反応がある場合に、それと拮抗する**弛緩**反応を作り、**拮抗制止**（逆制止）の状況にして、不安反応を徐々に無くしていく方法であり、**ウォルピ**が開発した。不安階層表などを作り、不安の弱いものから強いものへと順に適用することもある。これは**レスポンデント**条件付けをベースとした手法である
主張訓練法（アサーション・トレーニング）	自己表現には、非主張的なもの、攻撃的なもの、**アサーティブ**（適切な自己表現）なものがあり、アサーティブな自己表現ができるようにするための訓練をいう。これは、**レスポンデント**条件付けをベースとした手法である
弛緩訓練法（リラクゼーション・トレーニング）	筋肉の**緊張**状態を解消し、筋肉を完全な**弛緩**状態へと誘導する訓練のことをいう。筋肉が弛緩状態になることにより、心のリラックスをもたらす。これは**レスポンデント**条件付けをベースとした手法である
嫌悪療法	**嫌悪**刺激を提示することで不適切な行動を消滅させていく。これは、**レスポンデント**条件付けをベースとした手法である
暴露療法（エクスポージャー法）	不安や恐怖を引き起こす刺激に対し、危険を伴うことがない形で**直面**させることによって、不安や恐怖を克服する療法のことをいう。当然、本人の意思を尊重し、無理強いさせるものではない。これは、**レスポンデント**条件付けをベースとした手法である

トークン エコノミー法	課題を遂行できたときに、あらかじめ定められた条件によって**報酬**を与え、行動を**強化**する。これは、**オペラント**条件付けの手法をベースとしている。
シェイピング法	正しい行動を容易な段階から順に、段階的に達成させて**強化**し、段階的に目標行動を獲得させる。これは**オペラント**条件付けの手法をベースとしている

その他のカウンセリング技能・知識

その他のカウンセリングの技能・知識として、現実療法、家族療法、解決志向アプローチなどを紹介する。特に家族療法がこれまでに複数回出題されている。

■現実療法（リアリティ・セラピー）

現実療法（リアリティ・セラピー）は、**グラッサー**が提唱した選択理論をベースにしたカウンセリング手法である。選択理論とは、すべての行動は、外部からの刺激への反応ではなく、自らの**選択**であると考える理論であり、問題が起きたときは相手を受け入れ、交渉することで解決でき、良好な人間関係を築くことができるとしている。

■家族療法

家族療法は、個人ではなく**家族**全体をシステムとして捉えてカウンセリングを行う。人を個人としてではなく、システムの一部として捉える、**システムズ・アプローチ**によりカウンセリングを行う。なお、問題を抱えた家族の成員については、従来のクライエントという呼び方ではなく、家族を代表して問題を表現している人という意味で、IP（Identified Patient）と呼んでいる。

■解決志向アプローチ

解決志向アプローチは、短期療法（ブリーフセラピー）の一つであり、このアプローチの最大の特徴は、従来の心理療法のように問題やその原因や、改善すべき点を追求するのではなく、**解決**に役に立つリソース＝資源（能力、強さ、可能性など）に焦点を当て、それを活用して解決することに重点を置くアプローチである。

2-6
代表的なカウンセリング理論の概要（基礎知識）、特徴

■ソーシャル・スキル・トレーニング（SST）

ソーシャル・スキル・トレーニングは、対人行動の障害、躓きの原因を**ソーシャル・スキル**の欠如と捉え、必要なソーシャル・スキルを積極的に学習して、障害や躓きを改善しようとする療法である。なお、ソーシャル・スキルの代表的なスキルには、**聴く**スキル、**自己主張**スキル、**対人葛藤処理**スキルの3つがある。

標準的なトレーニング方法としては、①導入、②教示、③**モデリング**、④リハーサル、⑤フィードバック、⑥**般化**がある。

一問一答でふりかえり

Q クライエントセンタードアプローチを提唱したロジャーズは、それまでのカウンセリングが指示的であり、来談者の問題解決につながらないと批判した。

A 適切である。来談者が本来持っている、自ら成長し、自己実現を図ろうとしている力に注目し、非指示的なカウンセリングを提唱した。

Q ロジャーズは、来談者の問題解決の方向性として「自己一致」の状態から「自己不一致」の状態にいかに変容させるかが重要であるとした。

A 適切ではない。「自己不一致」の状態から「自己一致」の状態に変容されるかが重要であるとした。

Q ロジャーズの来談者中心カウンセリングにおけるカウンセラーの基本的態度について、カウンセラーは、クライエントとの関係において、心理的に安定しており、ありのままの自分を受容している。

A 適切である。自己一致（純粋性）といわれる。

Q ロジャーズの来談者中心カウンセリングにおけるカウンセラーの基本的態度について、カウンセラーは、クライエントに対して無条件の肯定的関心を持つ。

A 適切である。無条件の肯定的配慮（関心）を持つ。

第2章 キャリアコンサルティングを行うために必要な知識

59

Q ロジャーズの来談者中心カウンセリングにおけるカウンセラーの基本的態度について、カウンセラーは、クライエントの行動を対象とし、学習によって形成された不適応行動を改善しようとする。

A 適切ではない。これは、来談者中心療法ではなく、行動療法での考え方である。

Q ロジャーズの来談者中心カウンセリングにおけるカウンセラーの基本的態度について、カウンセラーは、クライエントの内的世界を共感的に理解し、それを相手に伝える。

A 適切である。これは共感的理解である。

Q フロイトによって創始された精神分析について、局所論とは、人の心の世界を「自我（エゴ）」「イド又はエス」「超自我（スーパーエゴ）」の領域に区分し、精神的な活動がどの部分で行われているのかを明らかにしようとした心のモデルのことである。

A 適切ではない。心の構造を①自我（エゴ）、②イド（エス）、③超自我（スーパーエゴ）の 3層からなる心的装置として捉えたのは、局所論ではなく構造論である。

Q フロイトは心の世界を意識、前意識、無意識の3つの局面からなるとした。

A 適切である。フロイトの局所論の説明である。

Q 防衛機制について、衝動を満たすことができない場合に、社会的、文化的に価値ある行動へ置き換えることを、反動形成という。

A 適切ではない。これは、昇華の説明である。反動形成は、受け入れがたい考えや感情を見ないようにし、正反対の態度や行動を取ることをいう。

Q 防衛機制について、幼児期など、以前の発達段階に戻ることを、同一化という。

A 適切ではない。幼児期など、以前の発達段階に戻ることを退行という。同一化は、ある人の性質を自分に取り入れ、その人と同一になろうとすることをいう。

2-6
代表的なカウンセリング理論の概要（基礎知識）、特徴

Q 防衛機制について、自分の中にある感情や欲求を、他人が自分へ向けていると思うことを投影という。

A 適切である。いわゆる疑心暗鬼や偏見のことをいう。

Q カウンセリング過程における「逆転移」とは、クライエントがカウンセラーに感情をぶつけることをいう。

A 適切ではない。問題文は、感情転移の説明である。逆転移とは、クライエントに対して、カウンセラーが個人的な感情を向けることをいう。

Q ゲシュタルト療法は、グラッサーが創始した心理療法である。

A 適切ではない。ゲシュタルト療法を創始したのは、グラッサーではなくパールズである。

Q 論理療法は、ベックにより提唱された心理療法である。

A 適切ではない。論理療法を提唱したのは、エリスである。

Q エリスが提唱した論理療法に基づくカウンセリングでは、非論理的な信念（イラショナルビリーフ）の変容を目指す。

A 適切である。不快な感情は非論理的な信念によってもたらされると考え、これが論理的な信念に変化した際には、不快な感情や悩みが解消すると考えた。

Q 論理療法において、非論理的な信念を、論理的な信念に置き換える場合には、反論・説得は相談者の抵抗を招くため忌避すべきである。

A 適切ではない。発見したクライエントの非論理的な信念（イラショナルビリーフ）に対して、反論（Disputing）を行い、論理的な信念（ラショナルビリーフ）に変化した場合には、悩みの解消などの効果（Effects）が得られるとしている。

Q 認知療法は、エリスにより提唱された心理療法である。

A 適切ではない。認知療法を提唱したのはベックである。

第2章 キャリアコンサルティングを行うために必要な知識

61

Q ベックの提唱した認知療法に基づくカウンセリングでは、自動思考により生じる認知の歪みを低減させていくことを目標とする。

A 適切である。自動思考により生まれる認知の歪みを修正することが、認知療法の特徴である。

Q レスポンデント条件付けは、道具的条件付けとも呼ばれ、パブロフの犬の例で知られる。

A 適切ではない。レスポンデント条件付けは古典的条件付けとも呼ばれ、パブロフの犬の例で知られる。

Q オペラント条件付けは、スキナーのネズミの実験で知られ、強化と罰（弱化）に注目した条件付けである。

A 適切である。強化とは行動が増えることをいい、罰（弱化）とは行動が減ることをいう。

Q 行動療法について、アサーション法は、レスポンデント条件付けに基づき、逆制止の原理により、不安や恐怖などを引き起こす条件刺激に対する過剰な感受性を段階的に弱める訓練法である。

A 適切ではない。文章はウォルピが開発した系統的脱感作の説明である。アサーション法（主張訓練法）は、アサーティブな自己表現（適切な自己表現）ができるようにするための訓練をいう。

Q 行動療法について、シェイピング法は、レスポンデント条件付けに基づき、ある目標に至るための下位の目標を定めて段階的に達成させることで本来の目標達成を目指すものである。

A 適切ではない。内容は正しいが、シェイピング法はオペラント条件付けの手法をベースとしている。

Q 現実療法は、バーンが提唱した選択理論をベースにしたカウンセリング手法である。

A 適切ではない。現実療法を提唱したのは、グラッサーである。

2-6
代表的なカウンセリング理論の概要（基礎知識）、特徴

Q システムズ・アプローチに基づく家族療法は、家族の問題の原因となっている成員を探し出して、その人格の変容を促すことで解決することに特徴がある。

A 適切ではない。システムズ・アプローチは、問題の原因を成員（メンバー）に求めて人格変容を迫ることで解決を図るのではなく、家族全体を対象とし、家族システムの問題と捉え、解決を図る特徴がある。

Q 解決志向アプローチは、人の内面にある問題やその原因、改善すべき点を追求することにより解決を図る特徴がある。

A 適切ではない。従来の心理療法のように問題やその原因、改善すべき点を追求するのではなく、解決に役に立つリソース＝資源に焦点を当て、それを活用して解決することに重点を置くアプローチである。

第2章

キャリアコンサルティングを行うために必要な知識

83

2-7 職業能力開発（リカレント教育を含む）の知識

全体をつかもう この出題範囲からは概ね3問の出題があります。その内容は、「能力開発基本調査」からの出題が多いです。また、2020年の出題範囲の変更により、リカレント教育が出題範囲表にも明記されることとなりました。いずれもキャリアコンサルタントの活動を支え、方向づける内容となります。よく出題されるので、細かな内容も含めて対策しましょう。

リカレント教育

　個人の生涯にわたる主体的な学び直しを、リカレント教育という。本来の意味は、学校教育を生涯の中で分散させ、就学と就職を繰り返すことであるが、我が国では、より広く捉え、働きながら学ぶことや、心の豊かさや生きがいのために学ぶ場合もリカレント教育に含めている。
　キャリアコンサルタントの能力要件の見直しにおいても、リカレント教育等による学び直しの促進に関する知識・技能が拡充強化されることとなった。

OJTとOff-JT

　企業が主体となって行う教育訓練には、日常業務を通じて行うOJTと、職場から離れた場で行うOff-JTがある。それぞれのメリット、デメリットは次のとおりである。

▼教育訓練の種類とメリット、デメリット

種類	メリット	デメリット
OJT	・実際の**仕事**に即した教育が行える ・外部講師などの**経費**がかからない	指導を行う人によって効果に差が出る
Off-JT	・OJTでは学ぶことが難しい**専門**的な内容を学ぶことができる ・座学の研修などは、一度に**多人数**に実施できるため、参加者の知識の平準化を図ることができる	・外部講師や場所の確保のために**経費**がかかる ・研修等が業務の内容に結びつくかどうかが未知数な場合がある

能力開発基本調査（令和元年度）

　能力開発基本調査は、我が国の企業、事業所及び労働者の能力開発の実態を正社員・正社員以外別に明らかにし、職業能力開発行政に資することを目的として、**厚生労働省**が1年に1回調査を行っている。この調査は、企業調査、事業所調査、個人調査で構成されている。

　ここでは、特に出題の多い企業調査と事業所調査の内容について、各調査項目を細部に至るまで整理する。

　なお、例年それほど大きな変化はないものの、最新年度版が発表された際には、みんなで合格☆キャリアコンサルタント試験のサイトにて情報をまとめている。

　本調査資料は、ほぼ毎回の試験で問われる資料であり、細かな内容が問われることもありますが、数字をくまなく暗記するのではなく、どちらが多いのか、少ないのかといった傾向や、調査結果の1位やおおよその割合をおさえておくとよいでしょう。

■ Off-JT及び自己啓発支援に支出した費用について（企業調査）

・Off-JT又は自己啓発支援に支出した企業の割合は57.5％である。
・金額を見ると、教育訓練に支出した費用の労働者一人当たりの平均額は、Off-JTは1.9万円、自己啓発支援は0.3万円である。

■ 事業内職業能力開発計画及び職業能力開発推進者について（企業調査）

・事業内職業能力開発計画の作成状況は、「いずれの事業所においても作成していない」が75.5％を占めている。
・職業能力開発推進者の選任状況は、「いずれの事業所においても選任していない」とする企業が78.4％を占めている。
・職業能力開発推進者を選任している企業における選任方法は、「本社が一人を選任し、すべての事業所について兼任させている」が60.7％で最も多い。

　なお、平成31年4月より、職業能力開発推進者は、「キャリアコンサルタントその他職業能力開発推進者の業務を担当するための必要な能力を有すると認められる者」から選任することとされた。

■ 教育訓練休暇制度及び教育訓練短時間勤務制度の導入状況について（企業調査）

・教育訓練休暇制度は、「導入していないし、導入する予定はない」が79.7％と多くを占めている。
・教育訓練短時間勤務制度は、「導入していないし、導入する予定はない」が80.3％と多くを占めている。
・「教育訓練休暇制度又は教育訓練短時間勤務制度を導入する予定がない」理由ランキング
　第1位　代替要員の確保が困難（50.1％）
　第2位　制度自体を知らない（38.9％）
　第3位　労働者からの要望がない（30.6％）

■ 教育訓練の実施に関する事項について（事業所調査）

・正社員に対してOff-JTを実施した事業所は、75.1％である。

・正社員に対するOff-JT実施の事業所の産業別ランキング

第1位　金融業、保険業（97.6％）

第2位　電気・ガス・熱供給・水道業（96.4％）

第3位　複合サービス事業（95.2％）

なお、複合サービス事業には、郵便局や協同組合が該当する。

・正社員以外に対してOff-JTを実施した事業所は、39.5％であり、正社員に比べると、約半分を超える程度である。

・実施したOff-JTの教育訓練機関の種類は、正社員、正社員以外ともに「自社」が最も多い。

・実施したOff-JTの研修内容ランキング

第1位　新規採用者など初任層を対象とする研修（75.4％）

第2位　新たに中堅社員となった者を対象とする研修（48.0％）

第3位　マネジメント（管理・監督能力を高める内容など）（47.0％）

・計画的なOJTの実施状況（正社員・正社員以外）を見ると、いずれにおいても、企業規模別では規模が大きくなるほど実施率は高い。

・計画的なOJTの実施状況（階層別）を見ると、正社員では新入社員が56.5％、中堅社員は40.1％、管理職層は24.2％、正社員以外29.0％となっている。

■ 人材育成について（事業所調査）

・能力開発や人材育成に関して何らかの問題があるとしている事業所は、7割を超えている。

・「問題がある」事業所の問題点ランキング

第1位　指導する人材が不足している（58.1％）

第2位　人材を育成しても辞めてしまう（53.7％）

第3位　人材育成を行う時間がない（49.7％）

■ 労働者のキャリア形成支援について（事業所調査）

・正社員又は正社員以外に対してキャリアコンサルティングを行う仕組みを導入している事業所は、39.8%である。なお、正社員に対して導入しているのは39.4%、正社員以外に対して導入しているのは27.0%である。また、産業別では正社員では金融業・保険業が最も割合が高く、正社員以外では「複合サービス事業」が最も高い。また、企業規模別に見ると、企業規模が大きくなるほど仕組みを導入している割合が高い。

・キャリアコンサルティングの実施時期は、正社員、正社員以外ともに、「労働者から求めがあったときに実施する」が最も多い。

・キャリアコンサルティングを行う目的ランキング
第1位　労働者の仕事に対する意識を高め、職場の活性化を図るため。
第2位　労働者の自己啓発を促すため。
第3位　労働者の希望等を踏まえ、人事管理制度を的確に運用するため。

・キャリアコンサルティングを行う上での問題点の内訳ランキング（正社員）
第1位　労働者からのキャリアに関する相談件数が少ない。
第2位　労働者がキャリアに関する相談をする時間を確保することが難しい。
第3位　キャリアに関する相談を行っても、その効果が見えにくい。

・キャリアコンサルティングを行う上での問題点の内訳ランキング（正社員以外）
第1位　労働者からのキャリアに関する相談件数が少ない。
第2位　キャリアに関する相談を行っても、その効果が見えにくい。
第3位　労働者がキャリアに関する相談をする時間を確保することが難しい。

・キャリアコンサルタントの導入状況について、相談を受けているのが、キャリアコンサルタントであるのは、9.8%である。

　上記の数字のとおり、相談者としてのキャリアコンサルタントの導入状況は、いまだ10%にも満たない。

2-7
職業能力開発（リカレント教育を含む）の知識

・キャリアコンサルティングを行う仕組みを導入していない理由ランキング
（正社員、正社員以外両方）
第1位　労働者からの希望がない。
第2位　キャリアコンサルタント等相談を受けることのできる人材を内部で
　　　　育成することが難しい。
第3位　労働者がキャリアに関する相談をする時間を確保することが難しい。

　第2位の内容は、平成30年度調査から初めて登場した内容である。導入して
いない理由が具体的な検討を踏まえた、現実的なものになってきている変化を
感じる。

・ジョブ・カードの認知状況については、名称は聞いたことがあるが内容は知
　らない（42.6％）と名称を聞いたことがなく、内容も知らない（31.1％）
　といった「内容を知らない」の回答が7割を超えている。
・労働者の自己啓発に対する支援の実施状況については、支援を行っている事
　業所の割合は、正社員が82.3％、正社員以外57.9％であり、支援の内容は、
　正社員、正社員以外のいずれも、受講料などの金銭的援助が最も多い。
・労働者の職業能力評価については、職業能力評価を行っている事業所は、全
　体では54.7％であった。

■ 職業能力評価における検定・資格の利用状況（事業所調査）

・職業能力評価を行っている事業所で、職業能力評価において検定・資格を利
　用している事業所は53.5％である。また、利用している検定・資格は、「国
　家検定・資格（技能検定を除く）又は公的検定・資格」が75.8％で最も割
　合が高い。

■ 技能の継承について（事業所調査）

・技能継承に問題があるとする事業所は39.0％であり、産業別では「建設業
　（63.5％）」が最も多い。
・技能継承の取組みを行っている事業所は84.6％で、取組みの内容は、「退職
　者の中から必要な者を選抜して雇用延長、嘱託による再雇用を行い、指導者
　として活用している」（64.2％）が最も多い。

■ これからの職業生活設計について（個人調査）

- キャリアコンサルティングを受けた者の割合は、全体では12.0％で、正社員15.0％、正社員以外6.8％であった。なお、相談をする主な組織・機関については、職場の上司・管理者が最も割合が高く、正社員では76.1％、正社員以外では75.6％となっている。
- キャリアコンサルティングが役立ったことの内訳では、仕事に対する意識が高まったが、正社員、正社員以外ともに最も多い。
- キャリアコンサルタントによる相談の利用の要望（正社員）は、費用を負担することなく社内で利用できるのであれば利用したいが28.0％、費用を負担することなく社外で利用できるのであれば利用したいが25.0％、社外で、費用を負担してでも利用したいは2.3％であり、利用したいを合計すると、半数を超える55.3％となる。

■ 公的職業訓練（ハロートレーニング）

　公的職業訓練（ハロートレーニング）は、希望する仕事に就くために必要な職業スキルや知識などを習得することができる公的制度である。公的職業訓練は離職者訓練などの公共職業訓練と、求職者支援訓練を合わせたものをいい、次のイラストは公的職業訓練のロゴマーク、「ハロトレくん」である。

▲ハロトレくん（出典：厚生労働省）

■ 公的職業訓練（ハロートレーニング）の種類

　主な公的職業訓練には、雇用保険を受給している求職者を主な対象とする離職者訓練と、雇用保険を受給できない求職者を主な対象とする求職者支援訓練に分けることができる。

▼公的職業訓練の種類

雇用保険の受給	訓練の種類	内容
雇用保険を受給できる人	離職者訓練	施設内訓練（ものづくり系）
		委託訓練（事務・サービス系）
雇用保険を受給できない人	求職者支援訓練	基礎コース（社会人としての能力）
		実践コース（実践的な技術）

　委託訓練や求職者支援訓練は、民間の教育訓練施設に訓練の実施を委託していることが多い。

　離職者訓練と求職者支援訓練の受講料は基本的に無料で、一部テキスト代等は自己負担になる。その訓練分野は事務系をはじめ、IT、建設・製造、サービス、介護、デザイン、理美容に至るまで多種多様であり、第一種電気工事士や宅地建物取引士、介護職員初任者研修等の資格取得を目指すコースもある。

　その他、公共職業訓練の種類には、学校卒業者を対象とした学卒者訓練（有料）や、主に中小企業の在職者を対象とした在職者訓練（有料）などがある。

■ 訓練の期間

　公的職業訓練（ハロートレーニング）の訓練期間は次のとおりである。訓練期間は数日の在職者訓練から、2年にも及ぶことがある学卒者訓練まで幅が広い。

▼公的職業訓練の訓練期間

種類	訓練期間
離職者訓練	概ね3ヶ月〜1年
求職者支援訓練	2ヶ月〜6ヶ月
学卒者訓練	1年〜2年
在職者訓練	2日〜5日

　なお、訓練の受講のための手続きは、ハローワークで行う。

■ 公的職業訓練を行う機関

公的職業訓練を行う機関は次のようなものがある。

▼公的職業訓練を行う主な機関

主な機関	特徴
独立行政法人高齢・障害・求職者雇用支援機構	高齢者の雇用の確保、障害者の職業的自立の推進、求職者等の職業能力の開発及び向上のため、高齢者、障害者、求職者、事業主等に対して総合的な支援を行っている
職業能力開発総合大学校	日本における職業訓練の中核機関。職業能力開発促進法に基づき、国が設置し、独立行政法人高齢・障害・求職者雇用支援機構が運営している
職業能力開発校	職業能力開発促進法に規定されている公共職業能力開発施設。都道府県や市町村が設置する
職業能力開発短期大学校	公共職業能力開発施設として、国が設置するが、厚生労働大臣の同意があれば都道府県も設置することができる
民間の教育機関、教育訓練施設	離職者訓練や求職者支援訓練等を受託して実施する

教育訓練給付金制度

教育訓練給付金制度は、働く人の主体的な能力開発の取組みや中長期的なキャリア形成を支援し、雇用の安定と再就職の促進を図ることを目的として、教育訓練受講に支払った費用の一部が支給されるものである。

■ 教育訓練給付金の種類

教育訓練給付金は、大きく分けると、一般教育訓練給付金、専門実践教育訓練給付金、特定一般教育訓練給付金に分けられる。

■ 支給対象者

教育訓練給付金の支給要件期間は次のとおりである。

なお、支給要件期間とは、主として、雇用保険の一般被保険者である期間のことをいう。

▼教育訓練給付金の支給要件期間

給付金の種類	支給要件期間
一般教育訓練給付金	3年（1年）以上
専門実践教育訓練給付金	3年（2年）以上
特定一般教育訓練給付金	3年（1年）以上

（　）内は初めて教育訓練給付金の支給を受けようとする人の場合。

■ 支給額

教育訓練給付金の支給額は、給付金の種類によって異なるため、次の表で確認する。

▼教育訓練給付金の支給額

給付金の種類	支給額	支給額の上限
一般教育訓練給付金	教育訓練経費の20%相当額	10万円
専門実践教育訓練給付金	教育訓練経費の50%相当額	40万円
特定一般教育訓練給付金	教育訓練経費の40%相当額	20万円

専門実践教育訓練給付金については、修了後にあらかじめ定められた資格を取得し、受講修了の翌日から1年以内に被保険者として雇用又は既に雇用されている場合には、さらに教育訓練経費の20%に相当する額の追加給付がある。つまり、最大で教育訓練経費の70%相当額の給付を受けることができる。

■ キャリアコンサルタントとのかかわり

一般教育訓練給付金においては、受講開始前1年以内にキャリアコンサルティングを受けた場合、その費用を教育訓練経費に加えることができる（上限2万円まで）。

専門実践教育訓練給付金及び特定一般教育訓練給付金では、原則として、申請手続において、訓練対応キャリアコンサルタントによる訓練前キャリアコンサルティングを受け、交付されたジョブ・カード等を受講開始の1ヶ月前までにハローワークに提出しなければならない。

■ 教育訓練支援給付金

初めて専門実践教育訓練を受講する人で、受講開始時に45歳未満など一定の要件を満たす人が、訓練期間中、失業状態にある場合に訓練受講をさらに支援するため支給される給付金を教育訓練支援給付金という（執筆時点では令和4年3月31日までの時限措置）。

なお、支給額は、基本手当日額に相当する額の80％である。

職業能力の開発に関する助成金

職業能力開発にかかわる主な助成金としては、人材開発支援助成金や、キャリアアップ助成金がある。特徴は次のとおりである。

なお、いずれの助成金も支給対象事業主は、雇用保険適用事業所の事業主に限られる。

▼人材開発支援助成金とキャリアアップ助成金の特徴

種類	特徴
人材開発支援助成金	労働者の職業生活設計の全期間を通じて段階的かつ体系的な職業能力開発を効果的に促進するため、労働者に対して職務に関連した専門的な知識及び技能の習得をさせるための職業訓練等を計画に沿って実施した場合に、訓練経費や訓練期間中の賃金の一部等を助成する。なお、生産性要件を満たした場合には、助成率が割増となる
キャリアアップ助成金	非正規雇用労働者の企業内でのキャリアアップを促進するため、正社員化、処遇改善の取組みを実施した事業主に対して助成する制度。正社員化コースや賃金規定改定コースなど7つのコースに分けられている

社内検定認定制度

個々の企業や団体が、そこで働く労働者を対象に自主的に行っている検定制度（社内検定）のうち、一定の基準を満たしており、技能振興上奨励すべきであると認めたものを厚生労働大臣が認定する制度のことを、社内検定認定制度という。

職業能力評価基準

職業能力評価基準とは、仕事をこなすために必要な知識と技術・技能に加えて、成果につながる職務行動例（職務遂行能力）を、業種別、職種・職務別に整理したものであり、厚生労働省が普及促進を図っている。

職業能力評価基準は、企業の人材ニーズと労働者の有する職業能力とを適切にマッチングさせるための共通言語となる、これからの社会に不可欠なツールである。これは企業、労働者個人のそれぞれのニーズに応じて活用が可能であり、活用目的により自由にカスタマイズすることができることが特徴である。

ジョブ・カード制度

キャリアシートには、履歴書や職務経歴書、ジョブ・カードなどがあるが、試験での出題はジョブ・カードに関するものが多い。

ジョブ・カードについては、その位置づけ、様式、対象者、作成支援の注意点など様々な視点からの出題があるが、ジョブ・カード制度総合サイトからの出題がほとんどである。

ジョブ・カード制度総合サイト　必ず読む

ジョブ・カード制度総合サイトでは、ジョブ・カードの作成支援のみならず、職業スキルチェックや、RIASECによる適職診断、価値観診断など自己理解に役立つツールも用意されている。

■ ジョブ・カード制度とは

個人のキャリアアップや、多様な人材の円滑な就職等を促進することを目的として、ジョブ・カードを、キャリアコンサルティング等の個人への相談支援のもと、求職活動、職業能力開発などの各場面において活用する制度である。

■ ジョブ・カードの位置づけ

ジョブ・カードは、「生涯を通じたキャリア・プランニング」及び「職業能力証明」の機能を担うツールである。

■ 生涯を通じたキャリア・プランニング

ジョブ・カードは、キャリアコンサルティング等の支援の前提となる個人の履歴や、支援を通じた職業経験の棚卸し、職業生活設計等の情報を蓄積することができる、訓練の受講、キャリア選択等の生涯のキャリア形成の場面においても「生涯を通じたキャリア・プランニング」のツールとして活用する。

ジョブ・カードは、学校卒業から職業生活の引退までのキャリア・プランニングに活用する。

■ 職業能力証明

ジョブ・カードには、免許・資格、教育・訓練歴、職務経験、教育・訓練成果の評価、職場での仕事ぶりの評価に関する職業能力証明の情報を蓄積することができる。この中から場面・用途等に応じて情報を抽出・編集し、求職活動の際の応募書類、キャリアコンサルティングの際の資料等として活用できる。

つまり、ジョブ・カードは、職業能力を見える化した「職業能力証明」のツールとして活用できる。

■ ジョブ・カードの様式（シート）

ジョブ・カードの様式は、大別すると次の3種類に分けることができる。

①**キャリア・プラン**シート*
②**職務経歴**シート
③**職業能力証明**シート**

*就業経験の有無によって様式が異なる。
**③はさらに免許・資格シート、学習歴・訓練歴シート、訓練成果・実務成果シートに
　分けられる。

これらを**自分**でパソコン等により作成し、管理するのが望ましい。
なお、①から③のシートをそのまま活用するだけでなく、抽出編集して履歴
書等として出力することもできる。

■ ジョブ・カードの対象者

ジョブ・カードを作成するのは求職者に限らず、在職中の**労働者**、キャリア
教育プログラムや、就職活動を行う**学生**も活用することができる。また、一部
の職業訓練や教育訓練においては、訓練の受講や成果の評価のためにジョブ・
カードが必要とされている（例：教育訓練給付金の対象となる**特定一般**教育訓
練や**専門実践**教育訓練など）。

■ ジョブ・カードの作成支援

ジョブ・カードの作成支援は、キャリアコンサルティングを通じて、**キャリ
アコンサルタント**又はジョブ・カード作成アドバイザーが行う。

キャリアシートの作成

一般的なキャリアシートには、履歴書や職業経歴書などがある。いずれも正
確な情報を記載することは欠かせないが、その他の記入上の注意点などについ
ても過去に出題されている。キャリアシート作成時には、次の点に注意する。

■ キャリアシート作成の注意点

・正確であることはもちろんのこと、丁寧な記述を行い、積極的で、個性的な
　内容も盛り込み、相手に適切にアピールする。

・相手にわかりやすく、また、相手に読ませる積極性も必要であり、簡潔、明快であるとともに、ときには図表等も使用し、レイアウトにも配慮する。職務と関連するような地域活動や趣味等も記入し、適切に自己PRを行う。

一問一答でふりかえり

☐ **Q** 今後期待されるキャリアコンサルタントの社会的役割の一つとして、個人が主体的に、職業生活設計に即した学び直しをしやすくするための支援がある。

A 適切である。個人の主体的な学び直し等のことを、リカレント教育という。

☐ **Q** 企業が行う教育訓練には、日常業務を通じて行うOff-JTと職場から離れた場で行うOJTがある。

A 適切ではない。日常業務を通じて行うOJTと、職場から離れた場で行うOff-JTがある。

☐ **Q** 企業における人材開発に関し、OJTはどのような上司、先輩がその指導役であっても成果に大きな差異が生じない。

A 適切ではない。指導役の上司や先輩によって、成果に差異が生じるおそれがある。

☐ **Q** OJTのメリットとして、仕事を通して行うために、時間やコストの点で効果的である。

A 適切である。OJTのメリットである。

☐ **Q** 令和元年度能力開発基本調査において、企業の教育訓練への支出状況では、Off-JT又は自己啓発支援に支出をした企業は50%を超えている。

A 適切である。57.5%である。

☐ **Q** 令和元年度能力開発基本調査において、支出した教育訓練費用の労働者一人当たりの平均額は、自己啓発支援に対する金額の方が、Off-JTに対する金額よりも大きい。

A 適切ではない。Off-JTが1.9万円、自己啓発支援は0.3万円である。

2-7
職業能力開発（リカレント教育を含む）の知識

Q 令和元年度能力開発基本調査において、事業内職業能力開発計画の作成状況は、「すべての事業所において作成している」とした企業は約7割であった。

A 適切ではない。「いずれの事業所においても作成していない」が7割を超えている（75.5%）。「すべての事業所において作成している」のは15.5%である。

Q 令和元年度能力開発基本調査において、職業能力開発推進者の選任状況については、「いずれの事業所においても選任していない」が7割を超えている。

A 適切である。78.4%と大半を占めている。

Q 令和元年度能力開発基本調査において、教育訓練休暇制度の導入状況については、既に導入している企業は約8割に及ぶ。

A 適切ではない。「導入している」企業は8.5%であり、「導入をしていないし、導入する予定がない」企業が79.7%である。

Q 令和元年度能力開発基本調査において、教育訓練休暇制度や短時間勤務制度について、導入予定がないとした企業の理由として最も多かったのが、労働者からの制度導入の要望がないためである。

A 適切ではない。最も多い理由は、「代替要員の確保が困難であるため」であり、「労働者からの制度導入の要望がないため」は3番目の理由である。

Q 令和元年度能力開発基本調査において、正社員に対してOff-JTを実施した事業所は、約半数にとどまっている。

A 適切ではない。75.1%である。

Q 令和元年度能力開発基本調査において、正社員に対するOff-JTを実施している事業所について、産業別では生活関連サービス業・娯楽業での実施率が最も高い。

A 適切ではない。生活関連サービス業・娯楽業はむしろ低く、高いのは金融業・保険業、電気・ガス・熱供給・水道業などである。

Q 令和元年度能力開発基本調査において、正社員以外に対してOff-JTを実施している事業所は、半数に満たない。

A 適切である。39.5%であり、正社員に比べると低い。

第2章 キャリアコンサルティングを行うために必要な知識

79

Q 令和元年度能力開発基本調査において、Off-JTの研修内容としては、「管理・監督能力を高めるマネジメント系」の研修の割合が最も多い。

A 適切ではない。新規採用者などの初任層対象の研修が最も高い。

Q 令和元年度能力開発基本調査において、正社員に対する計画的なOJTを実施した事業所は6割を超えている。

A 適切である。64.5%である。

Q 令和元年度能力開発基本調査において、人材育成に関して何らかの「問題がある」と回答した事業所の問題点として最も割合が高いのが、「人材育成を行う時間がない」である。

A 適切ではない。「指導する人材が不足している」が最も高く58.1%である。

Q 令和元年度能力開発基本調査において、正社員に対してキャリアコンサルティングを行う仕組みを導入している事業所は、半数を超えている。

A 適切ではない。令和元年度では39.4%である。

Q 令和元年度能力開発基本調査において、キャリアコンサルティングの実施時期は、人事評価のタイミングに合わせて実施するケースが最も多い。

A 適切ではない。労働者から求めがあったときに実施するケースが最も高い。

Q 令和元年度能力開発基本調査において、キャリアコンサルティングを行う仕組みがある事業所を、産業分類で見ると、正社員では、医療・福祉の割合が最も高い。

A 適切ではない。最も高いのが金融業・保険業（83.0%）、次いで電気・ガス・熱供給・水道業（81.8%）である。

Q 令和元年度能力開発基本調査において、キャリアコンサルティングを行う仕組みを導入している事業所のうち、キャリアコンサルティングを行う目的は、正社員、正社員以外ともに「労働者の希望等を踏まえ、人事管理制度を的確に運用するため」である。

A 適切ではない。正社員、正社員以外ともに「労働者の仕事に対する意識を高め、職場の活性化を図るため」である。

2-7 職業能力開発（リカレント教育を含む）の知識

☐ **Q** 令和元年度能力開発基本調査において、正社員に対するキャリアコンサルティングを行う上での問題点の内訳で、最も割合が高かったのが、キャリアコンサルタントの依頼にコストがかかるであった。

A 適切ではない。「労働者からのキャリアに関する相談件数が少ない」である。

☐ **Q** 令和元年度能力開発基本調査において、キャリアコンサルティングの仕組みを導入せず、実施していない事業所の理由として最も割合が高いのが、「相談を受けるための人員を割くことが難しい」ためである。

A 適切ではない。正社員、正社員以外ともに、「労働者からの希望がない」ためである。

☐ **Q** 令和元年度能力開発基本調査において、キャリアコンサルティングの仕組みを導入している事業所のうち、キャリアコンサルタントが相談を受けているのは約半数である。

A 適切ではない。キャリアコンサルタントが相談を受けているのは、9.8%である。

☐ **Q** 令和元年度能力開発基本調査において、ジョブ・カードを「内容を含めて知っており活用している」事業所は全体の約3割である。

A 適切ではない。「内容を含めて知っており活用している」事業所はわずかに2.7%である。

☐ **Q** 令和元年度能力開発基本調査において、正社員の労働者の自己啓発に対する支援を行っている事業所は、およそ8割に及ぶ。

A 適切である。82.3%である。

☐ **Q** 令和元年度能力開発基本調査において、職業能力評価の活用方法としては、「技能継承のための手段」において最も活用されている。

A 適切ではない。「人事考課の判断基準」が最も割合が高い。

☐ **Q** 令和元年度能力開発基本調査において、技能継承について、取組みを行っている事業所は8割を超えている。

A 適切である。84.6%である。

Q 令和元年度能力開発基本調査において、キャリアコンサルティングを受けた者の割合は、正社員では初めて3割を超えた。

A 適切ではない。全体で12.0%、正社員で15.0%、正社員以外では6.8%である。

Q 令和元年度能力開発基本調査において、キャリアコンサルティングが役立ったことの内訳として最も多かったのは、自己啓発を行うきっかけになったである。

A 適切ではない。最も多かったのは、仕事に対する意識が高まったである。

Q 令和元年度能力開発基本調査において、キャリアコンサルタントによる相談の利用の要望は、正社員では社内社外を合わせ、利用できるのであれば利用したいとする割合が半数を超えている。

A 適切である。費用を負担することなく社内又は社外での利用と、社外で費用を負担してでも利用したいを合わせると、正社員で55.3%であった。

Q ハロートレーニングとは、公共職業訓練や求職者支援訓練の愛称である。

A 適切である。愛称及びキャッチフレーズ（ハロートレーニング〜急がば学べ〜）が平成28年11月に決定した。

Q 公共職業訓練は求職者のみが対象であり、在職者に対する訓練は実施していない。

A 適切ではない。公共職業訓練には仕事に就いている人向けの在職者訓練もある。

Q 公共職業訓練（離職者訓練）は、主に雇用保険を受給できない人が対象であり、訓練費用はテキスト代等を除き無料である。

A 適切ではない。主に雇用保険を受給できない人が対象なのは、離職者訓練ではなく、求職者支援訓練である。

Q 求職者支援訓練は、国、都道府県が直接訓練を実施する。

A 適切ではない。認定を受けた民間教育訓練機関が実施する。

2-7
職業能力開発（リカレント教育を含む）の知識

Q 公共職業訓練のうち離職者訓練には、ものづくり系の訓練を行う委託訓練と、事務・サービス系の訓練を行う施設内訓練がある。

A 適切ではない。ものづくり系の訓練を行う施設内訓練と事務・サービス系の訓練を行う委託訓練がある。

Q 一般教育訓練給付金の支給対象者は、原則として受講開始日現在で雇用保険の被保険者等であった期間が5年以上（初めて受給を受ける人は、当分の間2年以上）ある者である。

A 適切ではない。3年以上（初めて受給を受ける人は、当分の間1年以上）ある者である。

Q 一般教育訓練給付金の支給額は、教育訓練施設に支払った教育訓練経費の20％に相当する額である。

A 適切である。ただし、その額が10万円を超える場合は10万円とし、4千円を超えない場合は支給されない。

Q 一般教育訓練給付金について、受講開始前1年以内にキャリアコンサルタントが行うキャリアコンサルティングを受けた場合は、その費用を、教育訓練経費に加えることができる。

A 適切である。ただし、その額が2万円を超える場合には、2万円までとする。

Q 専門実践教育訓練給付金の支給額は、教育訓練施設に支払った教育訓練経費の20％に相当する額である。

A 適切ではない。教育訓練経費の50％に相当する額であり、1年間で40万円を超える場合の支給額は40万円である（最長3年間）。さらに受講修了後に、あらかじめ定められた資格等を取得し、受講修了日の翌日から1年以内に被保険者として雇用された方又は既に雇用されている方に対しては、教育訓練経費の20％に相当する額を追加して支給する。

Q 専門実践教育訓練給付金の申請手続では、原則として、ジョブ・カードの交付を受け提出する必要はない。

A 適切ではない。訓練対応キャリアコンサルタントによる訓練前キャリアコンサルティングを受け、ジョブ・カード等を受講開始日の1ヶ月前までにハローワークへ提出する必要がある。

第2章 キャリアコンサルティングを行うために必要な知識

83

Q 専門実践教育訓練給付金の支給対象者は、原則として受講開始日現在で雇用保険の被保険者等であった期間が5年以上（初めて支給を受けようとする人は、当分の間、3年以上）ある必要がある。

A 適切ではない。受講開始日現在で雇用保険の被保険者等であった期間が3年以上（初めて支給を受けようとする人は、当分の間、2年以上）ある必要がある。

Q 特定一般教育訓練を受講する際には、原則として、受講前に訓練対応キャリアコンサルタントによる訓練前キャリアコンサルティングを受ける必要がある。

A 適切である。専門実践教育訓練も同様に必要である。

Q 人材開発支援助成金は、労働生産性の向上の有無にかかわらず一定率の経費や賃金助成が行われる。

A 適切ではない。労働生産性の向上により、助成率がアップする（生産性要件）。

Q 社内検定認定制度は、事業主又は事業主団体等が、雇用する労働者等の技能と地位向上に資することを目的に行い、文部科学大臣が認定する検定制度である。

A 適切ではない。文部科学大臣ではなく、厚生労働大臣が認定する。

Q 職業能力評価基準をもとに作成される「職業能力評価シート」は、業種ごとに作成されており、インターネットからダウンロードして活用することができる。

A 適切である。2020年12月現在、業種横断的な経理・人事等の事務系9職種及び電気機械器具製造業、ホテル業、在宅介護業等の56業種を網羅している。

Q 職業能力評価基準は業界ごとの能力評価シートが用意されているが、企業が導入、活用する際にはシートの内容を変更することはできない。

A 適切ではない。自社用にカスタマイズすることができる。

Q 職業能力評価基準は、仕事をこなすために必要な知識と技術・技能に加えて、職務遂行能力を、業種別、職種・職務別に整理したものである。

A 適切である。企業の人材ニーズと労働者の有する職業能力とを適切にマッチングさせるための共通言語として、社会に不可欠なツールであるとしている。

Q ジョブ・カードは、「生涯を通じたキャリア・プランニング」及び「職業能力証明」の機能を持つツールである。

A 適切である。労働市場インフラとして、キャリアコンサルティング等の個人への相談支援のもと、求職活動、職業能力開発などの各場面において活用するものである。

Q 一般教育訓練給付金の利用を希望した場合には、受講前にジョブ・カードを活用したキャリアコンサルティングを受けることが必須となる。

A 適切ではない。一般教育訓練給付金ではなく、専門実践教育訓練給付金及び特定一般教育訓練給付金である。

Q ジョブ・カードを作成するのはキャリアコンサルタントであり、保管や管理は本人が行う。

A 適切ではない。ジョブ・カードを作成、保管、管理するのは本人である。

Q ジョブ・カードの様式は大別すると、キャリア・プランシートと職務経歴シートの2種類である。

A 適切ではない。キャリア・プランシート、職務経歴シート、職業能力証明シートの3種類である。

Q ジョブ・カードは、大学等での学生の利用は想定していない。

A 適切ではない。ジョブ・カードを、学生が生涯を通じて活用するキャリア・プランニングのツールとして活用することが、キャリア教育の視点からも期待されている。

Q ジョブ・カード制度総合サイトでは、RIASECによる適職診断などの自己理解に役立つツールがある。

A 適切である。職業スキルチェックや、価値観診断のツールなどもある。

Q 応募書類の作成においては、原則として、編年型（時系列型）や職能型ではなく、逆編年型で、これまでの経歴を記入する。

A 適切ではない。相談者の年齢やこれまでの職歴、転職経験、アピールしたい内容などによって表現の方法には違いがある。

Q 応募書類の作成においては、必要な項目を網羅するとともに、職務
と関係する地域活動や趣味について記入することも望ましい。

A 適切である。人に読ませるための積極性も求められる。

2-8 企業におけるキャリア形成支援の知識

全体をつかもう この出題範囲からは、3問程度出題され、その内容は広範で多岐にわたります。養成講座などでもあまり扱わない内容も多く、主要な参考書での記述もほとんどありません。知識の幅や深さに個人差も多い出題範囲のため、過去の出題内容を中心に広くまとめています。知識がないと答えられない問題も多くあるため、知らないことは一つずつマスターしていきましょう。

採用管理

採用管理においては、採用選考時における、公正さの確保が課題となる。

日本国憲法の第二十二条では、基本的人権の一つとして「**職業選択**の自由」を、また第十四条では、「法の下の**平等**」を保障している。社員の採用選考において、企業は応募者の基本的人権を尊重することが求められる。

■「公正な採用選考をめざして（厚生労働省）」

企業は採用選考を、応募者の**基本的人権**を尊重すること、応募者の**適性・能力**のみを基準として行うことの2点を基本的な考え方として実施する。

また、**就職**差別につながるおそれのある事項を応募書類に記載させることや、面接時に尋ねることがないように留意しなければならない。具体的に、以下の項目のような内容は、特に注意が必要である。

①本人に責任のない事項の把握
　本籍・出生地に関することや家族、住宅状況、生活環境・家庭環境等に関すること

②本来自由であるべき事項

　　宗教、支持政党、人生観・生活信条、尊敬する人物、思想、労働組合や学生運動などの社会運動に関すること、講読している新聞・雑誌・愛読書などに関すること

③採用選考の方法

　　身元調査などの実施、全国高等学校統一応募用紙・JIS規格の履歴書（様式例）に基づかない事項を含んだ応募書類（社用紙）、合理的・客観的に必要性が認められない採用選考時の健康診断の実施

配置や異動の管理

　配置や異動の管理においては、出向や転籍、派遣と請負の違いなどが過去に出題されており、注意が必要である。また、社内公募や社内ベンチャーの出題もあるので、内容を確認する。

■ 出向と転籍の違い

　元の会社との労働契約（身分）を維持しながら、他の会社の指揮命令下で業務に従事することを、出向という。

　一方、元の会社との労働契約を終了させて、他の会社と新たな労働契約を結び業務に従事することを、転籍という。

■ 派遣と請負の違い

　派遣元の会社が、自己の雇用する労働者を、派遣先の指揮命令を受けて派遣先のために労働に従事させることを派遣という。また、請負は、仕事の完成を目的とするものであり、発注者と労働者の間には指揮命令関係は生じない。

▲派遣と請負の違い

■ 異動などに関連した最近の社内制度

　労働者のモチベーションや企業業績の向上のため、最近は社内公募、社内FA（フリーエージェント）制度、社内ベンチャー制度といった仕組みを設ける企業もある。

▼異動などに関連した最近の社内制度

様々な社内制度	内容
社内公募	部署が社内に対して人材を募集することであり、応募者と部署の双方が合意すれば異動が成立する仕組みである
社内FA	社員が自ら、行きたい部署や仕事を選択し、希望を出せる制度。モチベーションの向上につながるが、希望どおりにならない場合には、モチベーションが減退するリスクがある
社内ベンチャー	新規事業の開発において、会社が資金や人員を提供して新規事業部門を立ち上げたり、子会社として独立させたりする仕組み。メンバーは社内公募等によって選ばれるのが一般的である

退職管理

退職においては、解雇、解雇の制限及び予告の義務、解雇の種類を確認するとともに、早期退職優遇制度について確認する。

■ 解雇制限

解雇とは、使用者側からの労働契約の解約をいう。また、解雇に関しては制限がある。

労働契約法第十六条

> 解雇は、客観的に合理的な理由を欠き、社会通念上相当であると認められない場合は、その権利を濫用したものとして、無効とする。

■ 解雇予告

解雇する場合には、労働基準法において、解雇に合理的な理由がある場合にも、解雇予告の実施もしくは、解雇予告手当の支払いが義務付けられている（労働基準法第二十条）。

労働基準法第二十条

> 　使用者は、労働者を解雇しようとする場合においては、少なくとも**30**日前にその予告をしなければならない。30日前に予告をしない使用者は、30日分以上の平均**賃金**を支払わなければならない。

　なお、解雇予告が30日に満たない場合には、解雇予告手当との併用も可能である。

■ 解雇の種類

　解雇の種類は大別すると、**普通**解雇、**整理**解雇、**懲戒**解雇の3種類がある。中でも、経営不振や事業の縮小など、経営側の都合による人員削減のための解雇を整理解雇といい、整理解雇には、次の4要件が設定され、すべてを満たさないと実施することはできない。

①人員削減の**必要**性
　　人員削減をしなくてはならない経営上の理由があること。
②解雇**回避努力**義務の履行
　　配置転換や希望退職者の募集など、解雇を回避するためのあらゆる努力をしていること。
③解雇される人の**選定**の合理性
　　人選が合理的かつ公平で妥当性があること。
④解雇**手続き**の妥当性
　　解雇対象者、労働組合又は労働者の過半数を代表する者との十分な協議をしていること。

■ 早期退職優遇制度

　早期退職制度は、会社が退職者を募ることで、自主的に退職する社員に対し**割増**の退職金を支払ったり、転職先を紹介したりする制度である。

労働時間管理

労働者の働く時間の管理では、法定労働時間といわゆる36（さぶろく）協定、休憩や休日、代休と振替休日の違い、就業規則の作成について確認する。

■ 法定労働時間と36（さぶろく）協定

法定労働時間は1日8時間、週40時間を超えて労働させてはならない。

労働基準法第三十二条

> 使用者は、労働者に、休憩時間を除き1週間について40時間を超えて、労働させてはならない。
> 2　使用者は、1週間の各日については、労働者に、休憩時間を除き1日について8時間を超えて、労働させてはならない。

ただし、労使協定を締結し、労働基準監督署に届け出れば法定労働時間を超えて労働させることができる。

労働基準法第三十六条

> 使用者は、当該事業場に、労働者の過半数で組織する労働組合がある場合においてはその労働組合、労働者の過半数で組織する労働組合がない場合においては労働者の過半数を代表する者との書面による協定をし、厚生労働省令で定めるところによりこれを行政官庁に届け出た場合においては、（中略）その協定で定めるところによって労働時間を延長し、又は休日に労働させることができる。

■ 休憩時間

休憩は、労働時間に応じ、労働時間が6時間を超える場合は少なくとも45分、8時間を超える場合は少なくとも1時間与えなければならない。また、原則として休憩は労働時間の途中に、一斉に、自由に与えなければならない。

■ 休日

休日は、原則として週1日与えなければならない。ただし例外的に4週間で4日という与え方も認められる。

■ 代休と振休

休日出勤させた後に、その代償として、後日に他の労働日を休みとするものを代休（代替休日）といい、休日労働の割増賃金が発生する。

また、事前に、休日と定められた日を労働日として、別の労働日を休日とすることを振休（振替休日）といい、休日労働の割増賃金が発生しない。

▼代休と振休の手続き、割増賃金の違い

種類	手続き	割増賃金
代替休日（代休）	事後	発生する
振替休日（振休）	事前	発生しない

■ 就業規則

労働基準法では、常時10人以上の労働者を使用する使用者に就業規則を作成し、労働者に周知する義務を課している。就業規則は、所轄の労働基準監督署長に届け出なければならない。

なお、就業規則で定める基準に達しない労働条件を定める労働契約については、その部分は無効となる。

人事考課

従業員の業績、能力、業務への貢献度などを一定の基準で査定することを人事考課といい、その結果は賃金や、昇進などに反映される。

■ 人事考課の視点

人事考課は一般的に、成績考課、情意考課、能力考課の3つの視点で行われる。

▼人事考課の視点の評価する内容

視点	内容
成績考課	仕事の成果、課題や目標達成度をもとに評価する
情意考課	労働意欲、勤怠状況や取り組む姿勢、やる気を評価する
能力考課	知識や熟練度といった職務遂行能力で評価する

■ 人事考課の評価誤差

人事考課の際には、評価誤差（エラー）に気をつけなければならない。主な評価誤差の種類は以下のとおりである。

▼評価誤差（エラー）の種類

種類	内容
ハロー効果	特定の優れた（劣った）一面でその人のすべてを評価してしまう
論理的誤差	事実によらずに誤った論理づけや関連づけにより評価してしまう
近接誤差	最近の出来事が印象に残り、期間全体での評価が正しくされない。期末誤差と呼ばれることもある
中心化傾向	評価が無難な中間レベルに集中してしまい、優劣の差が出ない
寛大化傾向	考課を甘くしてしまう。また、厳しくしてしまうことは、厳格化傾向と呼ばれる

■ 目標管理制度（MBO）

目標を設定し、それに対する達成度合いで評価を決める制度のことを目標管理制度といい、Management by Objectives（MBO）と表現される。1954年にドラッカーが提唱した。

人事制度

従業員をその能力や職務、役割などによって序列化することにより、業務遂行する際の権限や責任、さらには待遇などの根拠となる制度を等級制度という。主な制度として、職能資格制度と職務等級制度がある。

2-8
企業におけるキャリア形成支援の知識

■ 職能資格制度と職務等級制度

　我が国に固有の人事制度といわれ、資格等級が職務を超えて設定されていることから、特に大企業においては、ゼネラリストの育成に適しているのが職能資格制度である。

　これに対し、特にアメリカにおいて発達した人事制度といわれ、職務の内容や難易度を明確化し、それぞれに対応する報酬が設定されていることから、スペシャリストの育成に適しているのが、職務等級制度である。

　職能資格制度と職務等級制度にはそれぞれメリット、デメリットがあり、以下に整理する。

▼職能資格制度と職務等級制度のメリット、デメリット

制度	メリット	デメリット
職能資格制度	・人事異動に適している ・ゼネラリスト育成に効果的	・年功序列的な運用になりがち ・総人件費が高くなる傾向
職務等級制度	・職務と給与が対応している ・スペシャリスト育成に効果的	・職務の内容、難易度の明確化が煩雑 ・組織、職務が固定化しやすい

リーダーシップ理論

　リーダーシップ理論には様々なものがあるが、これまでに出題されたものを次に整理する。

▼リーダーシップ理論の種類と内容

理論の種類	内容
PM理論	三隅二不二（みすみじゅうじ）が提唱。リーダーシップをP（Performance：**目標達成**能力）とM（Maintenance：**集団維持**能力）の2つの次元から捉えている
SL理論	SLとは、Situational Leadership（**状況**対応型リーダーシップ）のことであり、部下の**成熟度**によって、有効なリーダーシップスタイルが異なるという理論である。部下の成熟度により、成熟度が低いものから、教示型・指導型・支持型・委任型がある
シェアド・リーダーシップ	チームのメンバー**全員**がリーダーシップを発揮している状態のことをいう
パス・ゴール理論	メンバーが**ゴール**（業務目標）を達成するため、リーダーはどのような**パス**（道筋）を通ればよいのかを示すことをいう

新しい働き方

　時間や空間の制約にとらわれることなく働くことができるよう、**柔軟**な働き方がしやすい環境整備が進められている。

▼柔軟な働き方がしやすい環境整備の例

環境整備の例	内容
在宅勤務	勤務する会社のオフィスではなく、自宅で働くこと
テレワーク	情報通信技術（ICT）を活用し時間や場所の制約を受けずに柔軟に働く形態。テレは「遠く」の意。テレワークには雇用型テレワークと、非雇用型テレワークがある
サテライトオフィス	本社などから離れた場所に設置されたオフィス
SOHO	Small Office Home Officeの略であり、情報通信機器を利用して、小さなオフィスや自宅などでビジネスを行う事業者

　また、これまでのいわゆる正社員と比べて、働く場所や、職務内容、勤務時間の範囲が限定されている社員を、**限定**正社員という。それぞれ、**勤務地**限定

正社員、**職務**限定正社員、**勤務時間**限定正社員などと呼ばれる。

なお、一般的にテレワーク勤務を導入する場合には、**就業規則**の変更が必要となることが多いが、通常勤務とテレワーク勤務において、労働時間制度やその他労働条件が**同じ**である場合は、就業規則を変更しなくても、既存の就業規則のままで導入することもできる。

一問一答でふりかえり

☐ **Q** 「公正な採用選考をめざして」（厚生労働省）において、採用選考時において購読している新聞や、愛読書に関する質問を行うことは、就職差別につながるおそれがある事柄と指摘されている。

A 適切である。宗教や支持政党、人生観や生活信条、尊敬する人物なども、就職差別につながるおそれがある事柄として指摘している。

☐ **Q** 「公正な採用選考をめざして」（厚生労働省）において、採用が決定する以前に、勤務地から自宅までの勤務ルートを提出させることは、就職差別につながるおそれはないとされている。

A 適切ではない。採用後であれば差し障りはないとされているが、採用する以前に行うことは、就職差別につながるおそれがある事柄として指摘されている。

☐ **Q** 出向とは一般的に、元の会社との労働関係を終了させて、他の会社と新たな労働契約を結び業務に従事することをいう。

A 適切ではない。問題の説明は転籍を意味しており、出向とは、元の会社との労働契約（身分）を維持しながら、他の会社の指揮命令下で業務に従事することをいう。

☐ **Q** 請負労働者に対して、受入先の管理者は指揮・命令をすることはできない。

A 適切である。請負は、仕事の完成を目的とするものであり、受入先と労働者の間には指揮命令関係は生じない。

☐ **Q** 派遣元の会社が、自己の雇用する労働者を、派遣先の指揮命令を受けて派遣先のために労働に従事させることを派遣という。

A 適切である。派遣会社と派遣労働者の間には雇用契約が存在する。

Q 社内ベンチャー制度とは、部署が社内に対して人材を募集し、応募者と部署の双方が合意すれば異動が成立する仕組みである。

A 適切ではない。問題文の説明は、社内公募といわれる仕組みである。社内ベンチャーは、会社が資金や人員を提供して、新規事業部門を立ち上げたり、子会社として独立させたりする仕組みである。

Q 社員が自ら、行きたい部署や仕事を選択し、希望を出せる制度のことを、社内FA制度という。

A 適切である。FAとはフリーエージェントを意味する。

Q 解雇は、客観的に合理的な理由を欠き、社会通念上相当であると認められない場合は、その権利を濫用したものとして無効とする。

A 適切である。労働契約法第十六条に規定されている。

Q 使用者は、労働者を解雇しようとする場合においては、原則として、少なくとも14日前にその予告をしなければならない。

A 適切ではない。原則として少なくとも30日前に解雇予告を行うか、解雇予告手当の支払いが義務付けられている。

Q 解雇の種類は大別すると、普通解雇と懲戒解雇の2種類がある。

A 適切ではない。大別すると、普通解雇、整理解雇、懲戒解雇の3種類がある。

Q 整理解雇は、「人員削減の必要性」が認められる場合にのみ認められる。

A 適切ではない。人員削減の必要性、解雇回避努力義務の履行、解雇される人の選定の合理性、解雇手続きの妥当性の4つの要件を満たす必要がある。

Q 早期退職優遇制度とは、定年年齢に達する以前に退職する者に退職金の支給額等を優遇する制度であり、この制度の適用を受けるか否かは労働者の任意である。

A 適切である。割増退職金の支給の他、転職の支援が受けられる場合もある。

Q 労働基準法では、1日8時間、1週40時間を法定労働時間としている。

A 適切である。労働基準法第三十二条に規定されている。

2-8
企業におけるキャリア形成支援の知識

Q 労使協定を締結し、労働基準監督署に届け出れば法定労働時間を超えて労働させることができる。

A 適切である。労働基準法第三十六条に規定されており、36（さぶろく）協定と呼ばれる。

Q 労働時間について、使用者は、労働者の労働時間が6時間以上となる場合には、少なくとも60分の休憩時間を労働時間の途中に一斉に与えなければならない。

A 適切ではない。労働時間が6時間を超える場合は少なくとも45分、8時間を超える場合は少なくとも1時間与えなければならない。

Q 使用者は、労働者に対して、毎週少なくとも2日以上の休日を与えなければならない。

A 適切ではない。休日は原則として週1日与えなければならない。

Q 使用者が労働者に、予め休日と定められていた日に労働を行わせ、その代償として以後の特定の労働日を休みとする、いわゆる「振休」を与えた場合には、労働者に対して休日労働分の割増賃金が発生する。

A 適切ではない。予め休日と定められていた日に労働を行わせ、その代償として以後の特定の労働日を休みとすることは、いわゆる「振休」ではなく、「代休」であり、割増賃金が発生する。

Q 常時5人以上の労働者を使用している事業所は、就業規則を作成し、労働基準監督署長に届け出なければならない。

A 適切ではない。常時10人以上の労働者を使用している事業所である。

Q 使用者は、就業規則を常時、見やすい場所への掲示、備え付け、書面の交付などの方法によって、労働者に周知することが義務付けられている。

A 適切である。周知することが義務付けられている。

Q 人事考課において、能力考課とは、仕事の成果、課題や目標達成度をもとに評価することをいう。

A 適切ではない。能力考課とは、知識や熟練度といった職務遂行能力で評価することをいう。

第2章 キャリアコンサルティングを行うために必要な知識

99

Q 人事考課における評価誤差（エラー）の種類について、寛大化傾向とは、評価が無難な中間レベルに集中してしまい、優劣の差が出ないことをいう。

A 適切ではない。考課を甘くしてしまうことをいう。逆に厳しくしてしまう厳格化傾向もある。

Q 人事考課における評価誤差（エラー）の種類について、最近のことは大きく、数ヶ月前のことが小さくなってしまうエラーをハロー効果という。

A 適切ではない。このような評価誤差（エラー）を、近接誤差という。ハロー効果は、特定の優れた（劣った）一面でその人のすべてを評価してしまうことをいう。

Q 目標管理制度（MBO）はドラッカーによって提唱された。

A 適切である。目標を設定し、それに対する達成度合いで評価を決める制度のことを目標管理制度という。

Q 職能資格制度では、どこまでが自分の職務であるか、他の人の職務との境界線を明確にしやすくなる。

A 適切ではない。職務の内容が明確化されるのは、職務等級制度である。

Q 職務等級制度は、年功的な運用がもたらす給与と能力のミスマッチが生じる欠点がある。

A 適切ではない。年功的な運用がもたらす給与と能力のミスマッチが生じるのは、職能資格制度である。

Q 職能資格制度は、現在の資格が異動先の職務でも適用されることから、幅広く多様な職務を経験することにより、いわゆるゼネラリストの育成に適している。

A 適切である。逆に職務等級制度は、スペシャリストの育成に適しているとされている。

Q リーダーシップの理論について、PM理論とは、部下の成熟度などの状況によってリーダーシップのスタイルを変えていくとする理論である。

A 適切ではない。問題文の説明は、SL理論の説明である。PM理論は、リーダーシップをP（Performance：目標達成能力）とM（Maintenance：集団維持能力）の2つの次元から捉えるものである。

2-8 企業におけるキャリア形成支援の知識

Q パス・ゴール理論とは、メンバーが目標を達成するために、リーダーはどのような道筋を通ればよいのかを示すことである。

A 適切である。目標はゴール、道筋はパスを意味している。

Q サテライトオフィスとは、情報通信機器を利用して、小さなオフィスや自宅などでビジネスを行う事業者のことをいう。

A 適切ではない。サテライトオフィスは、本社などから離れた場所に設置されたオフィスのことをいい、問題文の説明は、SOHO（Small Office Home Officeの略）を表している。

Q テレワークには雇用型テレワークと、非雇用型テレワークがある。

A 適切である。テレワークとは、情報通信技術（ICT）を活用し、時間や場所の制約を受けずに柔軟に働く形態をいう。

Q テレワーク勤務者と通常勤務者において、労働時間やその他の労働条件が同一の場合は就業規則の変更が必要となる。

A 適切ではない。通常勤務とテレワーク勤務において、労働時間制度やその他労働条件が同じである場合は、就業規則を変更しなくても、既存の就業規則のままでテレワーク勤務することができる。

2-9

労働市場の知識

全体をつかもう この出題範囲からは、毎回2問〜3問程度出題されます。まずは、雇用関連の指標で使われる、データに関する専門用語を理解しましょう。そして国が行っている主要な調査の種類と調査している機関を把握し、それらの調査結果の数値の特徴をつかむことが大切です。細かな数値を暗記するというよりも、おおよその数値を把握しましょう。

労働市場に関する調査についての用語

　労働市場に関する統計データを理解するためには、まずは用語を理解する。これまでの試験でも用語の意味が問われたことがあるため、正しい理解が必要である。なお、労働市場に関する統計データで最も重要な、労働力調査（総務省統計局）と一般職業紹介状況（厚生労働省）から用語を紹介する。

■ 労働力調査の読み解きに必要な用語と比率

　「就業者」の意味や「完全失業者」の3つの条件、「労働力人口」の内訳には特に気をつける必要がある。

▼労働力調査の読み解きに必要な用語

用語	意味
従業者	調査週間中に賃金などの収入を伴う仕事を1時間以上した者
休業者	仕事を持ちながら、調査週間中少しも仕事をしなかった者のうち、雇用者で、給料等の支払いを受けている又は受けることになっている者等
就業者	従業者と休業者を合わせたもの
完全失業者	次の3つの条件を満たす者 ①仕事がなくて調査週間中に少しも仕事をしなかった（就業者ではない） ②仕事があればすぐ就くことができる ③調査週間中に、仕事を探す活動や事業を始める準備をしていた（過去の求職活動の結果を待っている場合を含む）
労働力人口	15歳以上の人口のうち、就業者と完全失業者を合わせたもの
非労働力人口	15歳以上の人口のうち、「就業者と完全失業者」以外の者

▲15歳以上の人口の区分
（参考：総務省統計局「労働力調査　用語の解説」）

▼労働力調査の読み解きに必要な比率

比率	意味
労働力人口比率	15歳以上の人口に占める「労働力人口」の割合
就業率	15歳以上の人口に占める「就業者」の割合
完全失業率	「労働力人口」に占める「完全失業者」の割合

■ 一般職業紹介状況の読み解きに必要な用語と比率

「求職」は、職を求めているので仕事を探していることをいい、「求人」は人を求めているので、「人を探している人」つまり「事業主」を表す。

▼一般職業紹介状況の読み解きに必要な用語

用語	意味
新規求職申込件数	期間中に新たに受け付けた求職申込みの件数
新規求人数	期間中に新たに受け付けた求人数（採用予定人員）
月間有効求職者数	前月から繰り越された有効求職者数と当月の「新規求職申込件数」の合計数
月間有効求人数	前月から繰り越された有効求人数と当月の「新規求人数」の合計数

▼一般職業紹介状況の読み解きに必要な比率

比率	意味
求人倍率	求職者に対する求人数の割合で、新規求人倍率と有効求人倍率がある
新規求人倍率	「新規求人数」を「新規求職申込件数」で除して計算する
有効求人倍率	「月間有効求人数」を「月間有効求職者数」で除して計算する

国が行う調査の種類と特徴

労働市場に関して国が行う主な調査は下記のとおりである。国のどの機関がどのような目的で調査を行い、どのような項目（調査結果）がわかるのかを整理する。

■ 労働力調査

労働力調査は、我が国における就業及び不就業の状態を明らかにするための調査で、完全失業率がわかる。調査は毎月、総務省が行っている。

▼労働力調査（基本集計）令和元年度（2019年度）平均結果の概要（総務省統計局）

項目	調査結果
完全失業率	2.3%　（前年度比0.1ポイント低下）
完全失業者	162万人　（前年度比4万人減少）
就業者	6,733万人（前年度比52万人増加）
就業率	60.7%　（前年度比0.5ポイント上昇）
正規の職員・従業員	3,516万人（前年度比22万人増加）
非正規の職員・従業員	2,163万人（前年度比31万人増加）

■ 一般職業紹介状況

一般職業紹介状況は、公共職業安定所（ハローワーク）における求人、求職、就職の状況（新規学卒者を除く）を集計し、毎月の有効求人倍率がわかる。調査は毎月、厚生労働省が行っている。

▼一般職業紹介状況（令和2年3月分及び令和元年度分）について（厚生労働省）

項目	調査結果
有効求人倍率（令和2年3月分）	1.39倍
正社員有効求人倍率（令和2年3月分）	1.03倍
有効求人倍率（令和元年度平均）	1.55倍（前年度比0.07ポイント低下）

なお、2020年度は新型コロナウイルスの流行による、経済状況や雇用情勢の悪化が見られ、今後の完全失業率や有効求人倍率の動きに注視する必要があるため、試験対策上注意が必要な場合などには、「みんなで合格☆キャリアコンサルタント試験」で情報をまとめている。

■ 賃金構造基本統計調査

賃金構造基本統計調査は、主要産業に雇用される労働者について、その賃金の実態を労働者の雇用形態、就業形態、職種、性、年齢、学歴、勤続年数、経験年数別等に明らかにするものである。調査は年に1回、厚生労働省が行っている。

■ 就業構造基本調査

就業構造基本調査は、国民の就業及び不就業の状態を調査し、全国及び地域別の就業構造を明らかにするものである。昭和57年（1982年）以降については、5年ごとに総務省が行っている。

■ 就労条件総合調査

就労条件総合調査は、主要産業における企業の労働時間制度、賃金制度等について総合的に調査し、我が国の民間企業における就労条件の現状を明らかにすることを目的として毎年、厚生労働省が実施している。

■ 景気動向指数

景気動向指数は、景気の現状把握及び将来予測に資するために作成された指標であり、景気動向指数には、景気の動きに対して、いつ反応を示すかによって、先行系列、一致系列、遅行系列に分けられている。作成は内閣府が毎月行っている。

▼景気動向指数の系列と採用されている雇用関連の指標

系列	雇用関連の指標
先行系列	新規求人数
一致系列	有効求人倍率
遅行系列	完全失業率

したがって、景気の動きに先行して反応するのが新規求人数であり、景気の動きに合わせて反応するのが有効求人倍率、景気の動きに遅れて反応するのが完全失業率といえる。

一問一答でふりかえり

☐ **Q** 就業者とは、15歳以上の従業者と完全失業者を合わせたものである。

A 適切ではない。就業者とは、15歳以上の「従業者」と「休業者」を合わせたものである。

2-9
労働市場の知識

Q 完全失業者は、15歳以上人口のうちで調査週間中に少しも仕事を しなかった人のことである。

A 適切ではない。完全失業者は、①仕事がなくて調査週間中に少しも 仕事をしなかった。②仕事があればすぐ就くことができる。③調査 週間中に、仕事を探す活動や事業を始める準備をしていた。これら の3つの条件を満たす者である。

Q 労働力人口とは、18歳以上人口のうち、就業者と完全失業者を合 わせたものである。

A 適切ではない。18歳ではなく、15歳である。

Q 労働力人口比率とは、15歳以上の人口に占める就業者の割合である。

A 適切ではない。15歳以上の人口に占める労働力人口（就業者と完全 失業者の合計）の割合である。

Q 労働力調査は毎月、厚生労働省が行っている。

A 適切ではない。厚生労働省ではなく、総務省が行っている。

Q 労働力調査によると、令和元年度（2019年度）平均の完全失業率は、 2.3%であった。

A 適切である。前年度比0.1ポイント低下の2.3%であった。

Q 毎月の有効求人倍率の推移を見るためには、賃金構造基本調査を調 べるとよい。

A 適切ではない。毎月の有効求人倍率の推移を見るためには、一般職 業紹介状況を調べるとよい。

Q 一般職業紹介状況は、総務省が毎月調査をしている。

A 適切ではない。一般職業紹介状況は、厚生労働省が毎月調査をして いる。

Q 有効求人倍率は、民間の職業紹介事業者に加え、公共職業安定所 （ハローワーク）における有効求職者一人当たりの有効求人数を表 している。

A 適切ではない。有効求人倍率は、公共職業安定所における有効求職 者一人当たりの有効求人数を表しており、民間の職業紹介事業者は 調査の対象に含まれない。

第2章 キャリアコンサルティングを行うために必要な知識

Q 一般職業紹介状況によると、令和元年度平均の有効求人倍率は、1.5倍を上回った。

A 適切である。令和元年度平均の有効求人倍率は、1.55倍で、前年度比0.07ポイント低下した。

Q 一般職業紹介状況（令和2年3月分）によると、正社員有効求人倍率は、2倍を上回っている。

A 適切ではない。正社員有効求人倍率は、1.03倍で1倍を上回っている。

Q 賃金構造基本統計調査は、国民の就業及び不就業状態を調査し、全国及び地域別の就業構造を明らかにするものである。

A 適切ではない。賃金構造基本統計調査は、主要産業に雇用される労働者について、その賃金の実態を労働者の雇用形態、就業形態、職種、性、年齢、学歴、勤続年数、経験年数別等に明らかにするものである。

Q 賃金構造基本統計調査は、総務省が毎年実施している。

A 適切ではない。総務省ではなく、厚生労働省である。

Q 就業構造基本調査は、総務省が毎年実施している。

A 適切ではない。総務省が昭和57年（1982年）以降については、5年ごとに行っている。

Q 完全失業率は、内閣府が作成する景気動向指数の先行系列の一つに採用されている。

A 適切ではない。完全失業率は遅行系列に分類される。雇用関連の先行系列としては、新規求人数が採用されている。

Q 有効求人倍率は、内閣府が作成する景気動向指数の一致系列の一つに採用されている。

A 適切である。一致系列は、景気の動きに合わせて反応するとされている。

2-10 労働政策及び労働関係法令並びに社会保障制度の知識

全体をつかもう この出題範囲からは、毎回3問〜4問の出題があります。労働関係法令では、労働基準法の出題が特に多く、次いで労働契約法、育児・介護休業法、労働者派遣法など出題のある法令は多岐にわたります。また、年金や健康保険に関しては基本的な知識が問われることが多いです。とはいえ、完全に網羅するのは難しい部分ですから、これまでに出題された内容を中心に知識を確認しましょう。

労働基準法 よく出る

労働基準法は、労働条件に関する最低基準を定める法律であり、頻出の労働基準法は様々な規定があるが、賃金（割増賃金）、年次有給休暇、労働条件の交付、そして母性保護の規定を確認する。

■ 賃金の支払い

賃金の支払いには次の5つの原則がある。

▼賃金支払いの5つの原則

5つの原則	内容
通貨払いの原則	賃金は通貨で支払わなくてはならない。ただし、労働者の同意を得て、労働者の預貯金口座へ振込むことができる
直接払いの原則	賃金は必ず本人に支払わなくてはならない。例えば、年少者の賃金を親が受け取ってはならない
全額払いの原則	賃金は全額を支払わなくてはならない。ただし、税金等法令によるものや労使協定により定められたものは差し引くことができる
毎月一回以上払いの原則	賃金は毎月一回以上支払わなければならない
一定期日払いの原則	賃金は一定の期日を定めて支払わなければならない

■ 割増賃金

　割増賃金とは、使用者が労働者に時間外労働（残業）・休日労働・深夜業を行わせた場合に、支払わなければならない賃金である。

　割増賃金には、**時間外**、**休日**、**深夜**の3種類の手当がある。それぞれの割増率を確認する。

▼割増賃金の種類と割増率

種類	条件	割増率
時間外（手当）	法定労働時間（1日8時間、週40時間）を超えたとき	**25**%以上
	時間外労働時間が月60時間を超えたとき（中小企業は当分の間、適用猶予）	**50**%以上
休日（手当）	法定休日（週1日）に勤務させたとき	**35**%以上
深夜（手当）	22時〜5時までの間に勤務させたとき	**25**%以上

　なお、**深夜**手当は、管理監督者にも支払われる。

■ 年次有給休暇の発生要件と確実な取得

　年次有給休暇とは、労働者の休暇日のうち、使用者から**賃金**が支払われる有給の休暇日のことである。

使用者は、労働者が雇入れの日から**6ヶ月**間継続勤務し、その6ヶ月間の全労働日の**8割**以上を出勤した場合には、原則として**10日**の年次有給休暇を与えなければならない。なお、年次有給休暇の法律上の上限は**20日**であり、時効は**2年**である。

▲年次有給休暇のルール

パートタイム労働者など、所定労働日数が少ない労働者については、年次有給休暇の日数は所定労働日数に応じて**比例**付与される。

また、使用者は、年次有給休暇が10日以上付与される労働者に対し、付与した日から1年以内に**5日**について、取得時季を指定して年次有給休暇を取得させなければならない。

■ 労働条件の書面等での交付

労働基準法では、労働契約を締結する際に労働者に労働条件の明示義務が定められており、明示の方法は、これまで書面の交付に限られていたが、平成31年度からは、労働者が希望した場合は、FAXや**電子メール**、SNS等でも明示できるようになった。なお、印刷や保存のために出力できるものに限られる。

書面等で交付しなければならない事項は次のとおりである。

①労働契約の**期間**
②有期労働契約の更新の基準
③就業**場所**・従事すべき業務

④始業・終業時刻、所定労働時間超えの労働の有無、休憩時間、休日、休暇、2交代制等に関する事項

⑤賃金の決定・計算・支払いの方法、賃金の締切・支払時期、昇給に関する事項

⑥退職（解雇を含む）に関する事項

■ 労働基準法における母性保護規定

労働基準法では、産前産後における母性保護を規定している。規定されている保護の内容は、次のとおりである。

▼母性保護に関する規定

規定	内容
産前産後の休業	使用者は、6週間（多胎妊娠の場合にあっては、14週間）以内に出産する予定の女性が休業を請求した場合においては、その者を就業させてはならない。また、使用者は、産後8週間を経過しない女性を就業させてはならないが、産後6週間を経過した女性が請求した場合において、医師が支障ないと認めた業務に就かせることは差しつかえない
妊婦の軽易業務転換	使用者は、妊娠中の女性が請求した場合においては、他の軽易な業務に転換させなければならない
妊産婦等の危険有害業務の就業制限	使用者は、妊娠中の女性及び産後1年を経過しない女性を、重量物を取り扱う業務、有害ガスを発散する場所における業務その他妊産婦の妊娠、出産、哺育等に有害な業務に就かせてはならない
妊産婦の時間外労働、休日労働、深夜業の制限	妊産婦が請求した場合には、時間外労働、休日労働又は深夜業をさせることはできない
育児時間	生後満1年に達しない生児を育てる女性は、1日2回、各々少なくとも30分の育児時間を請求することができる

▲産前産後の休業

労働契約法

　労働契約法は、労働契約の成立や変更、労働契約の終了について明確にしたものである。なお、国家公務員及び地方公務員は、労働契約法の適用除外となっている。

■ 労働契約の基本ルール

労働契約の扱いには、次のようなルールがある。

①労働契約の締結や変更に当たっては、労使の対等の立場における合意による。
②労働者と使用者は、労働契約の締結や変更に当たっては、均衡を考慮する。
③労働者と使用者は、労働契約の締結や変更に当たっては、仕事と生活の調和に配慮する。
④労働者と使用者は、信義に従い誠実に行動しなければならず、権利を濫用してはならない。

■ 有期労働契約

　使用者は、有期労働契約について、やむを得ない事由がある場合でなければ、その契約期間が満了するまでの間において、労働者を解雇することができない。
　有期労働契約が更新されて通算5年を超えたときは、労働者の申込みにより、期間の定めのない労働契約（無期労働契約）に転換することができる。なお、無期労働契約転換後の給与などの労働条件は、就業規則等で別段の定めがある

部分を除き、直前の有期労働契約と同一の労働条件となる。

労働時間等設定改善法

労働時間等設定改善法は、労働者が能力を有効に発揮し、労働者の健康で充実した生活の実現と経済の発展を目的に、企業に労働時間等の設定の改善を求める法律であり、ワーク・ライフ・バランスの実現を目指したものである。

■ 改正のポイント

労働時間等設定改善法は、平成30年に改正され、健康及び福祉を確保するために必要な前日の終業から翌日の始業までの時間の設定（勤務間インターバル制度）が事業主の努力義務とされた。また、事業主は、他の事業主との取引に際して、著しく短い期限の設定や発注内容の頻繁な変更といった、長時間労働につながる取引慣行の見直しが規定された。

労働安全衛生法

労働安全衛生法は、職場における労働者の安全と健康を確保するとともに、快適な職場環境を形成する目的で制定された法律である。

■ 労働安全衛生法のポイント

①雇用したときや、一定の危険有害業務に就かせた場合に、安全衛生教育の実施
②雇用したときや、定期（1年以内に1回）に健康診断の実施
③長時間労働者に対する、面接指導の実施
　月80時間を超える時間外労働をし、疲労の蓄積が認められる労働者からの申出があった場合には、医師による面接指導を行なわなければならない（研究開発業務に従事する労働者、高度プロフェッショナル制度の対象者を除く）。
④ストレスチェックの実施

労働者派遣法

労働者派遣法は、派遣労働者の就業条件の整備や、派遣労働者の権利を保護するために定められた法律である。

■ 派遣の期間制限

派遣については、派遣先事業所単位での期間制限が設けられている。

同一の派遣先の事業所に対して、派遣できる労働者派遣期間は、原則3年が限度となる。派遣先がそれを超えて受け入れようとする場合は、派遣先の過半数労働組合又は過半数代表者からの意見を聴く必要がある。

一方、派遣労働者側にも、派遣労働者単位の期間制限が設けられている。

同一の派遣労働者を、派遣先の事業所における同一の組織単位に派遣ができる期間は、3年が限度となる。ただし、派遣元に無期雇用されている場合と、60歳以上の場合には期間制限はない。

■ 派遣元が講ずる雇用安定措置の実施

派遣労働者が、同じ職場で3年を超えて働きたいと申し出たときには、派遣元事業主は以下の措置を取らなくてはならない。

①派遣先の企業へ直接雇用を依頼する。
②①の依頼の結果、実現につながらなければ、新たな派遣先を提供する。
③派遣元事業主によって、派遣労働者を無期雇用する。
④その他、雇用の安定を図る措置を講じる。

■ 派遣元が講ずるキャリアアップ措置の実施

段階的かつ体系的な教育訓練の実施や、希望者へのキャリアコンサルティングを行う。

個別労働紛争解決促進法

　この法律は、労働条件その他労働関係に関する事項についての個々の労働者と事業主との間の紛争（個別労働関係紛争）について、あっせんの制度を設けること等により、その実情に即した迅速かつ適正な解決を図ることを目的としている。

■ 紛争解決援助の制度

具体的な紛争解決援助の制度としては下記がある。

①総合労働相談コーナーの開設
②都道府県労働局長の助言・指導制度
③紛争調整委員会によるあっせん制度

育児・介護休業法

　この法律は、人口減少、少子高齢化、核家族化などに対応して、仕事と育児、仕事と介護の両立を支援することを目的としている。

■ 育児休業と育児休業給付金

　育児休業は、子が1歳（一定の基準を満たす場合は、最長で2歳）に達するまで、申出により育児休業の取得が可能であり、事業主は、申出を拒むことはできない。

　また、休業中には雇用保険から、原則1年間、休業開始時賃金日額×支給日数の67％（育児休業開始から6ヶ月経過後は50％）相当額が、育児休業給付金として支給される。

　なお、育児休業期間における社会保険料（健康保険と厚生年金）は免除されるが、免除期間中も、年金額計算においては、保険料を納めた期間として扱われる。

2-10
労働政策及び労働関係法令並びに社会保障制度の知識

▼育児・介護に関する制度と制限

制度、制限	内容
短時間勤務制度	**3**歳に達するまでの子を養育する労働者について、労働者が**希望**すれば利用できる短時間勤務の措置（1日原則**6**時間）を義務付けている
子の看護休暇制度	小学校就学前までの子が1人であれば年**5**日、2人以上であれば年**10**日を限度として看護休暇の取得が可能である
時間外労働の制限	小学校就学前までの子を養育する労働者が**請求**した場合、1ヶ月24時間、1年150時間を超える時間外労働を**制限**している

■ 介護休業と介護休業給付金

　介護休業制度は、1人の対象家族が要介護状態に至るごとに、**申出**を行うことにより通算して**93**日（3回までの分割が可能）を限度に介護休業の取得が可能であり、事業主は、申出を拒むことはできない。

　また、休業中には雇用保険から原則として「休業開始時賃金日額×支給日数×**67**％」の介護休業給付金が支給される。なお、介護休業期間中は、育児休業とは異なり、社会保険料の免除の制度は**ない**。

■ 介護休暇

　介護休暇は、家族に介護が必要になった際に取得できる休暇のことである。介護休暇は、1年に**5**日まで（対象家族が2人以上の場合は**10**日まで）取得することができ、令和3年1月からは、**時間**単位の取得が可能になった。

雇用保険法

　雇用保険は、失業や雇用継続等に関する政府が管掌する強制保険制度である。雇用保険は、大きく分けると、「失業等給付」と「雇用保険二事業（雇用安定事業や能力開発事業）」を実施している。

■ 失業等給付の内容

　失業等給付には、求職者給付、就職促進給付、雇用継続給付、教育訓練給付がある。

▼失業等給付の種類と具体例

失業等給付の種類	具体例
求職者給付	**基本**手当（いわゆる失業保険金）など
就職促進給付	再就職手当など
教育訓練給付	**教育訓練**給付金
雇用継続給付	高年齢者雇用継続給付、**育児**休業給付、介護休業給付

■ 基本手当の支給要件

　基本手当（いわゆる失業保険金）は、原則として、被保険者が失業した場合に、離職の日以前**2**年間に被保険者期間が通算**12**ヶ月以上ある場合に支給される。なお、倒産や解雇の場合は、離職日以前**1**年間に被保険者期間が**6**ヶ月以上ある場合に支給される。

　なお、基本手当の給付日数は、離職理由や年齢、被保険者期間や就職困難者の該当有無により異なり、**90**日から**360**日である。

労働者災害補償保険法（労災保険法）

　労働者災害補償保険法（労災保険法）は、**業務**上の事由又は**通勤**による負傷、病気、障害、あるいは死亡等に対して、迅速かつ公正な保護をすることを目的としている。

　適用される事業は、労働者（パート・アルバイトを含む）を1人でも使用している事業所。なお、中小企業の事業主等には、**特別加入**制度がある。

■ 保険料、休業（補償）に関する給付

　業務災害に対する保険給付には、**療養**（補償）給付、**休業**（補償）給付、**障害**（補償）給付、**遺族**（補償）給付、葬祭料・葬祭給付、傷病（補償）年金、介護（補償）給付などがある。

　なお、保険料は、全額を**事業主**が負担する。

　休業（補償）給付は、労働することができないために賃金を受けない日の**4**日目から、給付基礎日額の**60**％相当額が支給される。

職業能力開発促進法

　職業能力開発促進法は、職業訓練及び技能検定の充実・強化のための施策を講ずることにより、職業に必要な労働者の**能力**の開発及び向上を促進することで、職業の**安定**と労働者の地位の**向上**を図り、経済及び社会の**発展**に寄与することを主たる目的とする法律である。

■ 用語の定義

　職業能力開発促進法で扱われる用語の定義について、出題されることがあるため確認する。

▼職業能力開発促進法における重要な用語とその意味

用語	意味
労働者	事業主に雇用される者及び**求職者**をいう
職業能力	職業に必要な労働者の能力をいう
職業能力検定	職業に必要な労働者の技能及びこれに関する知識に関する検定をいい、厚生労働省の所掌に属さないものは除く。具体的には**技能検定**と、厚生労働大臣の認定を受けた**社内検定**である
職業生活設計	労働者が、自らその長期にわたる**職業生活**における職業に関する目的を定め、その目的の実現のため、職業の選択や**職業能力**の開発及び向上のための取組み等について自ら計画することをいう
キャリアコンサルティング	労働者の職業の選択、職業生活設計又は職業能力の開発及び向上に関する**相談**に応じ、**助言**及び**指導**を行うことをいう

　なお、職業能力開発促進法は、**キャリアコンサルティング**や、**キャリアコンサルタント**が初めて明文化された法律である。

■ 事業主の責務

　事業主は、その雇用する労働者に対し、必要な**職業訓練**を行うとともに、その労働者が自ら職業に関する教育訓練又は職業能力検定を受ける**機会**を確保するために、必要な援助等に努めなければならない。

■ 事業内職業能力開発計画の作成

雇用する労働者の職業能力の開発及び向上を段階的かつ体系的に行うために事業主が作成する計画のことを、事業内職業能力開発計画という。なお、この計画の作成は職業能力開発促進法に基づいた、事業主の努力義務となっており、人材開発支援助成金の一部のコースにおいて支給要件となっている。

社会保障制度

社会保障制度では、公的年金制度（国民年金と厚生年金等）と健康保険、介護保険について確認する。

■ 公的年金制度

公的年金には、国民年金、厚生年金、共済年金の3種類があり、日本国内に住所のあるすべての人が加入を義務付けられている。

▼公的年金の制度と対象となる人

制度	対象となる人
国民年金	日本国内に住む20歳以上60歳未満のすべての人（定住している外国人を含む）
厚生年金	厚生年金保険の適用を受ける会社に勤務するすべての人
共済年金	公務員・私立学校教職員など

※共済年金は、平成27年10月に厚生年金に統合され、原則として、以降に受給権が発生する場合は、共済組合等の長期給付は厚生年金となった。

■ 国民年金

国民年金は、日本国内に住所を有する20歳以上60歳未満のすべての人が加入するもので、老齢・障害・死亡により「基礎年金」を受けることができる。なお、国民年金の保険料は定額制である。

そして、国民年金の被保険者には、「第1号被保険者」「第2号被保険者」「第3号被保険者」の3種類がある。

2-10
労働政策及び労働関係法令並びに社会保障制度の知識

▼国民年金の被保険者の種類と対象者

種類	対象者
第1号被保険者	学生、フリーター、無職の人など
第2号被保険者	厚生年金保険の適用を受けている事業所に勤務する人
第3号被保険者	第2号被保険者の配偶者で20歳以上60歳未満の人

■ 厚生年金

　厚生年金保険に加入している人は、厚生年金保険の制度を通じて国民年金に加入する第2号被保険者に分類される。そのため、国民年金の給付である「基礎年金」に加えて、「厚生年金」を受けることとなる。いわゆる2階建て部分と呼ばれる。保険料は所得に比例する定率制による。

■ 国民健康保険

　主に自営業者や会社を退職している人が加入する保険であり、運営は主に市区町村が行っている。

■ 健康保険

　主に大企業で働く人は、大企業が独自に設立した健康保険組合（組合けんぽ）に加入し、中小企業で働く人は、全国健康保険協会（協会けんぽ）に加入することが一般的である。毎月支払う保険料は、被保険者と事業者が折半して負担する。
　また、産前産後休業、育児休業期間中の健康保険料、厚生年金保険料は、事業主が申出を行うことによって、本人負担、事業主負担ともに免除される（介護休業期間の免除はない）。
　保険給付は、療養の給付の他、出産一時金や、高額療養費、傷病により欠勤し給料が支給されない場合の傷病手当金などがある。
　業務外の傷病により休業した場合、休業4日目から、傷病手当金として標準報酬日額の3分の2に相当する金額が、最長1年6ヶ月支給される。

■ 介護保険

　介護保険は、介護を必要とする人に必要な費用を給付する保険である。介護

第2章 キャリアコンサルティングを行うために必要な知識

121

保険制度の保険者は、**市区町村**である。被保険者については、次のように区分される。

▼介護保険の被保険者の種類と対象者

被保険者の種類	対象者
第1号被保険者	**65**歳以上の者
第2号被保険者	**40**歳以上65歳未満の者

　第1号被保険者は、原因を問わずに**要介護**認定又は要支援認定を受けたときに介護サービスを受けることができる。第2号被保険者は、加齢に伴う疾病（がんや脳血管疾患など16種）が原因で**要介護（要支援）**認定を受けたときに介護サービスを受けることができる。

一問一答でふりかえり

☐ **Q** 賃金を銀行等への口座振込で支払う場合には、本人の同意は必要ない。

A 適切ではない。口座振込で支払う場合には本人の同意が必要である。

☐ **Q** 賃金の支払いは、2ヶ月に1度などの頻度での支払いも認められている。

A 適切ではない。毎月1回以上支払う必要がある。

☐ **Q** 労使協定を結び、就業規則で規定している場合には、賃金の一部を控除して支払うことができる。

A 適切である。税金等法令によるものや、労使協定等により定められたものは控除することができる。

☐ **Q** 時間外労働をさせた場合の賃金の割増率は、原則として、通常の賃金の25％以上としなければならない。

A 適切である。なお、時間外労働時間が月60時間を超えたときには、割増率は50％以上となるが、中小企業は当分の間、適用が猶予される。

2-10

労働政策及び労働関係法令並びに社会保障制度の知識

☐ **Q** 法定休日に労働させた場合の割増賃金は、通常の賃金の3割5分以上としなければならない。

A 適切である。なお、法定休日は、労働基準法で規定されている、毎週少なくとも1回の休日、又は、4週間を通じて4日の休日のことである。

☐ **Q** いわゆる管理監督者に該当する労働者に対しては、いかなる割増賃金の支払いも不要である。

A 適切ではない。管理監督者に対しても深夜手当は適用される。

☐ **Q** 一週間の所定労働日数が4日以下のアルバイトの場合、6ヶ月勤務後も年次有給休暇を取得する権利は生じない。

A 適切ではない。使用者は、労働者が雇入れの日から6ヶ月間継続勤務し、その6ヶ月間の全労働日の8割以上を出勤した場合には、原則として10日の年次有給休暇を与えなければならないが、パートタイムやアルバイト等、所定労働日数が少ない場合においても、所定労働日数に応じて比例付与される。

☐ **Q** 年次有給休暇の時効は付与された日から3年間である。

A 適切ではない。2年間である。

☐ **Q** 年次有給休暇が10日以上付与される労働者に対し、付与した日から1年以内に5日について、取得時季を指定して年次有給休暇を取得させなければならない。

A 適切である。平成31年度より、年次有給休暇の日数のうち年5日について、取得時季を指定して取得させることが必要となった。

☐ **Q** 労働契約の締結に際し、使用者は賃金や就業場所や始業・終業時間等の労働条件について、労働者に対して口頭で説明を行い、承諾を得れば書面で労働者に交付する必要はない。

A 適切ではない。書面による交付が求められるが、平成31年度からは労働者が希望した場合には、FAXや電子メール、SNS等、出力できるもので交付することも可能になった。

第2章 キャリアコンサルティングを行うために必要な知識

123

Q 女性労働者について、使用者は出産する予定の6週間（多胎妊娠の場合は14週間）前になれば、必ず産前休業を与えなければならない。

A 適切ではない。必ずではなく請求した場合においてである。使用者は、6週間（多胎妊娠の場合にあっては、14週間）以内に出産する予定の女性が休業を請求した場合においては、その者を就業させてはならない。

Q 使用者は、妊娠中の女性は、請求の有無にかかわらず、他の軽易な業務に転換させなければならない。

A 適切ではない。妊娠中の女性が請求した場合である。

Q 産後6週間を経過した女性が就業を希望した場合には、本人が支障がないと判断した業務に就業させることができる。

A 適切ではない。医師が支障ないと認めた業務に就かせることは差しつかえない。

Q 妊産婦が請求した場合には、時間外労働をさせることはできない。

A 適切である。休日労働や深夜業も同様である。

Q 使用者は、生後満1年に達しない生児を育てる女性には、請求の有無にかかわらず、1日2回、各々少なくとも30分の育児時間を与えなければならない。

A 適切ではない。生後満1年に達しない生児を育てる女性は、1日2回、各々少なくとも30分の育児時間を請求することができる。

Q 労働契約法は、労働契約の基本を定める法令であり、国家公務員、地方公務員にも適用される。

A 適切ではない。国家公務員、地方公務員は、労働契約法の適用除外である。

Q 使用者は、有期労働契約について、その契約期間が満了するまでの間は、どんな場合であっても労働者を解雇することができない。

A 適切ではない。使用者は、有期労働契約について、やむを得ない事由がある場合でなければ、その契約期間が満了するまでの間において、労働者を解雇することができない。

2-10

労働政策及び労働関係法令並びに社会保障制度の知識

Q 有期労働契約が通算で3年を超えて反復更新された場合、使用者は労働者の申込みにより、期間の定めのない労働契約（無期労働契約）に転換しなくてはならない。

A 適切ではない。通算で5年を超えて反復更新された場合である。

Q 労働時間等設定改善法の改正により、勤務間インターバル制度を必ず導入することが事業主に義務付けられた。

A 適切ではない。勤務間インターバル制度の導入は事業主の努力義務である。

Q 労働安全衛生法では、月80時間以上の時間外労働を行った労働者に対して、本人からの申出の有無にかかわらず、医師による面接指導を行わなければならない。

A 適切ではない。月80時間以上の時間外労働を行い、疲労の蓄積が認められ、当該労働者からの申出があった場合に、医師による面接指導を行わなければならない。

Q 個別労働紛争解決促進法は、主として労働組合と事業主との間の紛争解決を対象としたものである。

A 適切ではない。個別労働紛争解決促進法は、労働組合と事業主との間の紛争は対象としておらず、「個々の労働者と事業主との間の紛争」について、迅速かつ適正な解決を図ることを目的としている。

Q 育児・介護休業法における育児休業は、労働者の事業主に対する申出を要件としている。

A 適切である。事業主はその申出を拒むことはできない。

Q 育児休業給付金は、健康保険から支給される。

A 適切ではない。育児休業給付金は、介護休業給付金と同様に雇用保険から支給される。

Q 育児休業給付金の1ヶ月当たりの支給額は、原則として休業開始時賃金日額×支給日数の67％（育児休業の開始から6ヶ月経過後は50％）相当額である。

A 適切である。なお、育児休業期間における社会保険料（健康保険と厚生年金）は免除される。

第2章 キャリアコンサルティングを行うために必要な知識

125

Q 同一の派遣先の事業所に対して、派遣できる労働者派遣期間は、原則として、3年が限度となる。

A 適切である。派遣先がそれを超えて受け入れようとする場合は、派遣先の過半数労働組合又は過半数代表者からの意見を聴く必要がある。

Q 同一の派遣労働者を、派遣先の事業所における同一の組織単位に派遣ができる期間は、どんな場合においても、3年が限度となる。

A 適切ではない。派遣元に無期雇用されている場合と、60歳以上の場合には期間制限はない。

Q 派遣労働者のキャリアアップを図るために、派遣元はすべての派遣労働者に対して「キャリアコンサルティング」を提供することが義務化された。

A 適切ではない。希望者へのキャリアコンサルティングを行う。

Q 育児・介護休業法において、小学校就学前の子を養育する労働者について、労働者が希望すれば、短時間勤務の措置が義務付けられている。

A 適切ではない。小学校就学前の子ではなく、3歳に達するまでの子を養育する労働者である。

Q 育児・介護休業法において、小学校就学前までの子を養育する労働者が請求した場合、1ヶ月24時間、1年150時間を超える時間外労働を制限している。

A 適切である。時間外労働を制限する制度である。

Q 介護休業制度は、1人の家族が要介護状態に至るごとに、申出を行うことにより通算して93日を限度に介護休業の取得が可能である。

A 適切である。事業主は申出を拒むことはできない。

Q 介護休業は、分割して取得することはできない。

A 適切ではない。分割できる。対象家族1人につき3回まで、通算で93日まで取得が可能である。

Q 介護休業期間中は、社会保険料が免除される。

A 適切ではない。介護休業期間中（介護休業給付金の支給期間中）は、社会保険料の免除はない。

2-10
労働政策及び労働関係法令並びに社会保障制度の知識

☐ **Q** 介護休暇は、原則として1年に5日まで取得することができる。

A 適切である。なお、対象家族が2人以上の場合は10日まで取得することができる。

☐ **Q** 介護休暇は必ず1日単位で取得しなければならない。

A 適切ではない。介護休暇は時間単位で取得することができる。

☐ **Q** 雇用保険制度の「失業等給付」には、労働者が失業したときに給付される「求職者給付」のみならず、労働者の能力開発を支援する「教育訓練給付」等も設けられている。

A 適切である。失業等給付には、求職者給付、就職促進給付、教育訓練給付、雇用継続給付がある。

☐ **Q** 求職者給付の基本手当は、被保険者が失業した場合に、離職の日以前2年間に被保険者期間が通算6ヶ月以上ある場合に支給される。

A 適切ではない。被保険者が失業した場合に、離職の日以前2年間に被保険者期間が通算12ヶ月以上ある場合に支給される。なお、倒産や解雇の場合は、離職日以前1年間に被保険者期間が6ヶ月以上ある場合に支給される。

☐ **Q** 労働者災害補償保険（労災保険）は、労働者を常時10人以上使用する事業場の事業主に加入が義務付けられている。

A 適切ではない。労働者を1人でも使用している事業場の事業主に加入が義務付けられている。

☐ **Q** 中小企業の事業主であっても、労働者災害補償保険（労災保険）に加入することができる。

A 適切である。中小企業の事業主には特別加入制度がある。

☐ **Q** 職業能力開発促進法では、労働者は、職業生活設計を行い、その職業生活設計に即して自発的な職業能力の開発及び向上に努めるものとすると規定されている。

A 適切である。それによって、職業の安定と労働者の地位の向上を図り、経済及び社会の発展に寄与することを目的としている。

第**2**章

キャリアコンサルティングを行うために必要な知識

Q 職業能力開発促進法では「キャリアコンサルティング」について、「労働者の職業の選択、職業生活設計又は職業能力の開発及び向上に関する相談に応じ、助言及び指導を行うこと」としている。

A 適切である。職業能力開発促進法において、キャリアコンサルティングが定義付けされている。

Q 職業能力開発促進法において、「労働者」とは、事業主に雇用される者のみを表している。

A 適切ではない。事業主に雇用される者及び求職者をいう。したがって、求職者も含まれる。

Q 職業能力開発促進法において、「職業能力検定」とは、技能検定のみを指している。

A 適切ではない。この法律における「職業能力検定」には、技能検定制度と社内検定認定制度によるものがある。

Q 事業内職業能力開発計画の作成は、事業主が必ず行うべき義務とされている。

A 適切ではない。事業内職業能力開発計画の作成は、事業主の努力義務とされている。

Q 事業内職業能力開発計画は、雇用する労働者の職業能力の開発及び向上を段階的かつ体系的に行うために事業主が作成する計画のことをいう。

A 適切である。職業能力開発促進法において規定されている。

Q 事業内職業能力開発計画の作成においては、決まった様式や記載内容の定めがあり、企業が自由に作成することはできない。

A 適切ではない。決まった様式や記載内容の定めがなく、企業が自由に作成することができる。

Q 国民年金は、日本国民のみに加入の義務がある。

A 適切ではない。日本国内に住所を有する20歳以上60歳未満のすべての人が加入するものであり、定住外国人も含まれる。

2-10

労働政策及び労働関係法令並びに社会保障制度の知識

Q 国民年金の保険料は定額制が採用されているのに対して、厚生年金の保険料は所得に比例する定率制が採用されている。

A 適切である。なお、厚生年金に加入している人は、厚生年金保険の制度を通じて国民年金に加入する第2号被保険者に分類される。

Q 業務外の傷病により休業した場合、休業7日目から、傷病手当金として標準報酬日額の3分の2に相当する金額が支給される。

A 適切ではない。傷病手当金は休業4日目から支給される。

Q 介護保険の保険者は都道府県である。

A 適切ではない。介護保険における保険者は、全国の市町村及び特別区（東京23区）である。

Q 介護保険制度で受けられる介護保険サービスは、65歳以上の者が要支援・要介護状態となった場合に受けることができる制度であり、65歳未満の者は受けられない。

A 適切ではない。40歳以上65歳未満の第2号被保険者は、加齢に伴う疾病（がんや脳血管疾患など16種）が原因で要介護（要支援）認定を受けたときに介護サービスを受けることができる。

第2章

キャリアコンサルティングを行うために必要な知識

129

2-11 学校教育制度及びキャリア教育の知識

全体をつかもう この範囲からは毎回2問の出題があります。
この出題範囲は、正答を導くことが困難な問題が多いことが特徴としてありますが、これまでの出題内容は学校教育法（特に学校種）や、「今後の学校におけるキャリア教育・職業教育の在り方について（答申）」「インターンシップの推進に当たっての基本的考え方」からの出題が目立ちます。

学校教育法

学校教育法からの出題は、学校の種類に関する内容、特に新たな学校種（学校の種類）の出題実績があるため、それぞれの特徴を確認する。

■ 学校種

学校教育法では、学校種を定めている。
従来の学校種には、幼稚園、小学校、中学校、高等学校、特別支援学校、大学（大学院、短期大学）、高等専門学校、専修学校、各種学校があるが、平成になってから、新たな学校種が誕生している。それらについての出題が見られるため、注意が必要である。

2-11
学校教育制度及びキャリア教育の知識

▼平成に入ってからの新たな学校種

開始時期	学校種	内容
平成11年度	中等教育学校	中学校と高等学校を合わせた、いわゆる中高一貫校。同じ設置者が中学校と高等学校を併設する「併設型」と、別の設置者間で連携して実施する「連携型」がある
平成28年度	義務教育学校	小学校～中学校の義務教育を一貫して行う
平成31年度	専門職大学等	実践的な職業教育に重点を置き、産業界等と連携した教育を行う

専門職大学「等」には、専門職大学、専門職短期大学、専門職学科がある。

■ 専門職大学等

「第四次産業革命」と呼ばれるような新興の技術革新の進展や、国際競争の激化に伴い、産業構造が急速に転換している。そのため、優れた専門技能等を持って、新たな価値を創造することができる専門職業人材の養成が急務とされ、専門職大学等が設置されることとなった。

専門職大学等には以下のような特徴がある。

・産業界等と連携した教育課程の開発・編成・実施を行う
・卒業単位の3～4割以上は実習等の科目である
・実務家教員は、必要専任教員数の概ね4割以上とする
・社会人の学び直しの推進のため、実務経験者の入学においては、その実務経験による能力を勘案して、一定期間を修業年限に通算できる
・専門職大学の課程は、4年一貫制の他、4年の課程を前期（2年又は3年）・後期（2年又は1年）に区分して学科を設けることが可能である

｜キャリア教育の知識

キャリア教育に関して、最も出題が多い資料は、「今後の学校におけるキャリア教育・職業教育の在り方について（答申）」である。平成23年（2011年）の資料ということでやや古いものの、学校におけるキャリア教育の指針、拠り所となる資料である。

第2章 キャリアコンサルティングを行うために必要な知識

131

今後の学校におけるキャリア教育・職業教育の在り方について（答申）

　文部科学省の「今後の学校におけるキャリア教育・職業教育の在り方について（答申）」では、キャリア教育・職業教育の課題と基本的方向性と、キャリア教育の充実を図るための方策が記されている。キャリア教育と職業教育の言葉の定義から確認する。

・キャリア教育とは
　一人一人の社会的・職業的自立に向け、必要な基盤となる能力や態度を育てることを通して、キャリア発達を促す教育のことを、キャリア教育という。

・職業教育とは
　一定又は特定の職業に従事するために必要な知識、技能、能力や態度を育てる教育を、職業教育という。

　キャリア教育と職業教育は、キャリア形成支援の両輪といえる。

■ キャリア教育の基本的な方向性

　幼児期から高等教育（大学・短大・専門学校等）まで体系的にキャリア教育を進める。その中心として、基礎的・汎用的能力の確実な育成と、実践的・体験的な活動を充実させる。

■ キャリア教育と職業教育の方向性を考える上での重要な視点

　社会的・職業的自立や社会・職業への円滑な移行に必要な力を明確化する。その必要な力に含まれる要素は次の内容である。

2-11 学校教育制度及びキャリア教育の知識

①基礎的・基本的な知識・技能
②基礎的・汎用的能力
③論理的思考力・創造力
④意欲・態度及び価値観
⑤専門的な知識・技能

〈基礎的・汎用的能力の具体的内容〉
①人間関係形成・社会形成能力
②自己理解・自己管理能力
③課題対応能力
④キャリアプランニング能力

▲「必要な力」に含まれる要素

　基礎的・汎用的能力の育成を主軸とした、体系的なキャリア教育の実施を推進している。

▲「社会的・職業的自立、社会・職業への円滑な移行に必要な力」の要素
●中央教育審議会著「今後の学校におけるキャリア教育・職業教育の在り方について（答申）」（2011年、文部科学省、p.27）

■ 各学校段階におけるキャリア教育推進のポイント

各学校段階におけるキャリア教育の推進のポイントは次のとおりである。
▼各学校段階におけるキャリア教育推進のポイント

学校段階	キャリア教育推進のポイント
幼児期	自発的・主体的な活動を促す
小学校	社会性、自主性・自律性、関心・意欲等を養う
中学校	自らの役割や将来の生き方・働き方等を考えさせ、目標を立てて計画的に取り組む態度を育成し、進路の選択・決定に導く
後期中等教育（高等学校）	生涯にわたる多様なキャリア形成に共通して必要な能力や態度を育成し、これを通じて勤労観・職業観等の価値観を自ら形成・確立する
特別支援教育	個々の障害の状態に応じたきめ細かい指導・支援の下で行う
高等教育	後期中等教育修了までを基礎に、学校から社会・職業への移行を見据え、教育課程の内外での学習や活動を通じ、高等教育全般で充実する

大学等におけるキャリア教育プログラム集

大学等において効果的なキャリア教育を実施するため、キャリアコンサルティングのツールやノウハウなど、労働行政が有する知見を活かしたキャリア教育のためのプログラム集を厚生労働省が開発している。

■ 社会人基礎力

社会人基礎力は、2006年に経済産業省が提唱した、「職場や地域社会で多様な人々と仕事をしていくために必要な基礎的な力」のことである。「前に踏み出す力」「考え抜く力」「チームで働く力」の3つの能力と12の能力要素から構成されている。

卒業後の進路について

学卒者の進路については、文部科学省が毎年行っている学校基本調査によって確認することができる。細かな数字は覚える必要はないが、大まかな割合を把握しておく。

学校基本調査（令和元年度） 読む

■ 高等学校卒業者の進路

高等学校卒業者（全日制・定時制）の進路は次のとおりである。

▼高等学校卒業者の進路とその割合

進路	割合（％）
大学・短期大学進学率（過年度卒を含む）	58.1％
大学（学部）進学率（過年度卒を含む）	53.7％
専門学校進学率	16.3％
就職者の割合	17.6％

▼大学（学部）卒業者の進路とその割合

進路	割合（％）
大学院等への進学率	11.4％
就職者の割合	78.0％ （9年連続で上昇）

■ 女子学生の割合

大学における女子学生の割合は、学部45.4％、修士課程31.6％、博士課程33.7％でいずれも過去最高を更新した。

インターンシップの推進に当たっての基本的考え方

　インターンシップの意義や位置づけ、在り方や留意事項等について、文部科学省、厚生労働省、経済産業省が共同でまとめている。

▼インターンシップの推進に当たっての基本的考え方

項目	内容
インターンシップの意味	学生が在学中に自らの専攻、将来のキャリアに関連し就業体験を行うこと
大学等及び学生にとっての意義	・キャリア教育・専門教育 ・教育内容・方法の改善・充実 ・高い職業意識の育成 ・自主性・独創性のある人材の育成
企業等における意義	・実践的な人材の育成 ・大学等の教育への産業界等のニーズの反映 ・企業等に対する理解の促進、魅力発信
インターンシップの形態	・正規の教育課程として、授業科目とする ・大学等の課外活動等の一環とする ・大学等と無関係に学生が個人的に参加する
大学等における留意事項	・大学等におけるインターンシップの位置づけ ・インターンシップの実施体制の整備 ・インターンシップの教育目的の明確化 ・インターンシップによる学習成果の評価等 ・インターンシップの実施時期、期間など
企業等における留意事項	・インターンシップに対する基本認識 ・インターンシップの実施体制の整備 ・報酬支給の扱いなどの経費に関する問題 ・安全、災害補償の確保 ・労働関係法令の適用 ・適切な運用のためのルール作り

　また、大学等はインターンシップに関する専門的な教職員の育成を行い、大学等と企業等が協力して、受入れ拡大のためのインターンシップの設計や、大学側と企業側のニーズのマッチング等を行うコーディネーター等の育成、確保が必要である。

2-11
学校教育制度及びキャリア教育の知識

一問一答でふりかえり

Q 学校教育制度の多様化及び弾力化を推進するため、新たな学校の種類として、中学校と高等学校を組み合わせた、中等教育学校が規定された。

A 適切である。いわゆる中高一貫校のことである。

Q 義務教育学校の修業年限は6年である。

A 適切ではない。義務教育学校は、小学校から中学校の義務教育を一貫して行う学校の種類であり、修業年限は9年である。

Q 専門職大学等について、実務経験を有する者が専門職大学等に入学する場合、当該実務経験を修業年限に通算することができる。

A 適切である。その実務経験による能力を勘案して、一定期間を修業年限に通算できる。

Q 4年制の専門職大学の課程について、前期（2年又は3年）及び後期（2年又は1年）に区分することができる。

A 適切である。前期修了後一旦就職してから後期へ再入学したり、他の高等教育機関を既に卒業し実務経験を積んだ社会人が学び直しのために後期課程から入学するなど、積み上げ型の多様な学修スタイルが可能になる。

Q 一人一人の社会的・職業的自立に向け、必要な基盤となる能力や態度を育てることを通して、キャリア発達を促す教育のことを、職業教育という。

A 適切ではない。文章の内容は、キャリア教育の内容である。職業教育は、一定又は特定の職業に従事するために必要な知識、技能、能力や態度を育てる教育のことをいう。

Q「今後のキャリア教育・職業教育の在り方について（答申）」（平成23年）の中で示される「基礎的・汎用的能力」とは、「論理的思考力」「創造力」「意欲・態度」「勤労観・職業観等の価値観」のことである。

A 適切でない。「基礎的・汎用的能力」とは「人間関係形成・社会形成能力」「自己理解・自己管理能力」「課題対応能力」「キャリアプランニング能力」の4つである。

第2章 キャリアコンサルティングを行うために必要な知識

137

☐ **Q** キャリア教育は、進路について考え始める中学校段階から開始するのが望ましく、高等教育が終わるまで、段階に応じて体系的に実施されるべきである。

A 適切ではない。中学校段階から開始するのではなく、幼児期から高等教育まで体系的にキャリア教育を進める。

☐ **Q** 「職場や地域社会で多様な人々と仕事をしていくために必要な基礎的な力」として、社会人基礎力が厚生労働省によって提唱された。

A 適切ではない。社会人基礎力を提唱したのは、経済産業省である。

☐ **Q** 令和元年度学校基本調査によると、高等学校の卒業者（全日制・定時制）に占める就職者の割合は、50％を超えている。

A 適切ではない。高等学校の卒業者（全日制・定時制）に占める就職者の割合は、17.6％である。なお、大学・短期大学進学率（過年度卒を含む）は58.1％で、専門学校進学率は16.3％である。

☐ **Q** 令和元年度学校基本調査によると、大学（学部）卒業者に占める就職者の割合は、90％を超えている。

A 適切ではない。大学（学部）卒業者に占める就職者の割合は9年連続で上昇し、78.0％である。なお、大学院等への進学率は9年連続で低下し、11.4％であった。

☐ **Q** 令和元年度学校基本調査によると、大学（学部）における女子学生の割合は、4割を超えた。

A 適切である。45.4％である。また、修士課程で31.6％、博士課程で33.7％と、いずれも過去最高であった。

☐ **Q** インターンシップは、学生が個人的に参加するものであり、正規の教育課程として位置づけられることはない。

A 適切ではない。正規の教育課程として位置づけ、現場実習などの授業科目とする場合もある。

☐ **Q** インターンシップの実施に当たり、労働関係法令が適用される場合もある。

A 適切である。受け入れる企業等と学生との間に使用従属関係等があると認められる場合など、労働関係法令が適用される場合もある。

2-11
学校教育制度及びキャリア教育の知識

Q インターンシップは、アカデミックな教育研究と社会での実地の体験を結び付けることが可能となり、大学等における教育内容・方法の改善・充実につながる。

A 適切である。教育内容・方法の改善・充実に役立つ。

2-12 メンタルヘルスの知識

全体をつかもう この出題範囲からは、毎回2問が出題されます。その内容は、ストレス（ストレスチェック）、「職場における心の健康づくり〜労働者の心の健康の保持増進のための指針〜」「健康づくりのための睡眠指針」「心の健康問題により休業した労働者の職場復帰支援の手引き」などの厚生労働省の資料、そして精神疾患の特徴に分類することができます。これまでに出題のない資料からの出題もあり、回答が難しい問題もありますが、メンタルヘルス対策の基礎知識をしっかりと身につけておきましょう。

ストレス

ストレス反応が引き起こされるメカニズムや要因、ストレスチェック制度について確認する。

■ ストレス要因とストレス反応

ストレス反応は、ストレス要因により引き起こされる。なお、ストレス要因は、**ストレッサー**ともいわれる。

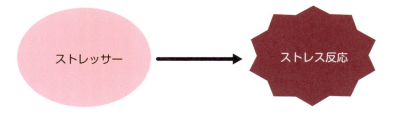

▲ストレス反応の引き起こされ方

ストレッサーは、要因によって、次のように分けることができる。

▼ストレッサーの要因別の分類

物理的ストレッサー	暑さや寒さ、騒音や混雑など
化学的ストレッサー	公害物質、薬物、酸素欠乏・過剰、一酸化炭素など
心理・社会的ストレッサー	人間関係や仕事上の問題、家庭の問題など

　また、ストレッサーによって引き起こされるストレス反応は、次のように分けることができる。

▼ストレス反応の分類

心理面	活気の低下、イライラ、不安、抑うつ（気分の落ち込み、興味・関心の低下など）
身体面	体のふしぶしの痛み、頭痛、肩こり、腰痛、目の疲れ、動悸や息切れ、胃痛、食欲低下、便秘や下痢、不眠など
行動面	飲酒量や喫煙量の増加、仕事でのミスや事故、ヒヤリハットの増加など

　ストレス反応が長く続く場合には、普段の生活を振り返り、ストレスと上手に付き合うための方法（コーピング）を工夫することも大切である。

■ ストレスチェック制度

　労働安全衛生法の一部改正によって、ストレスチェック制度が実施されている。ストレスチェック制度の特徴は次のとおりである。

・自分のストレスの状態を調べる検査を毎年1回行う。従業員50人以上の事業場では義務化されている（その人数に満たない事業場では努力義務である）
・申出のあった者に対しては医師による面接指導が行われる
・面接指導の結果、医師の意見に基づいて、必要がある場合には、就業上の措置を検討・決定する

職場における心の健康づくり
~労働者の心の健康の保持増進のための指針~（厚生労働省）

　この指針は、事業場において事業者が講ずるように努めるべき労働者の心の健康の保持増進のための措置（**メンタルヘルスケア**）が適切かつ有効に実施されるよう、メンタルヘルスケアの原則的な実施方法について定めるものである。

　事業者は、①**心の健康**計画の策定、②関係者への事業場の方針の明示、③労働者の相談に応ずる体制の整備、④関係者に対する教育研修の機会の提供、⑤事業場外資源とのネットワーク形成などを行うことが定められている。

■ 4つの（メンタルヘルス）ケア

　指針では、以下の4つのケアが継続的かつ計画的に行われることが重要であるとしている。

▼4つの（メンタルヘルス）ケア

4つのケア	内容
セルフケア	ストレスチェックなどの結果を受け、労働者自らがセルフケアを行えるよう、教育研修や情報提供を行うなどの支援を行う
ラインによるケア	管理監督者による、職場環境等の把握と改善、労働者からの相談対応や、職場復帰における支援等を行う
事業場内産業保健スタッフ等によるケア	産業医や医師、看護師、衛生管理者等や、人事労務管理スタッフにより、セルフケアやラインによるケアへの支援を行う
事業場外資源によるケア	事業場外の医師等の専門家や専門機関を活用した支援を行う

■ 事業場内産業保健スタッフ等の役割

事業場内産業保健スタッフのメンバー、役割は次のとおりである。

▼産業保健スタッフ等の役割

メンバー	役割
産業医等	健康管理を担う専門的立場から、メンタルヘルス対策の実施状況の把握、助言、指導を行う。**ストレスチェック**制度における中心的役割を担う
衛生管理者等	教育研修の企画・実施、相談体制づくりなどを行う
保健師等	労働者及び管理監督者からの相談対応などを行う
心の健康づくり専門スタッフ	教育研修の企画・実施、相談対応などを行う
人事労務管理スタッフ	労働時間等の労働条件の改善、労働者の適正な**配置**に配慮する
事業場内メンタルヘルス担当者	事業場メンタルヘルスケアの推進の実務を担当する。衛生管理者等や保健師等から専任することが望ましい

なお、常時**50**人以上の労働者を使用するすべての事業者に対し、産業医を指定することを義務付けている。

健康づくりのための睡眠指針2014（厚生労働省）

より充実した睡眠についてのわかりやすい情報を提供することを目的に、厚生労働省は、『健康づくりのための**睡眠**指針2014』を策定している。指針では、睡眠12箇条がまとめられている。

健康づくりのための睡眠指針2014
～睡眠12箇条～

1. 良い睡眠で、からだもこころも健康に。
2. 適度な運動、しっかり朝食、ねむりとめざめのメリハリを。
3. 良い睡眠は、生活習慣病予防につながります。
4. 睡眠による休養感は、こころの健康に重要です。
5. 年齢や季節に応じて、ひるまの眠気で困らない程度の睡眠を。
6. 良い睡眠のためには、環境づくりも重要です。
7. 若年世代は夜更かし避けて、体内時計のリズムを保つ。
8. 勤労世代の疲労回復・能率アップに、毎日十分な睡眠を。
9. 熟年世代は朝晩メリハリ、ひるまに適度な運動で良い睡眠。
10. 眠くなってから寝床に入り、起きる時刻は遅らせない。
11. いつもと違う睡眠には、要注意。
12. 眠れない、その苦しみをかかえずに、専門家に相談を。

(出典：厚生労働省『健康づくりのための睡眠指針2014』)

(改訂) 心の健康問題により休業した労働者の職場復帰支援の手引き（厚生労働省）

　厚生労働省では、メンタルヘルス不調により休業した労働者に対する職場復帰を促進するため、心の健康問題により休業した労働者の職場復帰支援の手引きを作成している。

■ 職場復帰支援の流れ

　心の健康問題で休業している労働者が円滑に職場復帰するため、休業から復職までの流れをあらかじめ明確にしておくことが必要である。
　手引きでは、次の5つのステップによって職場復帰支援を図ることとしている。

第1ステップ：病気休業開始及び休業中のケア
↓
第2ステップ：主治医による職場復帰可能の判断
↓
第3ステップ：職場復帰の可否の判断及び職場復帰支援プランの作成
↓
第4ステップ：最終的な職場復帰の決定
↓
職場復帰
↓
第5ステップ：職場復帰後のフォローアップ

▲職場復帰支援の流れ
（参考：厚生労働省、中央労働災害防止協会、『改訂 心の健康問題により休業した労働者の職場復帰支援の手引き』2010年）

①病気休業開始及び休業中のケア

初めに、必要な事務手続きや職場復帰支援の手順の説明をする。その後、労働者が病気休業期間中に安心して療養に専念できるよう、次の項目の情報を提供する。

・傷病手当金などの経済的な保障
・不安、悩みの相談先の紹介
・公的又は民間の職場復帰支援サービス
・休業の最長（保障）期間等

②主治医による職場復帰可能の判断

次に、労働者からの職場復帰の意思とともに、主治医による診断書の提出を求める。ただし、主治医による診断は、日常生活における病状の回復程度によって職場復帰の可能性を判断していることが多く、必ずしも職場で求められる業務遂行能力まで回復しているとの判断とは限らないため、産業医等が精査した上で、採るべき対応を判断し、意見を述べることが重要である。

③職場復帰の可否の判断及び職場復帰支援プランの作成

この段階で、職場復帰を支援するための具体的プラン（職場復帰支援プラン）を作成する。また、職場復帰の可否については、必要な情報を収集し、様々な視点から評価を行い総合的に判断する。

正式な職場復帰決定の前に、職場復帰の試みとして、試し出勤制度等を設ける場合がある。試し出勤には、模擬出勤、通勤訓練、試し出勤がある。

④最終的な職場復帰の決定

事業者による最終的な職場復帰の決定を行う。

⑤職場復帰後のフォローアップ

職場に復帰したらそれで終わりではなく、管理監督者による観察と支援の他、事業場内産業保健スタッフ等によるフォローアップを実施し、適宜、職場復帰支援プランの評価や見直しを行う。

代表的な精神疾患 出る

試験では、精神疾患について、その症状などが出題されることがあるため、代表的なものを確認する。

これらやその他の精神疾患の特徴や治療については、厚生労働省のサイト「みんなのメンタルヘルス総合サイト」が詳しい。また、職場のメンタルヘルス対策については、厚生労働省のサイト「こころの耳」が詳しい。普段からサイトを閲覧しておくことが有効である。

2-12
メンタルヘルスの知識

▼代表的な精神疾患

主な精神疾患	特徴や治療法
アルコール依存症	大量のお酒を長期にわたって飲み続けることで、お酒がないといられなくなる状態である。本人は病気を認めたがらない傾向があるため、本人の積極的な治療への取組みとともに、家族や周囲のサポートが大切である。外来または入院治療による
うつ病	眠れない、食欲がない、一日中気分が落ち込んでいる、何をしても楽しめないといった症状がある。精神的ストレスや身体的ストレスが重なるなど、様々な理由から脳の機能障害が起きている状態である。治療は、休養と薬物療法の他、認知行動療法も、うつ病に効果が高いとされている
双極性障害	躁うつ病ともいわれる。ハイテンションで活動的な躁状態と、憂うつで無気力なうつ状態を繰り返す。躁状態ではとても気分が良いため、本人には病気の自覚がないことがある。治療は薬物療法と精神療法的アプローチがある
解離性障害	自分が自分であるという感覚が失われている状態。治療法では有効な薬はないとされており、本人や家族が症状を受け入れ、安心できる環境の中で自然経過を見守ることが大切である
適応障害	ある特定の状況や出来事が、その人にとってとてもつらく耐えがたく感じられ、そのために気分や行動面に症状が現れるものである。治療はストレスの原因の除去や、ストレスへの本人の適応力を高めることが中心となる
統合失調症	健康なときにはなかった状態が現れる陽性症状と、健康なときにあったものが失われる陰性症状がある。陽性症状とは、幻覚と妄想等であり、陰性症状は、意欲の低下、感情表現が少なくなる等がある。治療は、薬物療法と、専門家と話をしたりリハビリテーションを行ったりする治療を組み合わせて行う
パニック障害（不安障害）	突然理由もなく、動悸やめまい、発汗、窒息感、吐き気、手足の震えといった発作を起こし、生活に支障が出ている状態をいう。治療は、薬物療法と精神療法的アプローチがある
発達障害	いくつかのタイプに分類されており、大きく分けると、自閉症スペクトラム（自閉症、アスペルガー症候群）、ADHD（注意欠陥多動性障害）、LD（学習障害）がある。これらは生まれつきの特性であり、病気とは異なる。そのため、職場環境などにおいては、障害のある人の就労継続に必要な様々な支援を、自然に又は計画的に提供するナチュラルサポートが必要である

第2章 キャリアコンサルティングを行うために必要な知識

147

一問一答でふりかえり

☐ **Q** ストレスの原因となる刺激のことを、ストレッサーといい、同じストレッサーへの個人の対処能力や受け止め方はみな同様である。

A 適切ではない。ストレスの原因となる刺激のことを、ストレッサーというが、ストレッサーへの対処能力やその受け止め方はそれぞれ異なる。なお、ストレスへの対処のことをコーピングという。

☐ **Q** ストレッサーは要因によって区分されるが、人間関係や仕事上の問題などは心理・社会的ストレッサーといわれる。

A 適切である。他に物理的ストレッサー、化学的ストレッサーがある。

☐ **Q** ストレスチェックを実施することが事業者の義務であるが、労働者数100人未満の事業場は当分の間、努力義務である。

A 適切ではない。50人未満の事業場は当分の間、努力義務である。

☐ **Q** ストレスチェックの結果、高ストレスと判定された者など一定の要件に該当する労働者に対して、本人からの面接指導の申出の有無にかかわらず、医師による面接指導を受けさせることは事業者の義務である。

A 適切ではない。本人からの面接指導の申出があった場合である。

☐ **Q** メンタルヘルスケアは、「セルフケア」「ラインによるケア」「事業場外資源によるケア」の3つのケアを継続的かつ計画的に行うことが重要であるとされている。

A 適切ではない。「事業場内産業保健スタッフ等によるケア」を加えた4つのケアである。

☐ **Q** 「ラインによるケア」では、職場の管理監督者が、職場環境等の把握と改善や、労働者からの相談対応を行う。

A 適切である。その他、職場復帰支援などにおいても重要な役割を担う。

☐ **Q** 産業医は、常時50人以上の労働者を使用するすべての事業者に対して、指定することが義務付けられている。

A 適切である。50人以上 3,000人以下の規模の事業場は、1名以上産業医を選任し、労働者数3,001人以上の規模の事業場は、2名以上産業医を選任しなくてはならない。

2-12
メンタルヘルスの知識

Q 「健康づくりのための睡眠指針2014」によると、成人の身体が必要とする睡眠時間の目安は6時間程度とされており、このくらいの睡眠時間の人が最も健康だといわれている。

A 適切ではない。必要な睡眠時間は人それぞれであり、1日の睡眠時間については、全体としては7時間前後をピークにした広い分布となっている。

Q 『改訂 心の健康問題により休業した労働者の職場復帰支援の手引き』によると、労働者の職場復帰に際しての主治医の診断は、日常生活における病状の回復程度によって職場復帰の可能性を判断していることが多いとされている。

A 適切である。そのため、必ずしも職場で求められる業務遂行能力まで回復しているとの判断とは限らない。

Q 『改訂 心の健康問題により休業した労働者の職場復帰支援の手引き』によると、職場復帰を正式に決定する前に、社内制度として、試し出勤制度等を設けると、より早い段階で職場復帰の試みを開始することができる。

A 適切である。試し出勤制度には、模擬出勤、通勤訓練、試し出勤がある。

Q 『改訂 心の健康問題により休業した労働者の職場復帰支援の手引き』によると、職場復帰支援のステップは、最終的な職場復帰の決定をもって完結する。

A 適切ではない。職場復帰後のフォローアップを行う必要がある。

Q アルコール依存症は、本人の自覚が強いため、積極的な治療につながりやすい。

A 適切ではない。本人が病気を認めたがらない傾向があるため、本人の積極的な治療への取組みとともに、家族や周囲のサポートが必要である。

Q 発達障害は、不眠や食欲の減退などの特徴があり、精神的ストレスや身体的ストレスが重なることなど、様々な理由から脳の機能障害が起きている状態であるとされている。

A 適切ではない。これらはうつ病の特徴である。

第2章 キャリアコンサルティングを行うために必要な知識

149

Q うつ病の症状には、体がだるい、疲れやすいといった体調の変化が現れることはあるが、食欲については変化が見られることはない。

A 適切ではない。食欲の減退もうつ病の症状の一つとされている。

Q うつ病の治療方法としては、カウンセリングが最も有効とされている。

A 適切ではない。うつ病の治療には、休養と薬物療法の他、認知行動療法も効果が高いとされている。

Q 双極性障害は、ハイテンションで活動的な躁状態と、憂うつで無気力なうつ状態を繰り返す特徴がある。

A 適切である。双極性障害は、躁うつ病ともいわれる。

Q 統合失調症の特徴として、自分が自分であるという感覚が失われている状態がある。

A 適切ではない。自分が自分であるという感覚が失われている状態は、解離性障害で見られる。

Q 統合失調症には、陽性症状と陰性症状があり、陽性症状の典型は幻覚と妄想で、陰性症状は、意欲の低下、感情表現の減少などである。

A 適切である。統合失調症には、健康なときにはなかった状態が現れる陽性症状と、健康なときにあったものが失われる陰性症状がある。

Q パニック障害とは、突然理由もなく、動悸やめまい、発汗、窒息感、吐き気、手足の震えといった発作の症状が発生し、そのために生活に支障が出ている状態である。

A 適切である。なお、パニック障害は不安障害の一つであり、恐怖症や強迫性障害、外傷後ストレス障害（PTSD）なども不安障害の中に分類される。

Q 発達障害を持つ人が安定して働き続けるために、周囲が必要な支援を自然に提供することを、「ナチュラルサポート」という。

A 適切である。発達障害は生まれつきの特性であり、その特性を本人や家族・周囲の人がよく理解し、学校や職場ではその人に合った過ごし方を工夫することができれば、その人が持っている本来の力が活かされるようになる。

2-13 中高年期を展望するライフステージ及び発達課題の知識

全体をつかもう この出題範囲からは概ね1問が出題されます。エリクソンやレビンソンが頻出です。人の発達段階をエリクソンは8段階、レビンソンは4段階に分けて、克服すべき課題等を挙げています。覚えづらい内容ですが、ご自身や身近な人の人生を思い浮かべながら理解を深めていきましょう。

エリクソンの理論 出る

　エリクソンは**アイデンティティ**（自我同一性）の概念を提唱し、人生を**8**つの段階に分け、それぞれの発達段階における心理社会的発達課題と危機を整理し、個体発達分化の図式（漸成的発達理論）を表した。

■ 個体発達分化の図式（漸成的発達理論）

　8つの発達段階における課題と、それが獲得できなかったときの**危機**を整理して、徐々に人の中核となるものが作られていくとした。

▼各発達段階における課題と危機、得られる人間的強さ

発達段階	獲得したい課題	発達課題と危機	得られる人間的強さ
①乳児期	基本的な信頼関係	信頼 対 不信	希望
②幼児前期	歩行や排泄の自律	自律性 対 恥、疑惑	意志
③幼児後期	自主的で自発的な行動	自発性 対 罪悪感	目的
④学童期	学校等での勤勉な学び	勤勉性 対 劣等感	有能感
⑤青年期	自分を受け入れる	同一性 対 同一性拡散	忠誠
⑥成人前期	パートナー等との親密性	親密性 対 孤立	愛
⑦成人期	次世代の育成（育てる）	世代性 対 停滞性	世話
⑧老年期	人生を振り返り、受け入れる	統合性 対 絶望	英知

　エリクソンは、青年期に確立した**アイデンティティ（自我同一性）**を基盤として、親密性、世代性を確立し、人生の最終的な発達課題を**統合**性としている。

レビンソンの理論 よく出る

　レビンソンは、人生を**四季**に例え、成人の発達は**4**つの発達期を経ると考えた。また、それぞれの段階では安定期と**過渡**期が交互に現れるとしている。

▼各段階と過渡期と直面する課題

4つの発達期	主な過渡期 （節目の5年間）	過渡期で直面する課題
児童期と青年期 （0歳〜22歳）	—	—
成人前期 （17歳〜45歳）	成人への過渡期 （17歳〜22歳）	アパシー（無力感）と離人感（自分が自分と思えなくなる）
	30歳の過渡期 （30歳〜35歳）	焦燥感とさまよい
中年期 （40歳〜65歳）	人生半ばの過渡期 （40歳〜45歳）	真の自己との折り合いをつける。若さと老い、破壊と創造、男らしさと女らしさ、愛着と分離の両極性の解決
老年期 （60歳以降）	老年への過渡期	死の受容と新たな生きがいの獲得

● 岡田昌毅著『働くひとの心理学』(2013年、ナカニシヤ出版、p.79)
▲ レビンソンによる成人前期と中年期の発達段階 (Levinson, 1978)

なお、人生半ばの過渡期は、いわゆる「中年の危機」と呼ばれる。子どもが巣立った後の、空の巣（からのす）問題が生じる時期でもある。また、ユングはこの時期のことを「人生の正午」と表現している。

その他の理論家

その他の発達段階に関する理論家として、ハヴィガースト、レヴィンを紹介する。

■ ハヴィガースト

ハヴィガーストは、発達段階を次の6つに区分している。なお、人間が健全で幸福な発達を遂げるために各発達段階で達成しておくことが望ましい課題を発達課題という。

①乳幼児期

②児童期

③青年期

④壮年期

⑤中年期

⑥老年期

■ レヴィン

レヴィンは、社会的に不安定な存在として、青年を「周辺人」「境界人」（マージナルマン）と呼んだ。

一問一答でふりかえり

☐ **Q** レビンソンは、心理社会的発達を8つの段階からなる個体発達分化の図式に示した。

A 適切ではない。8つの心理社会的発達段階からなる個体発達分化の図式を示したのは、レビンソンではなく、エリクソンである。

☐ **Q** エリクソンの個体発達分化の図式において、「同一性（アイデンティティ）対同一性拡散」が発達課題となるのは、成人期である。

A 適切ではない。成人期ではなく、青年期の発達課題である。

☐ **Q** エリクソンは、老年期の心理社会的危機を「世代性対停滞性」と表現し、この時期の発達課題とした。

A 適切ではない。老年期の心理社会的危機は「統合性対絶望」であり、「世代性対停滞性」と表現したのは、成人期である。

☐ **Q** エリクソンは、個体発達分化の図式において、老年期の課題は「統合性対絶望」であり、その課題を乗り越えると「英知」という人間的強さが得られるとした。

A 適切である。老年期の課題は統合性対絶望であり、それを乗り越えると英知が得られるとした。

2-13
中高年期を展望するライフステージ及び発達課題の知識

Q レビンソンは、成人期を四季に例えた「ライフサイクル」に焦点を当て、成人の心理社会的発達は、安定期と過渡期が交互に現れ進んでいくとした。

A 適切である。成人の発達は4つの発達期を経ると考えた。

Q レビンソンは、ライフサイクルにおいて、成人前期から中年期への移行期を「成人への過渡期」と呼んだ。

A 適切ではない。成人前期から中年期への移行期を「人生半ばの過渡期」と呼んだ。

Q レビンソンの理論においては、30歳の過渡期では、アパシーと離人感を主要課題としている。

A 適切ではない。アパシーと離人感を主要課題とするのは、成人への過渡期（17歳〜22歳）であり、30歳の過渡期では、「焦燥感とさまよい」を主要課題としている。

Q レビンソンの理論においては、人生半ばの過渡期では、「若さと老い」「破壊と創造」「男らしさと女らしさ」「愛着と分離」の4つの両極性の解決が主要課題である。

A 適切である。いわゆる中年の危機と呼ばれる過渡期である。

Q ユングは、人生を日の出から日没までの6つの時期に分け、30歳前後を人生の正午と呼んだ。

A 適切ではない。ユングは人生を4つの時期に分け、40歳前後を人生の正午と呼んだ。

Q ハヴィガーストは、社会的に不安定な存在として、青年を周辺人（マージナルマン）と呼んだ。

A 適切ではない。ハヴィガーストではなく、レヴィンである。

Q ハヴィガーストは、青年期におけるアイデンティティの確立を、重要な発達課題として挙げている。

A 適切ではない。青年期の発達課題としてアイデンティティの確立を挙げているのは、ハヴィガーストではなく、エリクソンである。

第2章 キャリアコンサルティングを行うために必要な知識

2-14
人生の転機の知識

全体をつかもう 転機（トランジション）に関する問題は、概ね毎回1問出題されます。中でもシュロスバーグの4S（フォーエス）は何度も出題されています。4Sは暗唱できるようにしておきましょう。またブリッジスの転機は「終わりから始まる」と覚えておきましょう。

シュロスバーグの理論 よく出る

シュロスバーグは、結婚、離婚、転職、引っ越し、失業、本人や家族の病気などのような人生上の転機（**トランジション**）を人生上の出来事として捉え、その対処法を構築した。

Schlossberg,N.K.

■ 転機の分類

シュロスバーグは転機を3つに分類している。
① **予測**していた転機
② **予測**していなかった転機
③ **期待**していたものが起こらなかった転機

■ トランジションの意味

トランジションという言葉には、発達論的な視点による発達課題や移行期としての意味と、個人にとっての独自の**出来事**（結婚や転職、失業、病気など）としての意味がある。シュロスバーグは後者の意味でトランジションを捉えている。

■ 転機（トランジション）への対処法

シュロスバーグは転機（トランジション）への対処法として、3つの構造を挙げている。

なお、転機に対処するための資源は**4S**と呼ばれる。

▲トランジションへの対処法

ブリッジスの理論 出る

ブリッジスは転機（トランジション）の始まりを、何かが始まるときではなく、何かが終わるときであるとしている。

■ トランジション・プロセス

ブリッジスのトランジション・プロセスは、次の3段階で表すことができる。

▲トランジション・プロセス

 得点アップ

ブリッジスのトランジション・プロセスは**終わり**から始まる

一問一答でふりかえり

Q シュロスバーグが転機を乗り越えるための資源として提唱した4Sは、Situation(状況)、Study(学び)、Support(支援)、Strategies(戦略)の4つである。

A 適切ではない。Study（学び）ではなく、Self（自己）である。

Q シュロスバーグのいう転機（トランジション）は、生涯発達の移行期を意味するものである。

A 適切ではない。結婚、離婚、転職、失業や病気など、人生上の出来事の視点から見たトランジションである。

Q シュロスバーグは転機（トランジション）のプロセスを、「終わり」「中立圏」「始まり」の三段階であるとした。

A 適切ではない。これはブリッジスが唱えた、トランジションのプロセスである。

Q シュロスバーグは、転機を「予測していた転機」「予測していなかった転機」「期待していたものが起こらなかった転機」の3つに分類した。

A 適切である。どのタイプに該当するのか、また、それがどの程度の重大さなのかを識別することが大切である。

Q シュロスバーグは、転機とは何かを失ったときのみ生じるものとしており、その転機が個人の興味・関心の変化につながるとした。

A 適切ではない。転機は何かを失ったときのみに生じるわけではない。

Q ブリッジスは、転機（トランジション）のプロセスを、何かが終わる、中立圏、何かが始まる、の三段階であるとした。

A 適切である。何かが終わるときを、転機の始まりとしている。

Q ブリッジスは、「中立圏（ニュートラルゾーン）」をいかに上手くマネジメントするかが大切であるとした。

A 適切である。中立圏（ニュートラルゾーン）を上手にマネジメントすることが大切である。

158

2-15
個人の多様な特性の知識

> **全体をつかもう**
> 「個人の多様な特性の知識」からは、概ね2問程度の出題があります。そのトピックは、大きく分けると、若年者（NEETやひきこもり）、高齢者、障害者、女性、そして治療との両立に分けることができます。また昨今では、職場におけるLGBTへの支援や、外国人労働者への支援も課題となっています。それぞれの現状や課題を整理しましょう。

若年者への支援

　フリーター、NEETやひきこもりへの支援、若年者の雇用環境や職場での定着が課題である。また、就職氷河期を新卒時に経験し、不本意ながら非正規雇用に就いた者等に対する職業能力開発機会の確保も課題となっている。

■ NEETの定義

　NEETとは、「Not in Education, Employment or Training」の略語で、「働かず、学ばず、就業訓練もせず」の意味である。
　NEETやひきこもりへの就労やその定着支援のポイントには下記のようなものがある。

①**規則**正しい生活への移行
②**発達障害**等の可能性に注意を払う
③ひきこもりの長期化を防ぐため、家庭への訪問を行う**アウトリーチ**型支援の実施
④就労体験等を通じて、本人の現状に合わせ、働く**自信**を育む
⑤**就労体験**先と支援機関との連携や相互理解を図る

■ **若年者雇用実態調査** 読む

　5年に一度、厚生労働省が調査を行っており、事業所調査と個人調査に分かれている。
　事業所調査（平成30年の調査）からは、次のような傾向が読み取れる。

①若年正社員の採用選考に当たり重視した点は、「新規学卒者」「中途採用者」ともに「職業意識・勤労意欲・チャレンジ精神」が最も多い。
②若年労働者の育成方針は、正社員は「長期的な教育訓練等で人材を育成」が、正社員以外は「短期的に研修等で人材を育成」が最も多い。
③若年正社員の定着のために行っている対策は、「職場での意思疎通の向上」が最も多い。

　また、個人調査（平成30年の調査）からは、次のような傾向が読み取れる。

①若年労働者のうち「3年未満」で初めて勤務した会社を辞めた者の割合は男女ともに6割を超えている。正社員、正社員以外の雇用形態別においても6割をいずれも超えている。
②初めて勤務した会社を辞めた理由の1位は、男女ともに「労働時間・休日・休暇の条件がよくなかった」である。
③若年労働者のうち「定年前に転職したいと思っている」割合は27.6％、「転職したいと思っていない」割合は33.2％となっており、「思っていない」割合の方が若干高い。
④転職しようと思う理由は、「賃金の条件がよい会社にかわりたい」（56.4％）、「労働時間・休日・休暇の条件がよい会社にかわりたい」（46.1％）の割合が高い。
⑤職業生活の満足度では、正社員では「雇用の安定性」が、正社員以外では「仕事の内容・やりがい」が最も割合が高い。

■ **地域若者サポートステーション**

　地域若者サポートステーション（愛称：「サポステ」）では、15〜49歳までの働くことに悩みを抱えている方に対し、キャリアコンサルタントなどによる

専門的な相談、コミュニケーション訓練などによるステップアップ、協力企業への就労体験などにより、就労に向けた支援を行っている。

「身近に相談できる機関」として、全国の方が利用しやすいようすべての都道府県に設置されている。厚生労働省が、支援の実績やノウハウがあるNPO法人、株式会社などに委託して実施している。

高齢者への支援

高齢者の就業は増加を続けており、今後もその傾向は継続すると予測される。

■ 高齢社会白書

令和元年の65歳以上人口は、3,589万人となり、総人口に占める割合（高齢化率）は、28.4%となったが、就業や失業、起業に関する状況は以下のとおりである。

▼高齢者の就業状況

内容	特徴
労働力人口総数に占める65歳以上の者の割合	割合は上昇し続けており、13.2%である
65～69歳の就業者の割合	全体の半数以上が働いており、58.9%である
60～64歳の完全失業率	15歳以上の全年齢計と同水準の2.4%である
65歳以上の起業者	起業者の割合は、上昇している。2007年の8.4%から、2017年は11.6%となった

（内閣府『令和2年版高齢社会白書』第1章高齢化の状況第2節高齢期の暮らしの動向）

障害者への支援

■ 障害者の定義

身体障害、知的障害又は精神障害（発達障害を含む）があるため、継続的に日常生活又は社会生活に相当な制限を受ける者をいう（障害者基本法第二条）。

■ 発達障害の種類

発達障害には、広汎性発達障害（自閉症・アスペルガー症候群）、学習障害（LD）、注意欠陥多動性障害（ADHD）、その他の発達障害がある。

■障害者雇用促進法

平成30年に改正された障害者雇用促進法の主なポイントは以下のとおりである。

①募集・採用、処遇、教育訓練などについて障害があることを理由とした差別的取り扱いの禁止
②募集・採用及び就業に当たっての合理的配慮の提供について、事業主の過重な負担にならない範囲での義務付け
③法定雇用率の算定基礎に精神障害者を追加
④都道府県労働局長による紛争当事者への助言・指導・勧告

■ 法定雇用率 出る

すべての事業主には、法定雇用率以上の割合で障害者を雇用する義務がある。なお、障害者雇用義務の対象には身体障害者、知的障害者に加え、平成30年より精神障害者が加わった。また、令和3年3月より法定雇用率は以下のように変更される予定である。

▼事業主区分と法定雇用率

区分	法定雇用率
民間企業	2.3%
国、地方公共団体等	2.6%
都道府県等の教育委員会	2.5%

また、法定雇用率を達成した民間企業の割合は48.6%である（令和2年障害者雇用状況の集計結果）。

2-15
個人の多様な特性の知識

■ 障害者の雇用の促進等に関する法律に基づく障害者差別禁止指針及び合理的配慮指針

障害者差別禁止指針では、障害者であることを理由とする差別を禁止することなどを定めている。合理的配慮指針では、募集や採用時には障害者が応募しやすいような配慮を、採用後は仕事をしやすいような配慮をすることなどを定めている。

▼両指針のポイント

障害者差別禁止指針	合理的配慮指針
すべての事業主が対象	すべての事業主が対象
障害者であることを理由とする差別を禁止	個々の事情を有する障害者と事業主との相互理解の中で提供されるべき性質のもの（例：肢体不自由な障害者に対して、机の高さを調整し作業を可能にしたり、知的障害者に対して、習熟度に応じて業務量を徐々に増やしたりすること）
障害特性に関する正しい知識の取得や理解を深める	
募集・採用、賃金、配置、昇進、教育訓練などの項目で障害者に対する差別を禁止	

■ 障害者総合支援法

障害者総合支援法は、地域社会における共生の実現に向けて、障害福祉サービスの充実等、障害者の日常生活及び社会生活を総合的に支援するため、新たな障害保健福祉施策を講じることを趣旨としている。

▼障害者総合支援法における就労支援事業の種類

種類	内容
就労**移行**支援事業	就労希望する**65**歳未満の障害者へ、①生産活動、職場体験等の活動の機会の提供や就労に必要な訓練、②求職活動に関する支援、③その適性に応じた職場の開拓、④就職後における職場への定着に必要な相談等の支援を行う
就労継続支援A型事業	通常の事業所に雇用されることが困難であり、雇用契約に基づく就労が**可能**である者に対して、雇用契約の締結等による就労の機会の提供等や、就労に必要な知識及び能力の向上のために必要な訓練等の支援を行う
就労継続支援B型事業	通常の事業所に雇用されることが困難であり、雇用契約に基づく就労が**困難**である者に対して、就労の機会の提供等や就労に必要な知識及び能力の向上のために必要な訓練等の支援を行う

■ チャレンジ雇用

チャレンジ雇用とは、**知的障害者**等を、官公庁や自治体において、1年以内の期間を単位として**非常勤職員**として雇用し、1～3年の業務の経験を踏まえ、**ハローワーク**等を通じて一般企業等への就職につなげる制度である。

■ ジョブ・コーチ

職場適応援助者ともいい、障害者が職場に適応できるよう、職場に出向いた直接支援や、雇用後の職場適応支援を行う。

■ リハビリテーションカウンセリング

障害のある人が持つ、個人的な職業や**自立**生活における目標を達成するために体系化された支援のことをいう。

女性への支援

女性の就業率は上昇しているものの、様々な事情により、就業を希望しながら働くことができない女性、本人の希望に反して短時間労働に従事せざるを得ない女性も多い。社会や職場における女性活躍の環境づくりをより一層推進す

る必要がある。

■ 男女共同参画白書（令和2年版） 必ず読む

『男女共同参画白書 令和2年版』のポイントは以下のとおりである。

①女性の年齢階級別労働力率は現在「M字カーブ」は以前に比べて浅くなっておりM字の底となる年齢階級も上昇している。
②女性が仕事を持つことに対する意識では、「子どもができても、ずっと職業を続ける方がよい」とする割合が男女ともに増加している。
③非正規雇用労働者の割合は、女性は56.0％、男性は22.8％であった。
④就業を希望しているのに、求職していない女性の理由としては「出産・育児のため」が最も多い。
⑤男女の所定内給与額の格差は男性一般労働者を100とすると女性一般労働者は74.3であり、長期的に見ると縮小傾向である。
⑥男女雇用機会均等法に関する、都道府県労働局に寄せられた相談件数で最も多いのは、「セクシュアル・ハラスメント」に関するものである。
⑦常用労働者100人以上の企業における役職者の女性の割合は長期的には上昇傾向である。

■ 働く女性の実情（令和元年版）

『男女共同参画白書』と内容が重なるものも多いため、上で触れていないものを特徴として挙げる。
①女性雇用者数を産業別に見ると、「医療、福祉」が最も多く、「卸売業、小売業」が続く。
②雇用者数に占める女性比率は、「医療、福祉」（76.8％）が最も高く、「宿泊業、飲食サービス業」（64.3％）、「生活関連サービス業、娯楽業」（61.2％）が続く。
③職業別雇用者数は、女性は「事務従事者」が最も多く、男性は「生産工程従事者」が多い。
④女性雇用者総数に占める「非正規の職員・従業員」は約56％である。

■ 女性の職業生活における活躍の推進に関する法律（女性活躍推進法）

事業主が主体的に、職場における女性活躍の現状を把握し、改善することを目的とした法律であり、事業主が実施するべき主な取組みは次のとおりである。

①現状の把握と改善点の洗い出し
②「一般事業主行動計画」の策定・公表・周知
③女性の活躍に関する情報の公表

③の企業の女性の活躍に関する情報は、厚生労働省のホームページ「女性の活躍推進企業データベース」で公表されている。データベースに掲載される項目は次の内容である。

・採用者に占める女性の割合
・労働者に占める女性労働者の割合
・育児休業取得率
・月平均残業時間や年次有給休暇取得率
・女性管理職の割合　など

なお、一般事業主行動計画を都道府県労働局へ届け出た企業のうち、女性の活躍推進に関する取組み状況が優良な企業は、3段階からなる厚生労働大臣の認定（えるぼし）を受けることができる。

LGBTへの支援

LGBTは性的少数者を表す言葉として使われ、レズビアン、ゲイ、バイセクシャル、トランスジェンダーを意味する。なお、レズビアン、ゲイ、バイセクシャルは性的指向による類型であり、トランスジェンダーは性自認による類型である。

治療と仕事の両立支援

　厚生労働省では、事業場における治療と仕事の両立支援のためのガイドラインを作成し、事業場が、がん、脳卒中などの疾病を抱える方々に対して、適切な就業上の措置や治療に対する配慮を行い、治療と仕事が両立できるようにするため、事業場における取組みなどをまとめている。
　治療と仕事の両立支援を行うに当たっての留意事項は次のとおりである。

①安全と健康の確保
②労働者本人による取組み
③労働者本人の申出
④治療と仕事の両立支援の特徴を踏まえた対応
⑤個別事例の特性に応じた配慮
⑥対象者、対応方法の明確化
⑦個人情報の保護

▲治療と仕事の両立支援イメージキャラクター「ちりょうさ」

外国人への支援

　外国人が在留資格の範囲内でその能力を十分に発揮しながら、適正に就労できるよう、事業主が守らなければならないルールがある。

■ 外国人雇用のルール

以下の2点は事業主の責務である。

①雇入れ及び離職の際には、その氏名や在留資格をハローワークへ届け出る
②「外国人労働者の雇用管理の改善等に関して事業主が適切に対処するための指針」に沿った、職場環境の改善や再就職の支援への取組み

■ 外国人労働者の状況

　令和2年には外国人労働者は約172万人となり、過去最高を更新した。労働者数の多い上位3か国や、在留資格別の状況は以下のとおりである。

・労働者数の多い上位3か国
　第1位　ベトナム（全体の25.7％）
　第2位　中国（同24.3％）
　第3位　フィリピン（同10.7％）

　届出が平成19年に義務付けされて以来、中国が第1位の状況が続いていたが、令和2年10月末現在のまとめで、初めてベトナムが第1位となった（参考：「外国人雇用状況」の届出状況【本文】（令和2年10月末現在）、p5）。

・在留資格別の状況
　第1位　身分に基づく在留資格（全体の31.7％）
　第2位　技能実習（同23.3％）
　第3位　資格外活動（留学を含む）（同21.5％）
　（参考：「外国人雇用状況」の届出状況【本文】（令和2年 10 月末現在）、p5）

　身分に基づく在留資格には、「永住者」「日本人の配偶者等」「永住者の配偶者等」「定住者」の4種類があり、活動に制限がないのが特徴である。

2-15
個人の多様な特性の知識

一問一答でふりかえり

Q NEET（ニート）とは、勤労意欲はあり求職活動をしているものの、職に就けない人のことをいう。

A 適切ではない。職に就いていなくとも就職を希望し求職活動をしている人は「失業者」であり、NEETとは区別する。NEETとは、「Not in Education, Employment or Training」の略語で、一般的には求職活動もしていない状況を指すことが多い。

Q ひきこもりの長期化防止のため、家庭への訪問を行うアウトリーチ型支援をタイミングよく開始することも有効である。

A 適切である。アウトリーチとは、英語で「手を伸ばす」ことを意味する。

Q 在学していない若年労働者のうち、「3年未満」で初めて勤務した会社を辞めた者の割合は男女ともに6割を超えている。

A 適切である。平成30年若年者雇用実態調査によると、男が62.2%、女が64.0%となっており、雇用形態別には、正社員で60.7%、正社員以外の労働者では65.7%となっている。

Q 平成30年若年者雇用実態調査によると、若年正社員が現在の会社から「定年前に転職したいと思っている」者の割合は、「転職したいと思っていない」者の割合よりも大きい。

A 適切ではない。若年正社員が現在の会社から「定年前に転職したいと思っている」割合は27.6%、「転職したいと思っていない」割合は33.2%となっている。

Q 職業生活の満足度では、正社員では「職場の人間関係、コミュニケーション」が、正社員以外では「仕事の内容・やりがい」が最も高い。

A 適切ではない。正社員では「雇用の安定性」が、正社員以外では「仕事の内容・やりがい」が最も高い。

Q 地域若者サポートステーションは、15歳から39歳の働くことに悩みを抱えている方に対して支援を行っている。

A 適切ではない。2020年に対象年齢が15歳から49歳へ引き上げられた。

第2章 キャリアコンサルティングを行うために必要な知識

Q 地域若者サポートステーションは、すべての都道府県に設置されている。

A 適切である。全国の方が利用しやすいよう、すべての都道府県に設置されている。

Q 『令和2年版高齢社会白書』によれば、労働力人口総数に占める65歳以上の者の割合は、減少し続けている。

A 適切ではない。労働力人口総数に占める65歳以上の者の割合は、増加し続けている。

Q 『令和2年版高齢社会白書』によれば、65歳から69歳で仕事をしている人は、全体の半数に満たない。

A 適切ではない。65歳から69歳で仕事をしている人は、全体の半数以上の58.9%である。

Q 『令和2年版高齢社会白書』によれば、起業者のうち、65歳以上の割合は近年上昇している。

A 適切である。2007年の8.4%から2017年は11.6%となった。

Q 発達障害の種類には、自閉症・アスペルガー症候群や、学習障害、注意欠陥多動性障害などがある。

A 適切である。自閉症・アスペルガー症候群は、広汎性発達障害と呼ばれる。

Q 障害者雇用促進法では、障害者に対する差別の禁止や、合理的配慮の提供義務について明記している。

A 適切である。雇用の分野における障害を理由とする差別的取扱いを禁止するとともに、障害者が職場で働くに当たっての支障を改善するための措置を講ずることを義務付けている。

Q 平成30年より、障害者雇用義務の対象には、身体障害者、知的障害者に加え、精神障害者が加わった。

A 適切である。すべての事業主には法定雇用率以上の割合で障害者を雇用する義務がある。

2-15
個人の多様な特性の知識

Q 事業主は法定雇用率以上の割合で障害者を雇用する義務があり、一般の民間企業の法定雇用率は 2.0%である。

A 適切ではない。民間企業の法定雇用率は2.3%である。なお、国、地方公共団体等は2.6%である（令和3年3月からの予定）。

Q 障害者の雇用について、法定雇用率を達成している企業は約7割である。

A 適切ではない。令和2年障害者雇用状況の集計結果によると、48.6%である。

Q 「障害者雇用に係る合理的配慮指針事例集 第三版」において、知的障害者の雇用に係る対応事例として、「本人の習熟度よりもやる気を優先し、業務量を多めに設定している」事例が多くあった。

A 適切ではない。当初は業務量を少なくし、本人の習熟度等を確認しながら徐々に増やしていく。

Q 障害者総合支援法における就労移行支援事業には年齢による制限はない。

A 適切ではない。就労移行支援事業は、就労を希望する65歳未満の障害者が対象となる。

Q 障害者総合支援法における就労継続支援A型事業とは、雇用契約に基づく就労が可能である者に対して、就労の機会の提供等を行うものをいう。

A 適切である。就労の機会の提供や、就労に必要な知識や能力の向上のために必要な訓練等の支援を行う。

Q 治療と仕事の両立支援に当たっては、本人からの申出により事業者が把握した健康情報を、管理職や同僚すべてが共有していることが前提となる。

A 適切ではない。健康や傷病の情報については、個人情報の保護、プライバシーの配慮が大切である。

Q 年齢別の女性の就業率は、結婚・出産などで一時的に就業率が下がり、その後、就業率が上昇するという「M字カーブ」状態が今なお継続しているが、そのカーブは浅くなってきている。

A 適切である。M字カーブは描いているものの、カーブの底は上昇傾向にあり、緩やかなものになっている。

第2章 キャリアコンサルティングを行うために必要な知識

☐ **Q** 女性の非正規雇用労働者の割合は、正規雇用労働者よりも低くなっている。

A 適切ではない。男女共同参画白書（令和2年版）によると、女性の非正規雇用労働者の割合は約56％である。

☐ **Q** 一般労働者における男女の所定内給与額の格差は、長期的に見ると拡大傾向にある。

A 適切ではない。男女の所定内給与額の格差は、長期的に見ると縮小傾向にある。

☐ **Q** 女性雇用者数を産業別に見ると、「医療、福祉」が最も多い。

A 適切である。次いで「卸売業、小売業」が続く。

☐ **Q** 令和元年における女性の非労働力人口 2,657 万人のうち231万人が就業を希望しているが、現在求職していない理由としては、「適当な仕事がありそうにない」が最も多い。

A 適切ではない。求職していない理由として最も多いのは、「出産・育児のため」が最も多い。

☐ **Q** 外国人を雇い入れた場合に「外国人雇用状況」を届け出るが、離職の場合はその必要はない。

A 適切ではない。雇入れ及び離職の場合に、その氏名や在留資格をハローワークへ届け出る必要がある。

☐ **Q** 「外国人雇用状況」の届出状況(令和2年10月末現在)によれば、外国人労働者を国籍別に見ると、フィリピンが最も多い。

A 適切ではない。最も多いのは、ベトナムである。

☐ **Q** 「外国人雇用状況」の届出状況(令和2年10月末現在)によれば、外国人労働者を在留資格別に見ると、「専門的・技術的分野の在留資格」が最も多い。

A 適切ではない。「身分に基づく在留資格」が最も多い。

3章 キャリアコンサルティングを行うために必要な技能

この章では、カウンセリングの進め方を体系的に理解するとともに、相談過程において必要な技能について学びます。実際のキャリアコンサルティングのための環境の整備や、クライエントを支援する具体的な方法を学びます。特に自己理解の支援では、アセスメント（検査）ツールの種類や特徴を整理しましょう。

3-1 カウンセリングの技能

3-2 グループアプローチの技能

3-3 相談過程全体の進行の管理に関する技能

3-4 相談過程において必要な技能

3-1 カウンセリングの技能

全体をつかもう この出題範囲からは概ね1問出題されます。システマティック・アプローチや、アイビイのマイクロカウンセリングなどは、キャリアコンサルタントとして、共通に身につけておきたい技能です。学科試験対策のみならず、実技試験対策においても重要な内容です。

包括的・折衷的アプローチ

キャリア・カウンセリングは、ある特定のカウンセリング理論や療法に偏ることなく、様々な理論や療法を「包括的・折衷的」に活用することが求められる。包括的・折衷的なアプローチでは、システマティック・アプローチ、コーヒーカップ・モデル、ヘルピング、マイクロカウンセリングといったカウンセリングプロセスや技法を用いる。

■システマティック・アプローチ

キャリア・カウンセリングにおいては、クライエントとの間に良い人間関係（ラポール・リレーション）を作った上でともに目標を定め、目標への計画を立て、計画を達成する方策などを体系的に進めるアプローチをとる。

このアプローチは一般に、システマティック・アプローチといい、次のプロセスにより行われる。

①カウンセリングの開始
　↓
②問題の把握

↓

③**目標**の設定

↓

④**方策**の実行

↓

⑤**結果**の評価

↓

⑥カウンセリングとケースの終了

■コーヒーカップ・モデル

コーヒーカップ・モデルは、**國分康孝**によって提唱されたカウンセリングモデルである。そのプロセスはコーヒーカップの断面図に似ていることから、コーヒーカップ・モデルと名付けられた。

▲コーヒーカップ・モデル

コーヒーカップ・モデルは、次のようなプロセスによりカウンセリングが行われる。

①面接初期では、クライエントとのリレーション（信頼関係）を作る。
②面談中期では、クライエントの問題をつかむ。
③面談後期では、問題の解決を試みる。

カウンセラーは、今、相談過程のどの地点にいるのかを点検しつつ、カウンセリングを進めることが大切である。

■ヘルピング

ヘルピングは、カーカフによって提唱されたカウンセリングモデルである。このモデルでは、カウンセラーをヘルパー、クライエントをヘルピーと呼ぶ点が特徴的である。

ヘルピングは、次のプロセスによって行われる。

▼カーカフのヘルピングのプロセス

プロセス	内容と具体的な技法
①事前段階 （かかわり技法）	ラポールを形成する。具体的技法には、かかわりへの準備、親身なかかわり、観察、傾聴の4つの技法がある
②第1段階 （応答技法）	言葉による応答を繰り返し、ヘルピーの現在地を明らかにするための自己探索を目指す。具体的技法には、事柄への応答、感情への応答、意味への応答がある
③第2段階 （意識化技法）	ヘルピーの目的地を明らかにするための自己理解を目指す。具体的技法には、意味、問題、目標、感情の意識化の技法がある
④第3段階 （手ほどき技法）	目標達成のために計画を立てて、実行する段階である。具体的技法には、目標の明確化、行動計画の作成、スケジュールと強化法の設定、行動化の準備、各段階の検討がある
⑤援助過程の繰り返し	ヘルピーの反応や行動の結果によって援助が繰り返される

■マイクロカウンセリング よく出る

マイクロカウンセリングは、アイビイらによって開発された、カウンセリングの基本モデルである。アイビイは、様々なカウンセリングにかかわるうちに、多くのカウンセリングに共通して見られるパターンがあることに気づき、それを技法と命名し、マイクロ技法の階層表として表した。

▲マイクロ技法の階層表
●A.E.アイビー著、福原真知子訳、川島書店「マイクロカウンセリング」(1985年、p.8)

図中の「かかわり行動」は、クライエントとのラポール（信頼関係）構築に重要な、視線の合わせ方、言語的追跡、身体言語、声の調子の4つのパターンからなる。

基本的傾聴の連鎖は、かかわり行動を土台にして「聴く」技法である。クライエント観察技法、開かれた質問、閉ざされた質問、はげまし、いいかえ、要約、感情の反映を適宜、連鎖的に行う。それに意味の反映を含めたものを、基本的かかわり技法という。

　また、マイクロカウンセリングの技法では、傾聴を基礎としながら、カウンセラーが能動的なかかわりを行うことによって、クライエントの問題解決への行動を促す。それらを積極技法といい、主な内容は次のとおりである。

▼マイクロカウンセリングの積極技法の内容

技法	内容
指示	クライエントにどのような行動を取ってほしいかを明確に示すこと
論理的帰結	クライエントの行動により予測される良い結果や悪い結果を考えるよう促すこと
解釈	クライエントの状況に関する新しい観点を与えること
自己開示	カウンセラー自らが自分の考えや経験をクライエントに伝えること
助言、情報提供、教示	クライエントにカウンセラーの考えや情報を伝えること
フィードバック	カウンセラーもしくは第三者がクライエントをどのように見ているかを伝えること
発言の要約	カウンセラーが助言、コメントしたことを要約して伝えること

　階層表にある技法を折衷的に活用できるようになると、技法の統合の域に達したといえる。

3-1
カウンセリングの技能

一問一答でふりかえり

☐ **Q** システマティック・アプローチのステップは、自己理解→仕事（職務）理解→啓発的経験→情報提供→方策の実行→新たな環境への適応によって行われる。

A 適切ではない。システマティック・アプローチは、カウンセリングの開始→問題把握→目標設定→方策の実行→結果の評価→終了のプロセスによって行われる。

☐ **Q** 國分康孝が提唱したコーヒーカップ・モデルでは、「リレーションづくり」「問題把握」「問題解決」のプロセスによって相談を行う。

A 適切である。面接初期、面接中期、面接後期でのそれぞれのプロセスにおいて行うべきことである。

☐ **Q** ヘルピングは、グラッサーによって提唱されたカウンセリングモデルである。

A 適切ではない。ヘルピングはカーカフによって提唱された。

☐ **Q** カーカフによって提唱されたヘルピングにおいて、相談者がどのような状態にあるかを明らかにするための応答技法として、かかわりへの準備、親身なかかわり、観察、傾聴がある。

A 適切ではない。応答技法としては、事柄への応答、感情への応答、意味への応答がある。かかわりへの準備、親身なかかわり、観察、傾聴は、事前段階におけるかかわり技法の具体的技法である。

☐ **Q** カーカフによって提唱されたヘルピングにおいて、相談者がどのような状態になりたいかを明らかにする意識化技法として、意味、問題、目標、感情の意識化がある。

A 適切である。意識化技法では、相談者（ヘルピー）の目的地を明らかにするための自己理解を目指す。

☐ **Q** カーカフによって提唱されたヘルピングのプロセスは、第3段階の手ほどき技法によってカウンセリングは終了する。

A 適切ではない。相談者（ヘルピー）の反応や行動の結果によって、援助過程の繰り返しが行われる。

第3章 キャリアコンサルティングを行うために必要な技能

179

Q アイビイのマイクロカウンセリングやカーカフのヘルピングは、折衷的なアプローチといえる。

A 適切である。折衷的なアプローチである。

Q アイビイのマイクロカウンセリングにおける「かかわり行動」について、視線を合わせるとクライエントを緊張させてしまうため、話を聴くときには目をそらした方がよい。

A 適切ではない。凝視するのではなく、聴いていますよ、というメッセージがクライエントに伝わるような視線を心がけるとよい。

Q アイビイのマイクロカウンセリングにおける「かかわり行動」について、クライエントの発言に気を配ることが大切であり、自分の姿勢、表情、しぐさなどに注意を払う必要はない。

A 適切ではない。無意識のうちに身体で相手にメッセージを伝えてしまうこともあり、自分の姿勢などに注意を払うことも大切である。

Q アイビイらによって示されたマイクロカウンセリングでは、事前段階-かかわり技法、第1段階-応答技法、第2段階-意識化技法、第3段階-手ほどき技法といった段階ごとに用いる技法を示している。

A 適切ではない。これらの段階と技法は、カーカフによって提唱されたヘルピングの内容である。

Q アイビイのマイクロカウンセリングにおいて、「かかわり行動」と「クライエント観察技法」は、効果的なコミュニケーションの基礎を形成しているといえる。

A 適切である。かかわり行動には、視線の合わせ方、身体言語、声の調子、言語的追跡の4つがある。また、クライエント観察技法により、クライエントの言葉と表情・態度との矛盾点や変化に気づくことができる。

3-2 グループアプローチの技能

全体をつかもう この出題範囲からはほぼ毎回1問から2問の出題があります。よく出題されるのはベーシック・エンカウンター・グループ、構成的グループ・エンカウンターの特徴に関しての出題です。関連人物として、ベーシック・エンカウンター・グループはロジャーズ、構成的グループ・エンカウンターは國分康孝をおさえておきましょう。

グループアプローチ

キャリアガイダンスや、キャリアコンサルティングには、その対象を個人とする場合と、グループを対象として行う場合がある。

共通の目標や類似の問題を持つクライエント数人などのグループを対象とするキャリアガイダンスやキャリアコンサルティングのことを、グループアプローチという。

■グループアプローチの効果を上げるための原則

グループアプローチの効果を上げるための原則として、次の点が挙げられる。

①双方向のコミュニケーションによるメンバー間の相互作用
②メンバー共通の目標（common goal）の共有
③メンバーの行動を規定する決まりごと、基準（norms）がある
④メンバーには一連の役割（roles）や特定の機能がある
⑤メンバーは個人的特徴を行使し合う
⑥各人のニーズを満たすようにグループが行動する

ベーシック・エンカウンター・グループ

ロジャーズが集団心理療法の手法として開発したものである。エンカウンターとは「出会い」を意味しており、メンバーが本音を言い合うことによって、相互理解、相互作用を深めるものである。フリートークを主体として行われるものをベーシック（非構成的）・エンカウンター・グループという。なお、通常は必要最低限のかかわりを行うファシリテーター（進行役）が存在する。

得点アップ
フリートーク主体なのが、ベーシック(非構成的)・エンカウンター・グループ

構成的グループ・エンカウンター

國分康孝がベーシック・エンカウンター・グループを基礎として創始した。構成とは、条件（場面）設定をするということで、エクササイズ（用意された課題）を介して自己開示を促進し、シェアリング（振り返り）を行うことが特徴である。

得点アップ
エクササイズやシェアリングがあるのが、構成的グループ・エンカウンター

■構成的グループ・エンカウンターの原理

構成的グループ・エンカウンターの目的は、他者とのふれあいと自己発見であり、自己発見とは、他者は気づいているが、自分は気づいていない自分（自己盲点）に気づくことである。

構成的グループ・エンカウンターには次の3つの原理がある。

①あるがままの自分、本音に気づく
②エクササイズなどの枠を介しての自己開示が促進される。
③シェアリングによる認知の拡大や修正がなされる。

3-2
グループアプローチの技能

■構成的グループ・エンカウンターのルール

構成的グループ・エンカウンターでは、エクササイズや時間の設定とともに、次のルールを設定する。

①守秘義務がある
②批判的な発言や評価的な発言をしない
③発言の強要をしない
④エクササイズを強要しない

なお、構成的グループ・エンカウンターでは必要に応じてリーダーが介入を行う。介入は、参加者が他者の尊厳を傷つけるような発言をしたときや、ルールが守られていないときなどに、グループのエクササイズを適切な軌道に戻すために必要に応じて行う。

■構成的グループ・エンカウンターのシェアリング

エクササイズを介して、感じたことや気づいたことを、メンバーで振り返り共有することをシェアリングという。これにより、各個人の固有性を共有することにもなり、受容や共感的理解によって受容的態度を培うことができる。

なお、リーダーは上記のような介入をすることはあるものの、ファシリテート（進行）を行い、各個人の発言に対して、解釈、分析、批判はしないことに留意する。

その他のグループアプローチ

その他のグループアプローチには、レヴィンのTグループや、モレノのサイコドラマがある。

■Tグループ

Tグループは、Training Groupの略であり、参加者相互の自由なコミュニケーションにより、自己理解、他者理解、リーダーシップなどの人間関係に気づきを得て、人間的成長を得るための学習方法であり、ゲシュタルト心理学者

第3章 キャリアコンサルティングを行うために必要な技能

183

のレヴィンが提唱した。なお、Tグループはロジャーズのベーシック・エンカウンター・グループの開発に大きな影響を与えたとされている。

■サイコドラマ

サイコドラマは心理劇とも呼ばれ、クライエントが抱える問題を、演技を通じて理解を深めて解決を目指す集団心理療法であり、精神科医のモレノが提唱した。監督（治療者）、演者（治療の対象）、観客、舞台、助監督の5つの要素があり、助監督は補助自我とも呼ばれ、演者を代弁したり、支えたりする。

様々なワークショップの手法

参加者が自発的な作業や発言、交流によって、学びや問題解決、トレーニングができる場のことをワークショップという。ワークショップには様々な方法があるが、ここでは過去に出題されたものを主に紹介する。

▼ワークショップの種類

種類	内容
ディベート	討論を行うこと。あるテーマが与えられ、賛成（肯定）・反対（否定）の2組に分かれ、議論を戦わせるための主張、質問、反論を繰り返すこと
ブレイン・ライティング法	旧西ドイツで開発された思考法。6人ずつの参加者で、3つずつアイデアを各自が考え、5分以内で用紙に記入し隣に回す方法でアイデアを書き出していく方法
コンセンサスゲーム	重大な問題に直面した際に、チームメンバーとの合意形成（コンセンサスを取る）をしながら一つの結論を導くゲーム
ワールドカフェ	テーマについて小グループで自由に話し合い、一定時間後に一人を除いてグループを移動し、残った一人から説明を受けたのち再び対話を行い、これを繰り返す。あたかも参加者全員との話し合いをしたような効果がある

「グループアプローチ」はカウンセリングの手法であり、「ワークショップ」は企業の会議などでも用いられるものです。

一問一答でふりかえり

Q グループアプローチにおいては、自由なふれあいを尊重するため、グループメンバーに行動を規定する基準（norms）や役割（roles）を設定する必要はない。

A 適切ではない。グループアプローチの効果を上げるために、行動を規定する基準(norms)や役割（roles）を設けることがある。

Q ベーシック・エンカウンター・グループは、國分康孝によって開発された。

A 適切ではない。ベーシック・エンカウンター・グループはロジャーズが開発した。

Q 構成的グループ・エンカウンターは、國分康孝によって開発された。

A 適切である。構成的グループ・エンカウンターは、ベーシック・エンカウンター・グループを基礎として國分康孝によって開発された。

Q メンバー間の相互理解、相互作用を深めるためにフリートークを主体として行われるのが、構成的グループ・エンカウンターである。

A 適切ではない。フリートークを主体とするのは、ベーシック・エンカウンター・グループである。

Q 構成的グループ・エンカウンターは、エクササイズとシェアリングが行われるのが特徴的である。

A 適切である。エクササイズにより自己開示が促進され、シェアリングによって認知の拡大や修正が図られる。

☐ **Q** 構成的グループ・エンカウンターは、エクササイズやシェアリングは行うが、特にルールを設けないのが特徴である。

A 適切ではない。守秘義務が課される、批判的、評価的な発言をしない、発言の強要をしない、エクササイズを強要しないといったルールがある。

☐ **Q** 構成的グループ・エンカウンターにおけるリーダーは、メンバー個々の自己発見、自己理解の妨げにならないよう、どんな場合でも介入は行わない。

A 適切ではない。構成的グループ・エンカウンターでは、ルールが守られない場合などに、リーダーは必要に応じて介入をすることがある。

☐ **Q** Tグループは、参加者相互の自由なコミュニケーションにより、自己理解や他者理解を深め人間的成長を目指すグループアプローチであり、ロジャーズが開発した。

A 適切ではない。Tグループを開発したのは、レヴィンである。

☐ **Q** Tグループは精神疾患の治療を目的に行われる集団療法である。

A 適切ではない。Tグループは参加者との相互の自由な交流により、人間的成長を目的に行われる。

☐ **Q** サイコドラマはクライエントが抱える問題を、演技を通じて解決を図る集団心理療法である。

A 適切である。サイコドラマは、モレノが提唱した。

☐ **Q** ワークショップの種類について、3つずつアイデアを考え、5分以内に用紙に記入し隣に回してアイデアを書き出していく方法を、ワールドカフェという。

A 適切ではない。問題文はブレイン・ライティング法という思考法の説明であり、ワールドカフェは小グループでの自由な話し合いを、顔ぶれを変えながら繰り返すことである。

3-3 相談過程全体の進行の管理に関する技能

全体をつかもう　この出題範囲からの出題は多くはなく、必ずしも毎回出題があるわけではありませんが、実際のキャリアコンサルティングではとても重要です。なお、相談過程の進行の管理について、問題文では「マネジメント」と称されることもあります。なお、問題はキャリアコンサルタントとしての支援の基本姿勢に照らして正誤判断ができるものが多いです。

相談過程全体の進行の管理

　相談者の問題の把握を適切に行いつつ、相談過程のどの段階にいるのかを常に把握して、各段階に応じた支援方法を選択して、相談を適切に進行・管理（マネジメント）することが必要である。

■ 相談過程全体の進行の管理における注意点

相談過程全体の進行の管理における重要な用語を確認する。
相談過程の流れを次に例示する。

①カウンセリングの開始（ラポールやリレーションと呼ばれる信頼関係の構築）
②問題の把握（来談の目的と問題）
③目標の設定
④方策の実行（意思決定、学習、自己管理）
⑤結果の評価
⑥カウンセリングとケースの終了
▲相談過程の全体像（例：システマティック・アプローチの全体像）

▼相談過程全体の進行の管理に関する用語

用語	内容
インテーク面談	初回面談のことをいい、その主な目的は相談者との**ラポール**や**リレーション**という言葉で表現される信頼関係を構築することである
コラボレーション	複数の専門家が役割を分担し、協力して課題解決に取り組むことをいい、**協働**ともいう
リファー	自らの専門性と照らして、自分よりも相談に相応しい他の専門家を相談者に紹介することをいう
コンサルテーション	キャリアコンサルタントが他の専門家の助言を求めることをいい、**照会**ともいう
スーパービジョン	キャリアコンサルティングの実践についてキャリアコンサルタント自身が、相談記録などから、**第三者**の視点（指導者）から評価、教育を受けることをいう

得点アップ

他の専門家に紹介することをリファー、照会することをコンサルテーションという。

一問一答でふりかえり

☐ **Q** キャリアコンサルティングでは、相談者の現実の問題を扱い、実質的な指示や指導をして問題解決することが大切であり、相談者との間にラポールを形成しようとする努力は必要ない。

A 適切ではない。相談者とのラポールやリレーション（信頼関係）の形成がキャリアコンサルティングの第一歩である。

☐ **Q** 相談者の表情や声の質、話の内容が前回の相談時と異なると感じたときには、相談者にどのような変化が生じたのか、新たな問題を抱えているのかを把握する。

A 適切である。視線や表情、声といった非言語情報に加え、言語情報からクライエントの問題点をつかむ。

3-3
相談過程全体の進行の管理に関する技能

☐ **Q** 相談者の目標設定、方策の選択・実行の支援は行うものの、相談結果をキャリアコンサルタント自らが評価することは必要ではない。

A 適切ではない。相談結果を自ら評価することも必要である。

☐ **Q** 相談者に精神疾患が疑われる場合では、その確信が持てるまでは面談を続け、その疾患に適した医療機関へ紹介することが望ましい。

A 適切ではない。キャリアコンサルタントは精神疾患の診断をすることはできないため、精神疾患が疑われる場合には、面談を無理に続けず医療機関等にリファーすべきである。

☐ **Q** インテーク（受理）面談とは、相談者と最後に行う面談であり、面談の総括を行う。

A 適切ではない。インテーク（受理）面談とは初回に行う面接のことをいい、ラポール（リレーション）の構築が大きな目的である。

☐ **Q** コラボレーション（協働）とは、キャリアコンサルタント自身がある課題に対し、より専門性の高い専門家に相談することをいう。

A 適切ではない。コラボレーション（協働）とは、複数の専門家が役割を分担し、協力して課題解決に取り組むことをいう。問題文はコンサルテーション（照会）の内容である。

☐ **Q** リファーとは、特に精神科医に対して相談者を紹介することをいい、行政機関や社会保険労務士への紹介は含まれない。

A 適切ではない。リファーとは、他の専門家を相談者に紹介することをいい、精神科医に限られるものではない。

第3章 キャリアコンサルティングを行うために必要な技能

3-4 相談過程において必要な技能

全体をつかもう この範囲からの出題は、昨今は減少傾向ではあるものの、問40前後から7問〜10問程度と多く出題され、合格作戦上、失点できない出題範囲です。常識的にアプローチすることができる問題もありますが、特に出題の多い「自己理解の支援」では、アセスメントツールの種類や特徴に関する正しい知識が問われます。しっかりと対策をしておきましょう。

相談場面の設定

　クライエントとの相談に当たり、キャリアコンサルタントが留意すべき点として、物理的な環境と心理的な環境の整備がある。

■ 物理的環境を整えるために

　カウンセリングを成功に導くための条件の一つとして、メイヤーは物理的な環境を整えることを挙げている。
　相談場面における物理的環境は、次のような点に配慮する。

- キャリアコンサルタントが適切な服装を身につける
- キャリアコンサルタントとクライエントの間に物を置かないようにする
- 静かな場所でキャリアコンサルティングを行う
- 進行を遮る可能性のある電話等を切っておく、取り次がないようにする
- 開始や終了の時間を守る
- 必要な備品をそろえる（時計やティッシュ等）

▲相談場面における物理的環境

　着席の際には、一直線上に向かい合うよりも、90度から120度の**角度**をつけて座ることも望ましい。また、プライバシーの保護のため、**オープン**な場でのキャリアコンサルティングを極力避けることや、記録のための内容の**録音**等はクライエントの同意に基づいて行うことが大切である。

■ 心理的な環境を整えるために

　特に**インテーク**面談（初回面談、受理面談）においては、クライエントとキャリアコンサルタントとの間に**信頼**関係（ラポール、リレーション）を作ることが大切である。
　相談場面における心理的環境は、次のような点に配慮する。

- クライエントが話しやすい雰囲気を作るため、**キャリアコンサルタント**自身の話し方、表情、態度、姿勢等に注意する
- 支援の内容や保有資格、守秘義務等について、事前の説明、**インフォームド・コンセント**を行う

- 到達目標や相談の範囲等については、クライエントの同意を得ながら進行する
- クライエントが自己開示できるよう、キャリアコンサルタントは、受容的態度、共感的態度、自己一致（純粋性）を実践する
- クライエントの自己決定権を尊重する
- 専門領域と照らして、自らが対応することが不適切であると判断した場合には、他の専門家にリファー（紹介）する

なお、受容的態度とは、自他に対してあるがままの等身大で受け入れることであり、共感的態度は、ただクライエントを純粋に感じ、あたかもキャリアコンサルタントがクライエント自身であるかのように感じることである。そして自己一致（純粋性）は、キャリアコンサルタント自身があるがままの自分でいることである。

自己理解の支援

自己理解の支援については、その重要性、方法、アセスメント（検査）の種類、アセスメント（検査）実施の際の留意点についてよく出題される。

■ 自己理解の重要性

キャリアコンサルティングの第一歩は、クライエントの「自分自身」の理解、つまり自己理解である。自分をいくつかの視点から見つめ直し、自分の像を明らかにする。

自己理解の意義と特徴は、次に挙げるとおりである。

- 自分の像を明らかにし、自分の言葉で説明できるようになる
- 自分を描写する方法は、客観的であるべき
- 自己と環境との関係を知る
- 自己理解は包括的であり、継続的に行われる

■ 自己理解の方法

自己理解の方法には、観察法、検査法、面接法がある。

3-4
相談過程において必要な技能

　観察法はクライエントの表情、態度、行動等を観察し、**客観**的な記録分析を行う。検査法は、アセスメントツールなどを活用した**検査**を実施する。面接法はクライエントと直接面接することにより理解する。

▼自己理解の方法

方法	種類や特徴	
観察法	**自然**的観察法	あるがままを観察し記録
	用具的観察法	検査等を用いて観察し記録
	実験的観察法	場面や状況を設定して観察し記録
検査法	知能検査、適性検査、学力検査	
	性格検査、興味検査、進路適性検査	
	職業レディネス・テスト、キャリア・アンカー・テスト等	
面接法	面接により、クライエントを直接理解する	

■ アセスメント（検査）の種類

　検査に用いるアセスメントツールは、個人の特性を科学的・客観的に測定できるため、自己理解に役立つ。主なアセスメントツールの種類とその対象者、特徴について整理する。

▼検査の種類

種類	対象者	特徴
VPI職業興味検査	短大生、大学生以上	ホランド理論に基づくVPIの日本版。**6**つの興味領域（RIASEC）に対する興味の程度と**5**つの傾向尺度（自己統制、男性-女性傾向、地位志向、稀有反応、黙従反応）を表示する。**160**個の職業名に対する興味の有無を回答する
職業レディネス・テスト（VRT）	中学生・高校生（大学生も可）	ホランド理論に基づく**6**つの興味領域に対する興味の程度と自信度を表示する。**職業興味**を測定するA検査と**基礎的志向**性を測定するB検査、職務遂行の**自信度**を測定するC検査から成る

第**3**章 キャリアコンサルティングを行うために必要な技能

OHBYカード	児童・生徒 〜若者、中高年	職業カードソート技法を行うために開発されたカード式職業情報ツールであり、**48**枚のカードにまとめられている。自分の興味や関心とともに必要最小限の**職業**情報も得ることができる
厚生労働省編 一般職業適性検査 （GATB）	中学生 〜成人 （45歳程度）	**11**種の紙筆検査と**4**種の器具検査から成り、**9**つの適性能（知的能力、言語能力、数理能力、書記的知覚、空間判断力、形態知覚、運動共応、指先の器用さ、手腕の器用さ）を測定する
VRTカード	児童・生徒 〜成人	職業レディネス・テストの職業興味及び職業遂行の自信度の検査部分をカード化し、簡便に測定できるもので、**54**枚のカードに書かれている仕事内容への興味や、その仕事を行うことについての自信を判断していくことで、**興味**の方向や**自信**の程度が簡単にわかる
（内田）クレペリン検査	中学生〜成人	能力面の特徴（作業能率等）、性格・行動面の特徴（持ち味やクセ）の2つの側面がわかる
キャリア・インサイト（統合版）	若者〜中高年	職業選択のための適性評価、適性に合致した職業リスト参照、職業情報の**検索**、キャリアプランニング等を実施できる総合的なキャリアガイダンスシステムであり、18歳から34歳程度の若年者向け（EC：エントリーキャリア）と35歳から60歳代程度で職業経験のある方向け（MC：ミッドキャリア）がある
新版TEG3 東大式エゴグラム Ver.3	16歳以上	バーンによって提唱された、**交流分析**理論に基づき、誰もが持っている**5**つの自我状態のバランスから性格特徴を知り、自己理解を深める。オンライン版、検査用紙、マーク式用紙の3種類の実施方式がある
CADS&CADI （Ver2.2）	企業の従業員等	CADS（キャッズ）は**自己理解**を深めるためのワークシート、CADI（キャディ）は、変化に対応していく**キャリア**形成力と個人的傾向を把握するための心理学的検査である

Y-G性格検査	小学2年〜成人	行動特性、情緒の安定、人間関係に関する特性、仕事に取り組む姿勢、リーダー資質、集団や社会的な場面での適応性、知覚の特性といった性格の特性がわかる
キャリアシミュレーションプログラム（CSP）	大学生・若者	就業経験のない（あるいは浅い）大学生等や若年者向けに開発された、就職後の職業生活のイメージを伝えるためのグループワーク型授業用教材。主として大学2〜3年生を対象とした集団実施を想定している。シミュレーションとふりかえりの2部構成で構成される

■ アセスメント実施の際の留意点

アセスメントの実施に当たっては次の点に留意して行う。

・検査の限界を認識する
・目的に応じた、妥当性・信頼性の高い検査を選定する
・手引き等を遵守して実施する
・結果の解釈においては、拡大解釈をしない
・結果のフィードバックを行う
・今後のキャリアコンサルティングのために記録、保管を行う

なお、「妥当性と信頼性」の「妥当性」とは、検査の対象や目的に対して適切な検査であるかどうかをいい、「信頼性」とは検査結果の正確性を表す。

■ エンプロイアビリティとコンピテンシー

自己理解において、重視すべき自らの職業能力の視点として、自らが持つエンプロイアビリティとコンピテンシーを把握していることが重要である。

▼エンプロイアビリティとコンピテンシーの意味

用語	意味
エンプロイアビリティ	EmployとAbilityを合わせた語句。 「労働移動を可能にする能力」＋「当該企業の中で発揮され、継続的に雇用されることを可能にする能力」と日経連（現・日本経団連）が定義
コンピテンシー	高業績者の成果達成の行動特性

仕事の理解の支援

仕事理解とは、職業理解とも表現され、具体的には、職業、産業、事業所、雇用・経済・社会状況について理解することをいう。

■ 厚生労働省編職業分類

約17,000の職業を分類しており、その内容は、ハローワークインターネットサービスにおいて確認することができる。なお、公的な職業分類には、厚生労働省編職業分類の他に総務省が作成する日本標準職業分類があり、厚生労働省編職業分類は日本標準職業分類に準拠している。また、産業の分類としては、総務省が作成する日本標準産業分類がある。

▼厚生労働省編職業分類・日本標準職業分類・日本標準産業分類の違い

分類	内容
厚生労働省編職業分類	厚生労働省が職業安定法に基づいて作成しており、ハローワークの職業紹介等において使用される分類で、大分類（11）、中分類（73）、小分類（369）、細分類（892）の4階層に分類されている
日本標準職業分類	総務省が法令に基づく統計基準として作成しており、大分類（12）、中分類（74）、小分類（329）の3階層に分類されている。国際労働機関（ILO）の国際標準職業分類との整合性が考慮されている
日本標準産業分類	総務省が作成しており、産業を大分類（20）、中分類（99）、小分類（530）、細分類（1,460）に分類している。産業とは、財又はサービスの生産と供給において類似した経済活動を統合したものであり、実際上は同種の経済活動を営む事業所の総合体と定義される

3-4
相談過程において必要な技能

■ 職業情報の分析

職業情報のための分析手法には、職務分析、職務調査、職業調査がある。

▼職務分析・職務調査・職業調査の違い

手法	内容
職務**分析**	仕事の内容と責任（職務の作業内容）、要求される能力（職務遂行要件）を調査、分析して、それを一定の様式に記述する
職務**調査**	「期待される人間像」を把握することに重点を置いて職務を把握する
職業調査	仕事の内容だけではなく、入離職や労働条件等、広く職業全体を調査する。職業ハンドブック作成のために使用される職業調査が典型的な職業調査である

■ ハローワークインターネットサービス

2020年のサイトリニューアル以降、スマートフォンやタブレットにも対応し、求職者及び求人者マイページを開設することができる。求人情報検索のみならず、職業訓練（ハロートレーニング）の検索も可能である。

ハローワークインターネットサービスで得られる情報等については細かな内容が問われることがあるため、サイトの内容は一度、実際にアクセスし、よく見ておく必要がある。

自己啓発の支援

自己啓発の支援では、特に啓発的経験の重要性が問われる。啓発的経験の例をおさえておく。

■ 啓発的経験

啓発的経験とは、職業選択や意思決定の前に実際に体験してみることであり、インターンシップ、職場見学や職場体験、トライアル雇用等が例として挙げられる。啓発的体験は、その事前事後の指導の意義が大きいことに留意する。

第3章 キャリアコンサルティングを行うために必要な技能

197

▼インターンシップとトライアル雇用

種類	内容
インターンシップ	学生が企業等において、就業前に、実際に就業体験を行うことをいう。その期間は1日、2日程度のものから、数ヶ月に及ぶものまであり、無給の場合と有給の場合がある
トライアル雇用	特定の対象者（求職者）を、ハローワーク等の紹介により、短期間（3ヶ月以内）試行的に雇用し、企業と労働者の両者が合意すれば本採用される制度のことである。なお、平成31年度から、NEETやフリーター等で45歳未満の人が対象者に加わった

意思決定の支援

クライエントが、自己理解や仕事理解を深めた後には、クライエント自らが目標を設定し、その目標達成のための支援を行うこととなる。

■ 目標設定の意義

カウンセリングの初期の段階で、具体的な目標を、キャリアコンサルタントとクライエントの共同作業により設定することが大切である。目標設定には、次のような意義がある。

①目標はクライエントが行動することを援助するものであり、それは固定的なものではなく、変更可能なものである
②目標が宣言され、それが到達可能であることが最も人を動機づける
③目標により、キャリアコンサルティングの進展を客観的に測定し、評価することができる
④目標により、キャリアコンサルティングを合理的に進めることができる

■ 意思決定の意義

意思決定とは選択を決定することであり、その前提は次のとおりである。

①クライエントは受動的ではなく、積極的な役割を果たす
②一つを選択するということは、他を捨てることである

③意思決定には不確実性が伴うため、複数の可能性を見出す
④意思決定は内容もさることながら、タイミングも重要である

■ 学習方策の意義

学習とは知識を得ることだけではなく、クライエントが技能を身につけることや、習慣のパターンを変更し、動機づけをしながら、置かれた状況に適応することも含まれる。

▲学習方策のプロセス

方策の実行の支援

方策の実行の支援においては、キャリアコンサルタントは方策の実行のマネジメント、助言を行う。

■ 方策の実行のマネジメント

方策の実行は、一般的に次のステップにより実施される。キャリアコンサルタントは方策の進捗状況を把握し、現在の状況をクライエントに理解させ、今後の進め方や見直し等について、適切な助言を行う。

①複数の方策から、選択肢の**メリット・デメリット**を比較検討し、適切な方策をクライエントが一つ選ぶ

↓

②方策を実行するプロセスを、利点・損失を含め、クライエントに**説明**する

↓

③方策がクライエントのニーズに合わない場合には、方策を**変更**する

↓

④方策達成のためにクライエントと契約を結ぶ。ときには**契約書**を取り交わすこともある

↓

⑤クライエントが方策を自分の責任で**実行**する。キャリアコンサルタントも役割を実行する

↓

⑥実行について**確認**する。していない場合には実行するか、他の支援を行う

▲方策の実行のステップ

新たな仕事への適応の支援

　この出題範囲からの出題はあまり多くはないが、方策の実行の結果、就職の後も、支援の姿勢を持ってクライエントに接することが、新たな仕事への適応を図るためにも大切である。新たな仕事に就いた後の**フォローアップ**も相談者の成長を支援するために重要であり、適応のため、クライエントへの助言や指導等の支援を行う。

相談過程の総括

　相談過程の総括においては、キャリアコンサルティングの評価を、クライエントとキャリアコンサルタント両者で行い、クライエントに終了の同意を得た上でキャリアコンサルティングを終了する。

■ 成果の評価

　相談過程の総括においては、クライエントとキャリアコンサルタントが、目標に対してどこまで到達したかの**成果**を評価する。そして、クライエントの**同意**を得た上で、キャリアコンサルティングを終了する。その際、**ケース**記録は

3-4
相談過程において必要な技能

整理して保存する。終了後は必要に応じて**フォローアップ**を行う。

■ キャリアコンサルティングの評価

キャリアコンサルティングの終了後には、キャリアコンサルタント自身が、自分自身の成果に対して、できるだけ客観的な**評価**を行う。その評価の基準の源は3つあり、第一に**キャリアコンサルタント**自身の反省と学習、第二に**クライエント**自身の受け止め方、第三に**スーパーバイザー**等の第三者の評価がある。

第3章
キャリアコンサルティングを行うために必要な技能

一問一答でふりかえり

Q キャリアコンサルティングを行うに当たり、ざっくばらんな雰囲気で、クライエントに自由に発言してもらうため、大勢の人が集まる場所で面談を行った。

A 適切ではない。クライエントのプライバシーに配慮する必要があるため、大勢の人が集まる場所での面談は適切ではない。

Q 面接記録の保存のため、クライエントの同意を得ることなく録音機器を机の下に設置して、キャリアコンサルティングを行った。

A 適切ではない。面接記録の保存のため録音を行う場合には、クライエントの同意を得る必要がある。

Q 面談の初期でラポールを形成するため、相談者がありのままの自己を開示できるよう、キャリアコンサルタントは受容的態度、共感的理解、自己一致を実行することが有効である。

A 適切である。これらは、キャリアコンサルティングに当たって必要な基本的な態度である。

Q 自己理解の方法の一つに観察法があり、観察法は自然的観察法、用具的観察法、実験的観察法がある。

A 適切である。観察法の他には、検査法と面接法がある。

201

Q 自己理解の支援に用いることができるアセスメントツールについて、中学生・高校生の職業興味を測定するツールとして適したものに、ホランドの理論に基づいた、VPI職業興味検査がある。

A 適切ではない。VPI職業興味検査は、就職を控えた短大生・大学生以上等に利用されることが多く、中学生、高校生に向いているのは、ホランド理論に基づいたものでは、職業レディネス・テストがある。

Q OHBYカードは、職業カードソート技法を行うために開発されたカード式職業情報ツールであり、430職種の職業情報を、写真・イラスト・チャート・動画等で紹介する「職業ハンドブックOHBY」の内容を48枚の必要最小限のカードにまとめたものである。

A 適切である。興味の方向や自身の程度がわかるカードである。

Q 厚生労働省編一般職業適性検査（GATB）は9種類の器具検査で構成されており、仕事をする上で必要とされる代表的な9種の能力（適性能）を測定するものである。

A 適切ではない。厚生労働省編一般職業適性検査（GATB）は、11種の紙筆検査と4種の器具検査から成り、9種の適性能を測定する。

Q VRTカードは、心理検査「VPI職業興味検査」の職業興味と職務遂行の自信度に関する項目を1枚ずつのカードに印刷した、親しみやすく、扱いやすいキャリアガイダンスツールである。

A 適切ではない。VRTカードは、職業レディネス・テストの職業興味及び職務遂行の自信度の検査部分をカード化したものである。

Q 職業興味を測定するツールの一つに、クレペリン検査がある。

A 適切ではない。クレペリン検査は、1桁数字の加算作業を行う作業検査であり、作業の処理能力や仕事ぶりや、クセ等がわかる。職業興味を測定するものではない。

Q 新版 TEG3 東大式エゴグラム Ver.3は、心理テストにトライすることで、「職業」や「働くこと」について考え、職業への興味領域を診断するのに向いている。

A 適切ではない。エゴグラムは、バーンの交流分析における自我状態をもとに、人の心を5つに分類し「人の性格」を診断するものであり、「職業の興味領域を診断」することを目的とするものではない。

Q キャリア・インサイトは、職業選択に役立つ適性評価、適性に合致した職業リストの参照、職業情報の検索、キャリアプランニング等を実施できる総合的なキャリアガイダンスシステムである。

A 適切である。なお、18歳から34歳程度の職業経験の少ない若年者を対象としたものと、35歳以上で職業経験のある求職者の方を対象としたものの両方が一つのシステムで利用できる統合版に改訂されている。

Q キャリアシミュレーションプログラム（CSP）は、就業経験のない大学生や、就業経験の浅い若年者向けに開発された、就職後の職業生活を仮想体験するグループワーク型教材である。

A 適切である。なお、キャリアシミュレーションプログラム（CSP）は、独立行政法人労働政策研究・研修機構のホームページより、ダウンロードすることができる。

Q 自己理解に用いる心理検査について、標準化された心理検査は対象とする年齢等が検査ごとに異なることがあるため、対象者によって適切な検査を選択しなくてはならない。

A 適切である。目的に応じて、妥当性・信頼性の高い検査を選択する。

Q 自己理解に用いる心理検査について、標準化された心理検査から得られる客観的なデータは信頼性が高いものであるため、それを最重視して、キャリアコンサルティングに活用する。

A 適切ではない。検査の限界を認識し、結果の解釈については拡大解釈をしない。

Q 日本経営者団体連盟（日経連）は、「労働移動を可能にする能力」と「当該企業の中で発揮され、継続的に雇用されることを可能にする能力」を組み合わせ、コンピテンシーという能力概念を提唱した。

A 適切ではない。文章はエンプロイアビリティの説明であり、コンピテンシーとは、「高業績者の行動特性」を意味している。

Q 厚生労働省編職業分類では、大分類、中分類、小分類、細分類に分類されており、約12,000の職業を分類している。

A 適切ではない。大分類、中分類、小分類、細分類に分類されており、約17,000の職業を分類している。

Q 厚生労働省編職業分類は、日本標準職業分類とは別に独立した体系で分類されており、主に法令に基づく統計基準として作成されている。

A 適切ではない。厚生労働省編職業分類は、日本標準職業分類に準拠して分類されており、主に職業紹介事業等に使用されている。

Q 日本標準産業分類では、大分類（サービスの職業）、中分類（接客・給仕の職業）、小分類（飲食店主・店長）、細分類（レストラン店長）に分類されている。

A 適切ではない。日本標準産業分類ではなく、厚生労働省編職業分類での分類である。

Q 職務分析とは、職務の作業内容と職務遂行要件を調査、分析し、それを一定の様式に記述することである。

A 適切である。職務の作業内容は、仕事の内容と責任を意味し、職務遂行要件は要求される能力を意味している。

Q 職務調査は、仕事の内容だけではなく、労働条件、入職率、状況、求人・求職情報等の職業全体を調べる調査である。

A 適切ではない。文章の内容は、職業調査を意味している。なお、職務調査とは、「期待される人間像」を把握することに重点を置いて職務を把握することである。

Q ハローワークインターネットサービスでは、ハロートレーニング（職業訓練）の検索をすることはできない。

A 適切ではない。ハロートレーニング（職業訓練）の検索をすることができる。

Q 啓発的経験とは、ある職業について実際にその職務を体験することであり、働く人の様子を観察する職場見学は啓発的経験に含まれない。

A 適切ではない。職場見学は啓発的経験に含まれる。その他にインターンシップやトライアル雇用がある。

Q クライエントの目標設定においては、一般的に到達可能な目標ではなく、達成困難と思われる高い目標を設定することが、最もクライエントを動機づける。

A 適切ではない。目標が到達可能であることが最も人を動機づける。

3-4
相談過程において必要な技能

Q 目標設定は、キャリアコンサルティングの進捗状況を客観的に測定、評価するのに役立つ。

A 適切である。キャリアコンサルティングの進展を客観的に測定、評価でき、キャリアコンサルティングをより合理的に進めることができる。

Q 方策の選択肢の利点や欠点を検討して意思決定する際には、クライエント自身で決定できないことが多いため、キャリアコンサルタントが良いと考える方策を薦めるのが原則である。

A 適切ではない。キャリアコンサルティングにおいては、クライエントには受動的ではなく、主体的で積極的な役割を果たすことが前提である。また、クライエントの自己決定権を尊重しなければならない。

Q システマティック・アプローチにおける意思決定は、意思決定の内容よりも、そのタイミングが重要である。

A 適切ではない。内容と同じく、タイミングも重要である。

Q システマティック・アプローチにおける学習方策では、キャリアコンサルタントは、クライエントの不適切な習癖を発見し、矯正するための方策を見出した上で、クライエントに実践させる。

A 適切ではない。クライエント自身が不適切な習慣を矯正するための方策を発見して、それを自ら実践するように援助することが、キャリアコンサルタントの役割である。

Q システマティック・アプローチにおける方策の実行について、方策がクライエントのニーズに合わないときも、方策を変更する必要はない。

A 適切ではない。ニーズに合わないときは方策を変更する。

Q システマティック・アプローチにおける方策の実行について、方策の実行のプロセスは、行動の主体であるクライエントの責任で実行することを基本とする。

A 適切である。行動の主体はクライエントである。

第3章 キャリアコンサルティングを行うために必要な技能

Q システマティック・アプローチにおける方策の実行について、実行を促進するため、ときには実行を約束する「契約書」を取り交わすことも有効である。

A 適切である。キャリアコンサルタントの役割をそれに加えることもある。

Q キャリアコンサルティングを経て就職が決まった後に相談を受けた場合には、適切なアドバイス等のフォローアップをすることが望ましい。

A 適切である。必要に応じてフォローアップを行い、新たな仕事への適応の支援を行う。

Q キャリアコンサルティングの終了は、キャリアコンサルタントの判断によって行う。

A 適切ではない。クライエントとキャリアコンサルタント両者での評価の後、クライエントの同意を得て終了する。

Q キャリアコンサルティングの終了後には、面談記録はプライバシー保護のために廃棄する。

A 適切ではない。プライバシー保護や守秘義務の遵守に留意することはもちろんのことだが、後日の追指導、フォローアップ等に備えて整理して保管する。

Q キャリアコンサルティングの評価は、キャリアコンサルタント自らでは行うことはできない。

A 適切ではない。評価は、キャリアコンサルタント本人による反省と学習、クライエント自身の受け止め方、スーパーバイザー等の第三者の評価により行う。

4章

キャリアコンサルタントの倫理と行動

この章では、主にキャリアコンサルタントの姿勢や、日頃から心がけておくべきことを学びます。具体的には、相談者（クライエント）への直接の支援に限らず、環境への働きかけやネットワークの構築、自己研鑽、普及活動などの重要性や職務上の倫理などです。支援の基本姿勢を身につけるための章といえますが、それらは最終的には相談者（クライエント）の利益につながるものです。信頼されるキャリアコンサルタントになるため、正しい理解を心がけましょう。

- 4-1 キャリア形成及びキャリアコンサルティングに関する教育並びに普及活動
- 4-2 環境への働きかけの認識及び実践
- 4-3 ネットワークの認識及び実践
- 4-4 自己研鑽及びキャリアコンサルティングに関する指導を受ける必要性の認識
- 4-5 キャリアコンサルタントとしての倫理と姿勢

4-1 キャリア形成及びキャリアコンサルティングに関する教育並びに普及活動

全体をつかもう この出題範囲からは数回に1問程度の出題頻度ですが、個人や組織はもちろんのこと、社会一般に対してもキャリアコンサルティングの重要性等について普及啓蒙していくことがキャリアコンサルタントの役割でもあります。その際に軸となるキーワードは、キャリア自律です。

キャリア自律

　激変する環境の中で、個人の視点から自らのキャリア構築や継続的な学習に取り組むことを、キャリア自律という。企業におけるキャリア形成においては、自己のニーズと組織のニーズを上手に統合させたキャリア目標を設定することがキャリア自律のために重要である。

■ 企業内でできる取組み

　個人のキャリア自律を促すために、企業内で次のような取組みを行うことができる。

▼企業内でキャリア自律を促すための主な方策

取組み	内容
キャリア・デザイン研修	自らの職業人生設計を自ら**主体**的に構想・設計し、組織のニーズや個人のニーズの一方だけではなく、それらを融合させながら、人生上の目的を果たせることが目的の研修。**キャリアコンサルティング**と並行して実施するのが効果的である
セルフ・キャリアドック	企業がその人材育成ビジョン・方針に基づき、面談と多様なキャリア研修などを組み合わせ、**体系**的・**定期**的に従業員の支援を実施することを通じて、従業員の主体的な**キャリア**形成を促進・支援する総合的な取組み

　従業員の活力を引き出しながらも、同時に企業の成長へとつなげるため、セルフ・キャリアドックの実践と、キャリアコンサルタントが果たす支援の役割を理解する。

「セルフ・キャリアドック」導入の方針と展開（厚生労働省：PDF）

　本資料は、次の内容で構成され、セルフ・キャリアドックの実践やキャリアコンサルタントの役割が記されている。

- セルフ・キャリアドックとは
- **人材育成**ビジョン・方針の明確化
- セルフ・キャリアドックの**実践**計画の策定
- 企業内**インフラ**の整備
- セルフ・キャリアドックの実施
- **フォローアップ**
- セリフ・キャリアドック導入支援事業モデル企業における**具体的事例**

一問一答でふりかえり

☐ **Q** キャリア自律の実現のためには、個々人の当事者意識と責任を持つことが大切であり、組織や事業主が支援すべきではない。

A 適切ではない。キャリア自律は組織においても推進すべきものであり、事業主はそのための支援を行う。

☐ **Q** キャリア・デザイン研修は定年を目前にした50代後半に行うのが効果的である。

A 適切ではない。キャリア形成は生涯を通じたものであり、早い段階から意識すべきである。

☐ **Q** キャリア・デザイン研修は、キャリアコンサルティングを並行して行うことで効果が高まるとされている。

A 適切である。キャリア・デザイン研修で一般的で汎用的な内容を、座学やワークショップ形式で学び、キャリアコンサルティングで個別の課題等を明らかにして解決を図ることは効果的である。

☐ **Q** セルフ・キャリアドックは、企業が人材育成ビジョンや方針に基づき、面談や研修を通じて、従業員の主体的なキャリア形成を支援する取組みである。

A 適切である。体系的、定期的に従業員を支援する。

☐ **Q** セルフ・キャリアドックの面談後に、キャリアコンサルタントが作成する、個人の状況等をまとめた報告書は企業の人事部から開示の請求があれば、相談者の同意を得ていなくても開示しなければならない。

A 適切ではない。面談の内容等については守秘義務が発生し、面談後の具体的な報告内容に関しては同意を得ることが必要不可欠である。

☐ **Q** キャリアコンサルティングの普及のため、業績評価のための目標管理制度における面談は、管理監督者である上司よりも、専門のキャリアコンサルタントが行う方がよい。

A 適切ではない。業績評価のための面談とキャリア発達のための面談は目的が異なり、面談者の役割も異なる。

4-2 環境への働きかけの認識及び実践

全体をつかもう この出題範囲からは、概ね、2回に1問程度の頻度で出題されます。環境への働きかけの重要性もさることながら、昨今は社会的弱者の代弁や、社会問題化している雇用問題に対する、社会正義（権利の擁護や政策提言）の担い手としての、キャリアコンサルタントの役割にも注目が集まっています。

環境への働きかけ

　個人の主体的なキャリア形成は、個人と環境（地域、学校、職場、家族等）との相互作用によって培われるため、個人に対する支援だけでは解決できない環境の問題点の発見や指摘、改善提案といった環境への働きかけを行うことも必要である。

■ 働きかけの具体例

　働く人を取り巻く環境への働きかけの具体例としては以下のようなものがある。

- 労働環境の悪化により疲弊している従業員の支援を行うため、経営者や管理職に対して、労働環境の改善の提案を行う
- 経営者に対して、ワーク・ライフ・バランスに配慮した勤務体制づくりに対する助言を行う
- 企業等の従業員を公正に評価する人事考課システムを構築するための助言を行う

■ 社会正義の視点

社会正義の視点から、社会的な問題を抱えているクライエントの人権を尊重した上で、クライエントを代弁して、権利を擁護したり、組織や社会へ向けて政策を提言したりする活動も必要である。こうした活動を**アドボカシー**という。

▲個人を取り巻く環境とキャリアコンサルタントの役割

一問一答でふりかえり

Q キャリアコンサルタントの環境への働きかけについて、環境とは企業、学校などの組織体のことをいい、家庭や地域社会などに働きかけることは役割ではない。

A 適切ではない。家庭（家族）、地域社会なども個人を取り巻く環境であり、働きかけを行うこともありうる。

Q 企業等の従業員を公正に評価する人事考課システムを構築するための助言は社会保険労務士の範疇であり、キャリアコンサルタントが行うべきではない。

A 適切ではない。人事考課システムに対する助言もありうる。社会保険労務士に限られるものではない。

Q 相談者の抱える問題に関して、所属する部署や経営者との面談が必要な場合には、緊急時を除いて、相談者の了承を得るべきである。

A 適切である。相談者との面談内容には守秘義務があり、それを開示する可能性がある場合には、相談者の了承を得る必要がある。

4-2 環境への働きかけの認識及び実践

- **Q** メンタルヘルスの不調を訴える従業員の相談を受けた際は、企業内で対応が難しい場合には、キャリアコンサルタントが治療的なカウンセリングを実施する。

  A 適切ではない。メンタルヘルス不調の場合には、適切な機関、医師等にリファー（紹介）すべきである。キャリアコンサルタントは治療を行うことはできない。

- **Q** 社会正義の視点から、キャリアコンサルタントはクライエントを代弁し、組織や社会に向けての提言を行うこともある。

  A 適切である。社会正義の視点からのキャリアコンサルタントの役割であり、権利の擁護や政策の提言を行う。なお、擁護や代弁することを、「アドボカシー」という。

- **Q** キャリアは、個人と個人を取り巻く環境との相互作用によって作られるため、クライエントに対する支援だけでは解決できない個人を取り巻く環境の問題の指摘や改善提案も行うべきである。

  A 適切である。関係者と協力して、環境への働きかけを行う。

4-3 ネットワークの認識及び実践

全体をつかもう この出題範囲は、毎回ではないものの、第4科目の中ではよく出題される部分です。前節の「環境への働きかけの認識及び実践」は、本節と表裏一体の関係にもあり、毎回どちらか、もしくは両方が出題されているともいえます。一言でいうと、ネットワークは人的にも組織的にも必要です。

ネットワーク

キャリアコンサルタントの仕事を進める上で、キャリアコンサルタント同士や、他の業界とのつながりは多くの場面で役立つ。このようなネットワークが、なぜ必要なのか、どのような種類のつながりが必要となるのか確認する。

■ ネットワークの必要性

キャリアコンサルタントのネットワークは、個人を支援するために必要な環境への**働きかけ**の他、自らの専門性を超えたときの紹介（**リファー**）や照会（**コンサルテーション**）のために必要である。

『キャリアコンサルタント倫理綱領』（特定非営利活動法人キャリアコンサルティング協議会）においても、次のように明記されている。

> 第4条3　キャリアコンサルタントは、より質の高いキャリアコンサルティングの実現に向け、他の**専門家**とのネットワークの構築に努めなければならない。

4-3
ネットワークの認識及び実践

■ ネットワークの種類

企業内のキャリアコンサルタントの場合には、社内の人事部門や産業保健スタッフ、法務部門、労働組合、管理監督者等とのつながりが個人への支援の実施に当たって必要となる。また、医療機関（医師）、教育訓練機関、行政機関、弁護士や社会保険労務士などの**外部**の専門家とのネットワークも必要である。その他、ネットワーク先や活用例は様々である。

▼ネットワークの活用例

ケース	ネットワークの活用例
メンタルヘルスへの対応	医療機関の他、全国47都道府県の**産業保健総合支援センター**や、地域産業保健センターの活用
障害者の就業支援	地域障害者職業センターに配置された**職場適応援助者（ジョブコーチ）**や、**障害者トライアル**雇用事業の活用
若者やNEETの就業支援	職業訓練を行う**教育**機関や**トライアル**雇用事業、地域若者サポートステーション（**サポステ**）の活用
労働災害や職場復帰支援	厚生労働省所管の**中央労働災害防止協会**の活用

第4章 キャリアコンサルタントの倫理と行動

一問一答でふりかえり

☐ **Q** キャリアコンサルタントは、他の専門家から情報を得るなどの接触は守秘義務に抵触するため、行うべきではない。

A 適切ではない。自らの専門性を超えたときにはリファー（紹介）やコンサルテーション（照会）や協働することも、個人のキャリア形成支援のために必要である。

☐ **Q** 企業内のキャリアコンサルタントは企業で働く人のキャリア形成支援が専門であるため、学校や地域社会、医療機関など企業以外のネットワークは不要である。

A 適切ではない。個人を取り巻く環境への働きかけを行うために、企業以外のネットワークの構築も必要である。

215

Q キャリア教育の推進に当たり、学校等の教育機関、産業界、NPO等の地域全体が連携・協働できるよう、キャリアコンサルタントが全体をコーディネートしている例もある。

A 適切である。そうした試みは存在し、キャリア教育のコーディネートを行う民間資格（キャリア教育コーディネーター）などもある。

Q 自身の所属している組織が障害者雇用の経験に乏しい場合、トライアル雇用事業やジョブコーチ支援事業などの施策活用を組織に働きかけることもありうる。

A 適切である。ジョブコーチは職場適応援助者ともいわれる。

Q 企業内で活動するキャリアコンサルタントは、働く個人の面談内容に守秘義務が生じるため、経営者層や人事部門などとのネットワークを持つことは控えるべきである。

A 適切ではない。守秘義務は当然にあるが、経営者層や人事部門とのネットワークは必要である。

Q 精神医学や臨床心理学の専門家とのネットワークから専門知識が得られるのであれば、精神疾患が疑われる相談者の状況を自身で診断して相談者に助言することができる。

A 適切ではない。キャリアコンサルタントは診断をすることはできない。

Q キャリアコンサルタントは、自分の専門分野のみならず自分の専門分野以外でも人的なネットワークを構築しておくことが望ましい。

A 適切である。相談者の利益のため、専門分野以外の知識を習得したり、ネットワークを構築したりすることは必要である。

Q 若年者への就労支援においては、すべての都道府県に設置されている、地域若者サポートステーションとの連携も有効である。

A 適切である。地域若者サポートステーションはすべての都道府県に設置されており、働くことに悩みを抱えている15歳〜49歳までの人に対し、キャリアコンサルタントなどによる相談や、就労に向けた支援を行っている。

4-4 自己研鑽及びキャリアコンサルティングに関する指導を受ける必要性の認識

全体をつかもう これまではそれほど多くの出題はありませんでしたが、「キャリアコンサルタントの能力要件見直し」でも検討されていることから、自己研鑽の重要性や、スーパービジョンの必要性などに関する出題が増える可能性があります。

自己研鑽

資格取得後も、キャリアコンサルティングに必要な知識の維持やスキルの**向上**を図ることが重要である。「キャリアコンサルタント倫理綱領」（特定非営利活動法人キャリアコンサルティング協議会）にも次のように記されている。

> 第4条2 キャリアコンサルタントは、組織を取り巻く社会、経済、環境の動向や、教育、生活の場にも常に関心をはらい、専門家としての専門性の**維持向上**に努めなければならない。

スーパービジョン

指導を受ける者（**スーパーバイジー**）が、自らのクライエントへの支援内容等について、指導者（**スーパーバイザー**）から教育を受ける過程のことを**スーパービジョン**という。第三者の視点から、誤った支援方法を指摘されたり、さらなる支援のための気づきを得たりする、成長のための機会である。スーパービジョンは**継続**的に行われることが望ましく、指導者であっても、それを受け

ることが必要である。

『キャリアコンサルタント倫理綱領』（特定非営利活動法人キャリアコンサルティング協議会）においても、次のように記されている。

第4条 キャリアコンサルタントは、キャリアコンサルティングに関する知識・技能を深める、上位者からの指導を受けるなど、常に資質向上に向けて絶えざる自己研鑽に努めなければならない。

一問一答でふりかえり

☐ **Q** 自己研鑽とは、キャリアコンサルタントの資格を取得するまでに必要な知識やスキルを学習し習得することに限定される。

A 適切ではない。資格取得までの知識やスキルに限定されるものではない。常に資質向上に向けて絶えざる自己研鑽に努める。

☐ **Q** キャリアコンサルタントが持つ知識や知性・感性は時代とそぐわなくなる危険性があることを謙虚に理解する必要がある。

A 適切である。キャリアコンサルティングに必要な知識やスキルの向上を不断に図る必要がある。

☐ **Q** スーパービジョンにおける、スーパーバイザーはスーパービジョンを受けるものをいい、スーパーバイジーはスーパービジョンを行う（指導する）立場のことをいう。

A 適切ではない。逆であり、スーパーバイザーはスーパービジョンを行う（指導する）立場であり、スーパーバイジーはスーパービジョンを受ける立場である。

☐ **Q** スーパーバイジーはスーパーバイザーを選んだ後は、スーパーバイザーを変更することはできない。

A 適切ではない。スーパーバイザーの変更やセカンドオピニオンを得るために複数のスーパーバイザーにスーパービジョンを依頼することもありうる。

4-4
自己研鑽及びキャリアコンサルティングに関する指導を受ける必要性の認識

Q スーパービジョンは、キャリアコンサルタント登録制度の資格更新の要件として必須とされている。

A 適切ではない。スーパービジョンは資格更新の要件とはされていない。

Q スーパービジョンは、スーパーバイジー自身のスキル向上のみを目的に行うものである。

A 適切ではない。スーパービジョンはスーパーバイザー（スーパービジョンを行う人）のスキル向上にも役立つ。また、それによりスーパーバイジー、スーパーバイザーの専門家としての知識、スキル向上に役立ち、ひいては相談者の利益につながる。

Q スーパービジョンは、キャリアコンサルタント自身のスキル向上のみを目的としている。

A 適切ではない。 スーパービジョンはスーパーバイザーのスキル向上にも役立つし、スキル向上のみではなく、クライエントを含め、人間理解の重要性を認識することにもつながる。

第4章

キャリアコンサルタントの倫理と行動

4-5 キャリアコンサルタントとしての倫理と姿勢

全体をつかもう 出題の可能性に関わらず、対人援助職としてのキャリアコンサルタントのあるべき姿勢は、しっかりと肝に銘じておかないといけません。キャリアコンサルタント倫理綱領の内容を一つずつ確認しましょう。

キャリアコンサルタント倫理綱領

『キャリアコンサルタント倫理綱領』(特定非営利活動法人キャリアコンサルティング協議会)は、第1章にキャリアコンサルタントが自らを律する「基本的姿勢・態度」、第2章に相談者等との関係で遵守すべき「職務遂行上の行動規範」を示している。

■第1章　基本的姿勢・態度

第1章では、基本的理念、品位の保持、信頼の保持・醸成、自己研鑽、守秘義務、誇示、誹謗・中傷の禁止がうたわれている。

キャリアコンサルタント倫理綱領
(特定非営利活動法人キャリアコンサルティング協議会 倫理綱領委員会)

必ず読む

(基本的理念)

第1条 キャリアコンサルタントは、キャリアコンサルティングを行うにあたり、人間尊重を基本理念とし、個の尊厳を侵してはならない。

　2　キャリアコンサルタントは、キャリアコンサルティングが、相談者

の生涯にわたる充実したキャリア形成に影響を与えることを自覚して誠実に職務を遂行しなければならない。

人間尊重を基本理念として、誠実に職務を遂行する。また、キャリアコンサルタントは、自分自身のキャリア形成についても真剣に取り組む必要がある。

（品位の保持）
第2条 キャリアコンサルタントは、キャリアコンサルタントとしての品位と誇りを保持し、法律や公序良俗に反する行為をしてはならない。

キャリアコンサルタントは、職業能力開発促進法により定められた国家資格であることを肝に銘じなければならない。

（信頼の保持・醸成）
第3条 キャリアコンサルタントは、常に公正な態度をもって職務を行い、専門家としての信頼を保持しなければならない。
　2　キャリアコンサルタントは、相談者を国籍・性別・年齢・宗教・信条・心身の障害・社会的身分等により差別してはならない。
　3　キャリアコンサルタントは、相談者の利益をあくまでも第一義とし、研究目的や興味を優先してキャリアコンサルティングを行ってはならない。

公正であり、相談者を差別してはならず、相談者の利益が第一義である。

（自己研鑽）
第4条 キャリアコンサルタントは、キャリアコンサルティングに関する知識・技能を深める、上位者からの指導を受けるなど、常に資質向上に向けて絶えざる自己研鑽に努めなければならない。
　2　キャリアコンサルタントは、組織を取り巻く社会、経済、環境の動向や、教育、生活の場にも常に関心をはらい、専門家としての専門性の維持向上に努めなければならない。

> 3 キャリアコンサルタントは、より質の高いキャリアコンサルティングの実現に向け、他の専門家との**ネットワーク**の構築に努めなければならない。

自己の能力を大きく超える業務の依頼に対しては、他の分野・領域の専門家の協力を求め、相談者の利益のために、最大の努力をしなければならない。

（守秘義務）

第5条 キャリアコンサルタントは、キャリアコンサルティングを通じて、職務上知り得た事実、資料、情報について**守秘義務**を負う。但し、身体・生命の**危険**が察知される場合、又は**法律**に定めのある場合等は、この限りではない。

2 キャリアコンサルタントは、キャリアコンサルティングの事例や研究の公表に際して、**プライバシー**保護に最大限留意し、相談者や関係者が特定されるなどの不利益が生じることがないように適切な措置をとらなければならない。

守秘義務には**例外**（生命の危機や法律の規定）がある。また、相談者のプライバシーの保護を前提にしながら、上位者による客観的な指導（スーパービジョン）を受けることも大切である。なお、キャリアコンサルタントの職務を通じて知り得た情報については、キャリアコンサルタントでなくなった後も**守秘**義務を負う。

（誇示、誹謗・中傷の禁止）

第6条 キャリアコンサルタントは、自己の身分や業績を**過大**に誇示したり、他のキャリアコンサルタントまたは関係する個人・団体を**誹謗・中傷**してはならない。

自己の専門領域の研鑽を深めて、他のキャリアコンサルタントとの差別化を図ることは重要であるが、自己の身分や業績を過大に誇示したり、他の個人や団体を誹謗・中傷するようなことはあってはならない。

4-5
キャリアコンサルタントとしての倫理と姿勢

■ 第2章　職務遂行上の行動規範

第2章では、説明責任、任務の範囲、相談者の自己決定権の尊重、組織との関係がうたわれている。任務の範囲や組織との関係はよく出題されている。

（説明責任）

第7条 キャリアコンサルタントは、キャリアコンサルティングを実施するにあたり、相談者に対してキャリアコンサルティングの目的、範囲、守秘義務、その他必要な事項について十分な説明を行い、相談者の理解を得た上で職務を遂行しなければならない。

行おうとしているキャリアコンサルティングについて事前に説明することは、クライエントとの信頼関係（ラポール、リレーション）構築のための必須条件である。

（任務の範囲）

第8条 キャリアコンサルタントは、キャリアコンサルティングを行うにあたり、自己の専門性の範囲を自覚し、専門性の範囲を超える業務の依頼を引き受けてはならない。

2 キャリアコンサルタントは、明らかに自己の能力を超える業務の依頼を引き受けてはならない。

3 キャリアコンサルタントは、必要に応じて他の分野・領域の専門家の協力を求めるなど、相談者の利益のために、最大の努力をしなければならない。

リファー（紹介）やコンサルテーション（照会）を活用し、クライエントの利益の最大化を図る必要がある。

（相談者の自己決定権の尊重）

第9条 キャリアコンサルタントは、キャリアコンサルティングを実施するにあたり、相談者の自己決定権を尊重しなければならない。

第4章 キャリアコンサルタントの倫理と行動

223

キャリアコンサルティングではクライエントに対して助言や指導はするが、相談者の自己決定権を尊重し、キャリアコンサルタントが決定してはならない。

（相談者との関係）

第10条　キャリアコンサルタントは、相談者との間に様々なハラスメントが起こらないように配慮しなければならない。また、キャリアコンサルタントは相談者との間において想定される問題や危険性について十分配慮してキャリアコンサルティングを行わなければならない。

2　キャリアコンサルタントは、キャリアコンサルティングを行うにあたり、相談者との多重関係を避けるよう努めなければならない。

例えば、キャリアコンサルタントとクライエントの関係が上下関係のようになると、多重関係（「キャリアコンサルタントとクライエント」以外の人間関係が生じること）が起こりがちである。そうならないよう留意する必要がある。

（組織との関係）

第11条　組織との契約関係にあるキャリアコンサルタントは、キャリアコンサルティングを行うにあたり、相談者に対する支援だけでは解決できない環境の問題や、相談者の利益を損なう問題等を発見した場合には、相談者の了解を得て、組織への問題の報告・指摘・改善提案等の環境への働きかけに努めなければならない。

2　キャリアコンサルタントは、キャリアコンサルティングの契約関係にある組織等と相談者との間に利益が相反するおそれがある場合には、事実関係を明らかにした上で、相談者の了解のもとに職務の遂行に努めなければならない。

（出典：「キャリアコンサルタント倫理綱領」特定非営利活動法人キャリアコンサルティング協議会 倫理綱領委員会）

組織からの依頼の場合には、組織と相談者との間に利益相反が生じるおそれがあるため、特に留意しないとならない点である。

4-5
キャリアコンサルタントとしての倫理と姿勢

一問一答でふりかえり

Q キャリアコンサルタントは、労働者の職業の選択、職業生活設計又は職業能力の開発及び向上に関する相談に応じることが職務であり、助言及び指導は行わない。

A 適切ではない。キャリアコンサルタント倫理綱領の前文の規定である。助言及び指導を行う。これは職業能力開発促進法の第二条5にも規定されている。

Q キャリアコンサルタントは、いかなる場合も、専門家として自己の経験や自説を中心に、相談者の支援をすることが大切である。

A 適切ではない。相談者の利益を第一義とすべきであり、自己の経験や自説を中心に支援するべきではない。

Q キャリアコンサルタントは、クライエントのキャリアの問題をすべて解決しなければならない。

A 適切ではない。自己の専門性を超える部分は、他の専門家へのリファー（紹介）やコンサルテーション（照会）をして、クライエントへの支援を行う。

Q キャリアコンサルタントは、組織の利益をあくまでも第一義とし、研究目的や興味を優先してキャリアコンサルティングを行ってはならない。

A 適切ではない。第3条3の規定である。組織の利益ではなく、相談者の利益をあくまでも第一義とする。

Q キャリアコンサルタントは、キャリアコンサルティングに関する知識・技能を深めるとともに、上位者からの指導を受けるなど、絶えざる自己研鑽に努めなければならない。

A 適切である。第4条の規定である。上位者からの指導は、スーパービジョン等を意味する。

Q キャリアコンサルタントは、キャリアコンサルティングを通じて、職務上知り得た事実などについて、どんな場合であっても守秘義務を負う。

A 適切ではない。これは第5条の規定であるが、身体・生命の危険が察知される場合、又は法律に定めのある場合等は、この限りではない。

第4章 キャリアコンサルタントの倫理と行動

225

Q キャリアコンサルタントは、キャリアコンサルタントとしての自己の経歴や業績を過大に誇示したり、他のキャリアコンサルタントなどを誹謗・中傷したりすることは禁止されている。

A 適切である。キャリアコンサルタント倫理綱領第6条にも明記されている。

Q キャリアコンサルタントは、相談者に守秘義務を説明する必要があるが、キャリアコンサルティングの目的や範囲などについては説明する必要はない。

A 適切ではない。第7条の規定である。「相談者に対してキャリアコンサルティングの目的、範囲、守秘義務、その他必要な事項について十分な説明を行い、相談者の理解を得た上で職務を遂行しなければならない」とされている。

Q キャリアコンサルタントは、キャリアコンサルティングを通じて職務上知り得た内容について、キャリアコンサルタントでなくなった後は守秘義務を負わない。

A 適切ではない。キャリアコンサルタントでなくなった後も守秘義務を負う。

Q キャリアコンサルティングにおいて、自らの専門外であるものの、資産運用の相談を受けたため、ファイナンシャルプランナーから以前に紹介された金融商品を紹介した。

A 適切ではない。第8条の規定である。キャリアコンサルタントは、明らかに自己の能力を超える業務の依頼を引き受けてはならず、必要に応じて他の分野・領域の専門家の協力を求めるなど、相談者の利益のために、最大の努力をしなければならない。

Q 相談の過程において、相談者の労働環境が相談者の抱える問題に影響していることがわかったため、問題を解決するため、相談者に黙って職場の上司に報告した。

A 適切ではない。第11条の規定である。相談者の了解を得る必要がある。

Q キャリアコンサルティングにおいて、相談者に対して自らの著作物を強く勧め、個人的に販売することは多重関係に該当しない。

A 適切ではない。第10条の規定である。多重関係に該当する。

5章

模擬問題

実際の学科試験は、100分で50問（四肢択一のマークシート）を解きます。合格基準は、100点満点中の70点以上なので、全50問中35問以上の正解で合格となります。次のページから始まる模擬問題は、左ページに問題が並び、右ページに対応する解答解説を掲載しています。解答に当たっては、試験をより模擬的に体験できるように、マークシート形式の解答用紙を巻末に掲載しています。

なお、出題内容や順序は、2020年度より実施された「キャリアコンサルタント試験の試験科目及びその範囲並びにその細目」に準拠して作成しています。

問1 「令和2年版厚生労働白書」（厚生労働省）において述べられている「働き方改革の推進などを通じた労働環境の整備など」に関する次の記述のうち、**適切なもの**はどれか。

1. 近年、パートタイム労働者、有期雇用労働者、派遣労働者といった非正規雇用労働者は全体として増加傾向にあり、2019（令和元）年には雇用者の約6割を占めている。

2. 柔軟な働き方がしやすい環境整備について、テレワークには企業等に雇用される、いわゆる自営型テレワークと、請負等により自宅等で働く、いわゆる雇用型テレワークがある。

3. 医療・福祉、流通業、生活衛生業など人々の社会生活の維持に不可欠であり、新型コロナウイルスなどの感染拡大下においても継続せざるを得ない仕事のことをリモートワークという。

4. 病気の治療を行いながら仕事をしている労働者は、労働人口の3人に1人を占め、労働安全衛生法に基づく一般健康診断における有所見率は年々増加を続けている。

問2 キャリアコンサルティングの役割に関する次の記述のうち、**最も適切なもの**はどれか。

1. キャリアコンサルティングは、個人に対する相談支援のみを行うものである。

2. キャリアコンサルティングは、個人と組織との共生の関係を作る上で重要なものである。

3. キャリアコンサルティングは、個人の生き甲斐、働き甲斐というよりも、職業を中心にしたキャリア形成に焦点を合わせた支援を行う。

4. キャリアコンサルティングは、所属する組織によって各個人のキャリアマネジメントをすることにより、自立・自律できるように支援を行う。

問1 社会及び経済の動向並びにキャリア形成支援の必要性の理解

解答 **4**

1. 適切ではない。2019（令和元）年には2,165万人と、雇用者の約4割を占める状況にある（令和2年版厚生労働白書、p.202）。

2. 適切ではない。テレワークには企業等に雇用される、いわゆる雇用型テレワークと、請負等により自宅等で働く、いわゆる自営型テレワークがある（令和2年版厚生労働白書、p.212）。

3. 適切ではない。このようなライフラインの維持に関係する労働のことをエッセンシャルワークという。リモートワークはテレワーク等による労働をいう（令和2年版厚生労働白書、p.134）。

4. 適切である。病気の治療を行いながら仕事をしている労働者は、労働人口の3人に1人を占める。そして、労働力の高齢化が進む中で、職場において、病気を抱えた労働者の治療と仕事の両立への対応が必要となる場面はさらに増えることが予想される（令和2年版厚生労働白書、p.212）。

問2 キャリアコンサルティングの役割の理解

解答 **2**

1. 適切ではない。個人に対する相談業務だけでなく、キャリア形成やキャリアコンサルティングに関する教育・普及活動、組織（企業）・環境への働きかけ等も含むものである（キャリアコンサルタント試験の試験科目及びその範囲並びにその細目、p.1）。

2. 適切である。個人と組織との共生の関係を作る上で重要なものである（キャリアコンサルタント試験の試験科目及びその範囲並びにその細目、p.1）。

3. 適切ではない。職業を中心としながらも個人の生き甲斐、働き甲斐まで含めたキャリア形成を支援するものである（キャリアコンサルタント試験の試験科目及びその範囲並びにその細目、p.1）。

4. 適切ではない。個人が自らキャリアマネジメントをすることにより自立・自律できるように支援する。

問3 計画された偶発性理論を提唱したクランボルツの理論に関する次の記述のうち、**最も適切なもの**はどれか。

1. 計画された偶発性理論においては、未決定であることは望ましくない状態としている。
2. 初めて社会的学習理論を提唱した。
3. キャリアを「外的キャリア」と「内的キャリア」の2つの軸から捉えることができるとした。
4. キャリア意思決定に影響を与える要因として、遺伝的特性・特別な能力、環境的状況・環境的出来事、学習経験、課題接近スキルを挙げている。

問4 ジェラットの理論に関する次の記述のうち、**適切なもの**はどれか。

1. 後期理論においては、右脳だけでなく、左脳も使った意思決定を提唱している。
2. 職業観等の前提と外界からの情報の間に生じた不協和（不一致）の解消を意思決定のプロセスであるとした。
3. 変化する世の中に対して、不確実性を積極的に受け入れ、将来に向けての意思決定を創造することを提唱している。
4. キャリアの意思決定プロセスを、「予期」と「実行」の2段階に分類した。

問3 キャリアに関する理論

解答 **4**

1. 適切ではない。「未決定」を望ましい状態としている。

2. 適切ではない。社会的学習理論はバンデューラによって提唱された。

3. 適切ではない。「外的キャリア」と「内的キャリア」の2つの軸から捉えることができるとしたのは、シャインである。

4. 適切である。この4つをキャリア意思決定に影響を与える要因として挙げている。

問4 キャリアに関する理論

解答 **3**

1. 適切ではない。後期理論において、左脳だけでなく、右脳も使った意思決定を提唱している。

2. 適切ではない。問題文は認知的不協和の理論のことであり、ヒルトンが提唱した。

3. 適切である。ジェラットの積極的不確実性の理論である。

4. 適切ではない。キャリアの意思決定プロセスを、「予期」と「実行」の2段階に分類したのは、ティードマンである。

問5 ホランドの理論に関する次の記述のうち、**最も適切なもの**はどれか。

1. 親の養育態度を、情緒型、拒否型、受容型の3つに分類した。

2. VPI職業興味検査は、6つのパーソナリティ・タイプと6つの行動傾向尺度の12の尺度得点によって解釈できる。

3. スリー・レター・コードにおいて、六角形モデルの隣り合った2つのタイプは、比較的親和性が高いとされている。

4. パーソナリティ・タイプについて、現実的・投資的・芸術的・社会的・企業的・慣習的の6つのモデルによって説明できるとしている。

問6 サビカスのキャリア構築理論に関する次の記述のうち、**最も適切なもの**はどれか。

1. キャリア構築理論は、スーパーのキャリア発達理論を引き継ぎ、集大成したものである。

2. キャリア構築理論の重要な概念として、職業パーソナリティ、キャリア・アダプタビリティ、ライフロールの3つがあるとした。

3. キャリア・アダプタビリティは、3つの次元から構成されている。

4. キャリア構築インタビューのルーツは、バーンの交流分析の考え方にある。

問5 キャリアに関する理論

解答 3

1. 適切ではない。親の養育態度を、情緒型、拒否型、受容型の3つに分類したのは、ローである。

2. 適切ではない。6つのパーソナリティ・タイプと5つの行動傾向尺度の11の尺度得点によって解釈できる。

3. 適切である。これに対して、六角形の対角線上のタイプは相反する関係にある。

4. 適切ではない。2つ目は投資的ではなく、研究的である。

問6 キャリアに関する理論

解答 1

1. 適切である。なお、サビカスはスーパーの教え子であるホランドから指導を受ける機会にも恵まれた。

2. 適切ではない。ライフロールではなく、ライフテーマである。

3. 適切ではない。関心（Concern）、統制（Control）、好奇心（Curiosity）、自信（Confidence）の4つの次元（4つのC）から構成されている。

4. 適切ではない。アドラー心理学の考え方を取り入れたとされる。

問7 キャリア研究者と関連の深い理論または概念の組み合わせとして、**不適切なもの**はどれか。

1. エリクソン－アイデンティティの獲得
2. レヴィン－マージナルマン
3. ハンセン－統合的生涯設計
4. シャイン－プロティアン・キャリア

問8 動機づけ理論に関する次の記述のうち、**適切なもの**はどれか。

1. マズローの動機づけ理論によると、人間の欲求は生理的欲求、安全の欲求、親和欲求、自尊と承認の欲求、自己実現の欲求の5層から構成される。
2. ハーズバーグは、給与や作業条件などの衛生要因を満たすことによって、満足がもたらされ、仕事への積極性を高めることにつながるとした。
3. マクレランドは、低次の欲求に着目し、生理的欲求や安全の欲求が動機づけを高めると考え、達成動機理論を構築した。
4. アルダファは、マズローの欲求段階モデルを修正し、存在欲求、関係欲求、成長欲求の3つの次元から構成される、ERGモデルを提唱した。

問7 キャリアに関する理論

解答 **4**

1. 適切である。エリクソンは、青年期の発達課題としてアイデンティティの獲得と確立を挙げている。

2. 適切である。レヴィンは、子どもでもなく成人にもなりきれていない境界線上にいる青年のことをマージナルマン(境界人・周辺人)と呼んだ。

3. 適切である。ハンセンは統合的生涯(人生)設計を提唱し、人生をキルト(パッチワーク)に例えた。

4. 適切ではない。プロティアン・キャリアは、ホールが提唱した。シャインは組織心理学の視点からキャリアを捉えた。

問8 キャリアに関する理論

解答 **4**

1. 適切ではない。マズローの3番目の欲求は所属と愛情の欲求(社会的欲求)である。

2. 適切ではない。ハーズバーグは、仕事そのものや、責任、成長などの動機づけ要因の充足が満足をもたらし、仕事への積極性を高めるとした。

3. 適切ではない。マクレランドは、高次の欲求に着目し、職場での社会的欲求が動機づけを高めるとし、達成動機理論を構築した。

4. 適切である。存在欲求(Existence)、関係欲求(Relatedness)、成長欲求(Growth)の3つの次元から構成されるERGモデルを提唱した。

問9 カウンセリングの理論や心理療法の名称とその提唱者、関連する用語に関する次の組み合わせのうち、**適切なもの**はどれか。

1. 家族療法、ベック、認知の歪み
2. 行動療法、スキナー、逆転移
3. 現実療法、グラッサー、選択理論
4. ゲシュタルト療法、パールズ、ヘルピング

問10 ロジャーズの来談者中心カウンセリングにおけるカウンセラーの基本的態度や考え方に関する次の記述のうち、**最も不適切なもの**はどれか。

1. カウンセラーはクライエントとの関係において、心理的に安定しており、ありのままの自分を受け入れている。
2. カウンセラーは、クライエントの内的準拠枠を共感的に理解して、それを相手に伝えることができる。
3. カウンセラーは、クライエントに対して無条件の肯定的配慮を持って受けとめることができる。
4. クライエントの自己概念と無意識が一致する方向へ援助する。

問9 カウンセリングに関する理論

解答 **3**

1. 適切ではない。ベック、認知の歪みは認知療法である。

2. 適切ではない。逆転移は精神分析療法（フロイト）における用語である。

3. 適切である。現実療法は、リアリティ・セラピーとも呼ばれる。

4. 適切ではない。ヘルピングはカーカフ。パールズのゲシュタルト療法のキーワードとしては、「いま、ここ」や「エンプティ・チェア」が想定される。

問10 カウンセリングに関する理論

解答 **4**

1. 適切である。自己一致の内容を示している。純粋性とも呼ばれる。

2. 適切である。共感的理解の内容を示している。

3. 適切である。受容的態度の内容を示している。

4. 適切ではない。クライエントの自己概念と経験が一致する方向へ援助する。

問11 防衛機制に関する次の記述のうち、**適切なもの**はいくつあるか。

A. 相手の属性を自分のものにすることを、摂取という。
B. 以前の発達段階に後戻りすることを、昇華という。
C. 直視せずに事実として認めず否定することを抑圧という。
D. 劣等感に対して、別の得意な性質によってバランスをとることを、反動形成という。

1. 1つ
2. 2つ
3. 3つ
4. 4つ

問12 「令和元年度能力開発基本調査」（厚生労働省）に関する次の記述のうち、**適切なもの**はどれか。

1. 事業内職業能力開発計画を「すべての事業所において作成している」とする企業は、7割を超えている。
2. 自己啓発支援に支出した費用の労働者1人当たり平均額は、約2万円である。
3. 教育訓練休暇制度の導入状況は、「導入している」とする企業は10％に満たない。
4. 職業能力開発推進者の選任状況は、「すべての事業所において選任している」とする企業が半数を超えている。

問11 カウンセリングに関する理論

解答 **1**

A. 適切である。摂取は取り入れとも呼ばれる。

B. 適切ではない。退行の説明であり、昇華は認められない欲求を社会的に受け入れられる価値ある行動へ置き換えることである。

C. 適切ではない。否認の説明であり、抑圧は受け入れがたい考えや感情を意識の外へ追いやることである。

D. 適切ではない。補償の説明であり、反動形成は受け入れがたい考えや感情を見ないようにし、正反対の態度や行動をとることである。

問12 職業能力開発（リカレント教育を含む）の知識

解答 **3**

1. 適切ではない。「いずれの事業所においても作成していない」が75.5％と多くを占める（令和元年度能力開発基本調査、p.6）。

2. 適切ではない。自己啓発支援に支出した費用の労働者1人当たり平均額は、0.3万円である。なお、OFF-JTに支出した費用の労働者1人当たり平均額は1.9万円であった（令和元年度能力開発基本調査、p.2）。

3. 適切である。「導入している」とする企業は8.5％である（令和元年度能力開発基本調査、p.10）。

4. 適切ではない。「すべての事業所において選任している」とする企業は11.6％であり、「いずれの事業所においても選任していない」企業が78.4％にのぼる（令和元年度能力開発基本調査、p.10）。

問13 公的職業訓練に関する次の記述のうち、**不適切なもの**はどれか。

1. 離職者訓練は、テキスト代等は実費負担だが、原則として無料である。
2. 雇用保険を受給できない求職者は、求職者支援訓練を受けることができる。
3. 離職者訓練及び求職者支援訓練を受講するためには、ハローワークへの求職申込みが必要である。
4. 公的職業訓練を受けることができるのは、求職中の離職者のみである。

問14 職業能力評価基準（厚生労働省）の特徴に関する次の記述のうち、**不適切なもの**はどれか。

1. 仕事の内容を細分化して成果につながる行動例と必要な知識を整理・体系化している。
2. 業界検定の構築や、検定のためのテキスト作成や講習に活用することができる。
3. 職業能力を評価する基準であるとともに、キャリア形成や能力開発の指針として活用できる。
4. 能力ユニットを組み合わせることにより、企業ごとの評価基準にカスタマイズすることはできない。

問13 職業能力開発（リカレント教育を含む）の知識

解答 **4**

1. 適切である。離職者訓練はハローワークの求職者を対象に3ヶ月から1年行われる。

2. 適切である。求職者支援訓練は雇用保険を受給できない求職者を対象とする。

3. 適切である。ハローワークに求職申込みをした上で、実施施設等が行う選考に合格し、ハローワークにおいて受講あっせんを受ける必要がある。

4. 適切ではない。離職者を対象とした離職者訓練や求職者支援訓練の他に、主に中小企業の在職者を対象とした在職者訓練や、学校卒業者を対象とした学卒者訓練等もある。

問14 職業能力開発（リカレント教育を含む）の知識

解答 **4**

1. 適切である。職業能力評価基準では、仕事の内容を「職種」→「職務」→「能力ユニット」→「能力細目」という単位で細分化している。

2. 適切である。職業能力評価基準は、検定などの構築に活用することができる。

3. 適切である。人材育成や能力開発に活用することができる。

4. 適切ではない。自社の実情に合うように一部を削除したり、追加したり、あるいは組み換えたりといったカスタマイズをすることができるのが特徴である。

問15 「令和元年度能力開発基本調査」（厚生労働省）で示される「労働者のキャリア形成支援について」、**最も適切なもの**はどれか。

1. 正社員を雇用する事業所のうち、正社員に対してキャリアコンサルティングを行う仕組みを導入しているのは、約4割である。

2. 企業規模別に見ると、正社員、正社員以外とも規模が小さくなるほどキャリアコンサルティングを行う仕組みを導入している割合が高くなっている。

3. キャリアコンサルティングを行う仕組みを導入している事業者のうち、キャリアコンサルティングを行う目的は、正社員、正社員以外ともに「労働者の自己啓発を促すため」が最も多い。

4. キャリアコンサルティングを行う上での問題点として、最も多いのは、正社員、正社員以外ともに、「キャリアに関する相談を行っても、その効果が見えにくい」である。

問16 等級制度に関する次の記述のうち、**最も不適切なもの**はどれか。

1. 職能資格制度は、職務等級制度に比べ、年功序列的運用になりやすい。

2. 職能資格制度では、職務等級制度に比べ、職務の境界線を明確にしやすくなる。

3. 職務等級制度は、同一労働・同一賃金が原則となる。

4. 職能資格制度は、一般にゼネラリスト育成に適しているといわれている。

問15 企業におけるキャリア形成支援の知識

解答 **1**

1. 適切である。正社員を雇用する事業所のうち、正社員に対してキャリアコンサルティングを行う仕組みを導入しているのは、39.4％である（令和元年度能力開発基本調査、p.20）。

2. 適切ではない。正社員、正社員以外とも規模が大きくなるほどキャリアコンサルティングを行う仕組みを導入している割合が高くなっている（令和元年度版能力開発基本調査、p.21）。

3. 適切ではない。最も多いのは、「労働者の仕事に対する意識を高め、職場の活性化を図るため」である（令和元年度版能力開発基本調査、p.22）。

4. 適切ではない。キャリアコンサルティングを行う上での問題点として、最も多いのは、正社員、正社員以外ともに、「労働者からのキャリアに関する相談件数が少ない」である（令和元年度版能力開発基本調査、p.22）。

問16 企業におけるキャリア形成支援の知識

解答 **2**

1. 適切である。職能資格制度の特徴である。

2. 適切ではない。職務の境界線を明確にしやすいのは、職務等級制度である。

3. 適切である。職務等級制度では、一般的に勤続年数や年齢といった属人的な要素は考慮しない。

4. 適切である。なお、職務等級制度は、スペシャリスト育成に適しているといわれている。

問17 人事評価を行う際の評価の過誤（エラー）に関する次の記述のうち、**最も適切なもの**はどれか。

1. 特定の優れた（劣った）一面でその人のすべてを評価してしまうことを、論理的誤差という。

2. 事実によらずに誤った関連づけにより評価してしまうことを、ハロー効果という。

3. 評価が無難な中間レベルに集中してしまい、優劣の差が出ないことを寛大化傾向という。

4. 最近の出来事が印象に残り、期間全体での評価が正しくされないことを近接誤差という。

問18 社員の配置・異動に関する次の記述のうち、**最も適切なもの**はどれか。

1. 元の会社との雇用関係を終了させ、移籍先と新たな雇用契約を結ぶことを出向という。

2. 社内ベンチャー制度は、社員が異動の希望を出し、求人部門が探索し、ニーズが合致した場合に異動が成立することをいう。

3. 元の会社との労働契約を維持しながら、他の会社の指揮命令下で業務に従事することを、出向という。

4. 社内FA制度は、新規事業の開発において、会社が資金や人員を提供して新規事業部門を立ち上げたり、子会社として独立させる仕組みをいう。

問17 企業におけるキャリア形成支援の知識

解答 **4**

1. 適切ではない。これはハロー効果の説明である。

2. 適切ではない。これは論理的誤差の説明である。

3. 適切ではない。これは中心化傾向の説明である。

4. 適切である。これは期末効果とも呼ばれる。

問18 企業におけるキャリア形成支援の知識

解答 **3**

1. 適切ではない。問題文の内容は転籍の意味である。

2. 適切ではない。問題文の内容は、社内FA制度の意味である。

3. 適切である。籍は元の会社にある。

4. 適切ではない。問題文の内容は社内ベンチャー制度の意味である。

問19 雇用についての政府統計に関する次の記述のうち、**適切なもの**はいくつあるか。

A. 有効求人倍率の毎月の推移を見るには、一般職業紹介状況を調べる。
B. 年齢や勤続年数、職種別の賃金を見るためには、厚生労働省の賃金構造基本統計調査を調べるとよい。
C. 国民の就業及び不就業の状態や全国及び地域別の就業構造を見るには、就業構造基本調査を調べる。
D. 主要産業における企業の労働時間制度、賃金制度等を見るには、就労条件総合調査を調べる。

1. 1つ

2. 2つ

3. 3つ

4. 4つ

問20 「外国人雇用状況」の届出状況まとめ（令和2年10月末現在）に関する次の記述のうち、**適切なもの**はどれか。

1. 外国人の雇用状況では、国籍別では、フィリピンが最も多い。

2. 在留資格別に見ると、「技能実習」が最も多い。

3. 事業所規模別の割合では、「30人未満」規模の事業者が最も多い。

4. 都道府県別では、外国人労働者の就労は、愛知県が最も多い。

問19 労働市場の知識

解答 **4**

A. 適切である。厚生労働省が毎月調査している。

B. 適切である。厚生労働省が年に1回調査している。

C. 適切である。総務省が5年ごとに調査している。

D. 適切である。厚生労働省が年に1回調査している。

問20 労働市場の知識

解答 **3**

1. 適切ではない。令和元年までの届出状況では、平成20年から中国が1位であったが、令和2年10月末現在の届出状況まとめでは、ベトナムが中国を抜いて、最も多くなった。(「外国人雇用状況」の届出状況まとめ【本文】(令和2年10月末現在)、p.5)。

2. 適切ではない。「身分に基づく在留資格」が最も多い(「外国人雇用状況」の届出状況まとめ(令和2年10月末現在)、p.5)。

3. 適切である。事業所数全体の60.4%を占めている(「外国人雇用状況」の届出状況まとめ(令和2年10月末現在)、p.9)

4. 適切ではない。東京26,2%、愛知8.1%、大阪7.5%の順となっている(「外国人雇用状況」の届出状況まとめ(令和2年10月末現在)、p.8)。

問21 「労働力調査（基本集計）令和元年度（2019年度）平均結果の概要」に関する次の記述のうち、**不適切なもの**はどれか。

1. 2019年度平均の完全失業率は2％台であった。

2. 2019年度平均の完全失業者は前年度に比べ減少した。

3. 2019年度平均の就業率は約6割である。

4. 2019年度平均の正規の職員・従業員数は前年度に比べて減少している。

問22 労務管理に関する次の記述のうち、**最も適切なもの**はどれか。

1. 新卒一括採用をしている企業では、内定者から誓約書を受理した時点をもって、原則として事実上の労働契約が成立したと見なされる。

2. 労働契約の締結の際、使用者は賃金及び労働時間といった労働条件について労働者に対して口頭で説明し、労働者の承諾を得れば書面で交付する必要はない。

3. 解雇の種類には、「普通解雇」「臨時解雇」「懲戒解雇」がある。

4. 年10日以上の年次有給休暇が付与される労働者に対して、年次有給休暇の日数のうち年7日については、使用者が時季を指定して取得させることが義務付けられている。

問21 労働市場の知識

解答 **4**

1. 適切である。2019年度平均の完全失業率は2.3％であった（労働力調査（基本集計）令和元年度（2019年度）平均結果の概要、p.1）。

2. 適切である。2019年度平均の完全失業者数は162万人と、前年度に比べて4万人減少した（労働力調査（基本集計）令和元年度（2019年度）平均結果の概要、p.1）。

3. 適切である。2019年度平均の就業率は60.7％である（労働力調査（基本集計）令和元年度（2019年度）平均結果の概要、p.1）。

4. 適切ではない。前年度に比べて増加している（労働力調査（基本集計）令和元年度（2019年度）平均結果の概要、p.2）。

問22 労働政策及び労働関係法令並びに社会保障制度の知識

解答 **1**

1. 適切である。新卒一括採用を基本とする新規学卒者の採用においては、採用内定により、企業と内定者の間に労働契約が成立するものと解されている。

2. 適切ではない。労働基準法第15条において、賃金や労働時間について明示しなければならない旨が規定されている。これらの重要な労働条件については、書面での明示が求められる。

3. 適切ではない。解雇の種類には、「普通解雇」「整理解雇」「懲戒解雇」がある。

4. 適切ではない。年10日以上の年次有給休暇が付与される労働者に対して、年次有給休暇の日数のうち年5日については、使用者が時季を指定して取得させることが義務付けられている。

問23 法定労働時間と割増賃金に関連する法令の内容に関する次の記述のうち、**適切なもの**はどれか。

1. 深夜手当は、22時～5時までの間に勤務させたときに生じ、定められた割増率は35％以上である。

2. 深夜手当は、管理監督者にも支払われる。

3. 時間外手当は、法定労働時間を超えたときに生じ、定められた割増率は40％以上である。

4. 休日手当は、法定休日に勤務させたときに生じ、定められた割増率は25％以上である。

問24 労働関係法令に関する次の記述のうち、**適切なもの**はどれか。

1. 個々の労働者だけではなく、労働組合と事業主との間の紛争解決についても、個別労働関係紛争解決促進法で定めている。

2. 使用者は、労働時間が6時間を超える場合には、少なくとも1時間の休憩時間を労働時間の途中に労働者に付与する義務を負う。

3. 労働者と使用者の合意があれば労働基準法を下回る労働条件を設定することができることが労働基準法で定められている。

4. 労働者の募集及び採用について性別にかかわりなく均等な機会を与えなければならないことが、男女雇用機会均等法で定められている。

問23 労働政策及び労働関係法令並びに社会保障制度の知識

解答 **2**

1. 適切ではない。深夜手当の割増率は25％以上である。

2. 適切である。深夜手当や年次有給休暇は管理監督者にも適用される。

3. 適切ではない。25％以上である。なお、時間外労働時間が月60時間を超えたときは50％以上となる（中小企業は2023年3月末まで猶予予定）。

4. 適切ではない。休日手当の割増率は35％以上である。

問24 労働政策及び労働関係法令並びに社会保障制度の知識

解答 **4**

1. 適切ではない。個別労働関係紛争解決促進法は、個々の労働者と事業主との紛争を対象としている。

2. 適切ではない。労働時間が6時間を超える場合には少なくとも45分、8時間を超える場合には1時間の休憩時間を労働時間の途中に付与することが労働基準法で定められている。

3. 適切ではない。労働基準法は、労働条件の最低の基準を定めたものであり、その基準に達しない労働契約は無効となり、労働基準法で定める基準まで引き上げることになる。

4. 適切である。男女雇用機会均等法では、募集及び採用における差別の禁止を規定している。

問25 若年者雇用促進法に関する次の記述のうち、**不適切なもの**はどれか。

1. 国は、地方公共団体と協働して、働くことに悩みを抱えている若者に対し、地域若者サポートステーションを主に大都市に設置しているが、すべての都道府県での設置には至っていない。

2. ハローワークは、一定の労働関係法令違反の求人者について、新卒者の求人申込みを受理しないことができる。

3. 若者の採用・育成に積極的で、雇用管理の状況などが優良な中小企業を厚生労働大臣が認定する制度をユースエール制度という。

4. 大学院・大学・短大・高専・専修学校等の学生とこれらの学校を卒業した既卒3年以内の人の就職を専門的にサポートするため、全国に新卒応援ハローワークを設置している。

問26 中央教育審議会「今後の学校におけるキャリア教育・職業教育の在り方について（答申）」（平成23年）に関する次の記述のうち、**適切なもの**はどれか。

1. 一定または特定の職業に従事するために必要な知識、技能、能力や態度を育てる教育を、キャリア教育という。

2. 基礎的・汎用的能力には、人間関係形成・社会形成能力、コミュニケーション能力、課題対応能力、キャリアプランニング能力がある。

3. 小学校におけるキャリア教育の推進のポイントは、社会性、自主性・自立性、関心・意欲等を養うことである。

4. 一人一人の社会的・職業的自立に向け、必要な基盤となる能力や態度を育てることを通して、キャリア発達を促す教育のことを、職業教育という。

問25 労働政策及び労働関係法令並びに社会保障制度の知識

解答 1

1. 適切ではない。すべての都道府県に設置されている。

2. 適切である。求人不受理の規定である。

3. 適切である。認定を受けた企業の情報発信などを支援することで、企業が求める人材の円滑な採用を支援し、若者とのマッチングの向上を図っている。

4. 適切である。新卒応援ハローワークは全国の都道府県に設置されている。

問26 学校教育制度及びキャリア教育の知識

解答 3

1. 適切ではない。これは職業教育の定義である（今後の学校におけるキャリア教育・職業教育の在り方について（答申）、p.16）。

2. 適切ではない。2つ目はコミュニケーション能力ではなく、自己理解・自己管理能力である（今後の学校におけるキャリア教育・職業教育の在り方について（答申）、p.16）。

3. 適切である。各学校段階におけるキャリア教育推進のポイントが述べられている（今後の学校におけるキャリア教育・職業教育の在り方について（答申）、p.28）。

4. 適切ではない。これはキャリア教育の定義である（今後の学校におけるキャリア教育・職業教育の在り方について（答申）、p.16）。

問27 学校教育法に関する次の記述のうち、**適切なもの**はどれか。

1. 義務教育学校の修業年限は、原則として6年である。

2. 中等教育学校は、いわゆる中高一貫校であり、中学校と高等学校を併設する併設型と、別の設置者間で連携して実施する連携型がある。

3. 専門職大学に実務経験を有する者が入学する場合であっても、当該実務経験は修業年限に通算することはできない。

4. 専門職大学は、学術の中心として、広く知識を授けるとともに、深く専門の学芸を教授研究し、知的、道徳的及び応用的能力を展開させることを目的とする。

問28 精神疾患とその症状に関する次の記述のうち、**最も適切なもの**はどれか。

1. うつ病の症状に、自分が自分であるという感覚が失われる状態がある。

2. 双極性障害には、健康なときにはなかった状態が現れる陽性症状と、健康なときにあったものが失われる陰性症状がある。

3. 適応障害では、ある特定の状況や出来事が、その人にとってとてもつらく耐えがたく感じられ、そのために気分や行動面に症状が現れる。

4. 統合失調症の症状には、突然理由もなく、動悸やめまい、発汗、窒息感、吐き気、手足の震えといった発作を起こし、生活に支障が出ている状態がある。

問27 学校教育制度及びキャリア教育の知識

解答 2

1. 適切ではない。義務教育学校の修業年限は9年である。小学校段階に相当する6年と中学校段階に相当する3年を合わせたものである。

2. 適切である。併設型と連携型があり、修業年限は6年である。

3. 適切ではない。実務経験を通じた能力の習得を勘案して、一定期間を修業年限に通算できる。

4. 適切ではない。専門職大学の目的は、深く専門の学芸を教授研究し、専門職を担うための実践的かつ応用的な能力を育成・展開することである。文章の内容は大学の目的である。

問28 メンタルヘルスの知識

解答 3

1. 適切ではない。自分が自分であるという感覚が失われる状態は、解離性障害に見られる状態である。うつ病には、眠れない、食欲がない、一日中気分が落ち込んでいる、何をしても楽しめないといった症状がある。

2. 適切ではない。健康なときにはなかった状態が現れる陽性症状と、健康なときにあったものが失われる陰性症状が見られるのは、統合失調症である。双極性障害は、ハイテンションで活動的な躁状態と、憂うつで無気力なうつ状態を繰り返す。

3. 適切である。そのため、ストレス原因の除去やストレスへの本人の適応力を高めることが治療の中心となる。

4. 適切ではない。突然理由もなく、動悸やめまい、発汗、窒息感、吐き気、手足の震えといった発作を起こし、生活に支障が出ている状態が現れるのは、パニック障害や不安障害である。統合失調症は、健康なときにはなかった状態が現れる陽性症状と、健康なときにあったものが失われる陰性症状があり、陽性症状には幻覚や妄想があり、陰性症状には意欲の低下や感情表現が少なくなるなどがある。

問29 「改訂 心の健康問題により休業した労働者の職場復帰支援の手引き」に関する次の記述のうち、**最も不適切なもの**はどれか。

1. 職場復帰後における就業上の配慮の具体例として、短時間勤務や出張制限がある。
2. 正式な職場復帰決定の前に、社内制度として試し出勤制度等を設けると、より早い段階で職場復帰の試みを開始することができる。
3. 職場復帰に関して主治医との連携に当たっては、事前に当該労働者への説明と同意は不要である。
4. 主治医による職場復帰可能の判断においては、主治医による診断書の内容が、ただちにその職場で求められる業務遂行能力まで回復しているか否かの判断とは限らないことに留意する。

問30 キャリア発達や発達の課題に関する次の記述のうち、**適切なもの**はどれか。

1. 乳児期、幼児前期、幼児後期、学童期、青年期、成人前期、成人期、老年期に分類したのはレビンソンである。
2. 成長、探索、確立、維持、解放（衰退、下降）に分類したのは、シャインである。
3. 成長・空想・探究、仕事の世界へのエントリー、基本訓練、キャリア初期、キャリア中期、キャリア中期の危機、キャリア後期、衰え及び離脱、引退に分類したのは、エリクソンである。
4. 空想期、試行期、現実期に分類したのは、ギンズバーグである。

問29 メンタルヘルスの知識

解答 **3**

1. 適切である。他に残業・深夜業務の禁止や、軽作業、定型業務への従事などがある(「改訂 心の健康問題により休業した労働者の職場復帰支援の手引き」、p.7)。

2. 適切である。試し出勤制度の具体例として、模擬出勤や通勤訓練などがある(「改訂 心の健康問題により休業した労働者の職場復帰支援の手引き」、p.6)。

3. 適切ではない。事前に当該労働者への説明と同意を得る(「改訂 心の健康問題により休業した労働者の職場復帰支援の手引き」、p.6)。

4. 適切である。産業医等が精査した上で採るべき対応について判断することが重要である(「改訂 心の健康問題により休業した労働者の職場復帰支援の手引き」、p.2)。

問30 中高年期を展望するライフステージ及び発達課題の知識

解答 **4**

1. 適切ではない。レビンソンではなく、エリクソンである。

2. 適切ではない。シャインではなく、スーパーである。

3. 適切ではない。エリクソンではなくシャインである。

4. 適切である。ギンズバーグは、職業選択に関する発達過程を最初に理論化した。

問31 シュロスバーグのトランジション（転機）に関する次の記述のうち、**適切なもの**はどれか。

1. 転機を乗り越える際には、Situation（状況）、Study（学習）、Supports（支援）、Strategies（戦略）の4Sの点検が必要であるとした。

2. 人生上の出来事ではなく、発達段階の移行期として転機を捉えている。

3. 成人の発達を捉える視点として、文脈的あるいは文化的な視点、発達的な視点、ライフ・スパンの視点、転機の視点の4つを挙げている。

4. 転機を「期待していた出来事が起きたとき」「期待していた出来事が起こらなかったとき」の2つに分類している。

問32 治療と仕事の両立支援に関する記述のうち、**不適切なもの**はどれか。

1. 両立支援に関する制度・体制等の整備として、時差出勤制度や短時間勤務制度の導入がある。

2. 厚生労働省は、治療と仕事の両立支援のイメージキャラクターとして「トモニン」を制作し、広報活動を行っている。

3. 厚生労働省では、「事業場における治療と仕事の両立支援のためのガイドライン」を作成している。

4. 治療をしながら働く人やその主治医から情報を得て、産業医からも意見を聞き、どのような支援を行うのか検討し、実行に移すことが求められる。

問31 人生の転機の知識

解答 3

1. 適切ではない。Study（学習）ではなく、Self（自己）である。

2. 適切ではない。シュロスバーグの転機は、人生上の出来事の視点から見たものである。

3. 適切である。文脈的はテクスチュアル、文化的はカルチュアル、発達的はディベロップメンタル、転機はトランジションと表現されることもあるので注意する。

4. 適切ではない。さらに「予想していなかった出来事が起きたとき」を加えて3つに分類している。

問32 個人の多様な特性の知識

解答 2

1. 適切である。他に在宅勤務や試し出勤制度がある（事業場における治療と仕事の両立支援のためのガイドライン、p.5）。

2. 適切ではない。「トモニン」ではなく、「ちりょうさ」という、うさぎのキャラクターを制作している。「トモニン」は、仕事と介護を両立できる職場環境のイメージキャラクターである。

3. 適切である。事業場が、がん、脳卒中などの疾病を抱える人々に対して、適切な就業上の措置や治療に対する配慮を行い、治療と仕事が両立できるようにするため、事業場における取組みなどをまとめている。

4. 適切である。企業側が治療と仕事の両立を支援するには、治療をしながら働く人から、症状や治療の状況、そもそも就業可能なのか、避けるべき作業や残業の可否など、事前に知らなくてはならない情報がある。

問33 LGBTなど性的マイノリティに関する次の記述のうち、**不適切なもの**はどれか。

1. 性的指向とは、どのような性別の人を好きになるかである。

2. 性自認とは、自分の性をどのように認識しているかである。

3. LGBTとは、Lesbian（レズビアン）、Gay（ゲイ）、Bisexual（バイセクシャル）、Transgender（トランスジェンダー）を組み合わせた言葉である。

4. トランスジェンダーとは、恋愛対象が女性にも男性にも向いていることである。

問34 アイビイのマイクロカウンセリングの積極技法に関する次の記述のうち、**不適切なもの**はどれか。

1. 論理的帰結とは、クライエントの行動の結果を予測して、良い結果、悪い結果の両方を考えるように促すねらいがある。

2. 指示とは、クライエントに対してどのような行動をとってほしいかを伝えることである。

3. 自己開示とは、カウンセラーや第三者がクライエントをどのように見ているかを伝えることである。

4. 解釈とは、クライエントが置かれている状況を新しい視点から再構成することである。

問33 個人の多様な特性の知識

解答 **4**

1. 適切である。多くの場合、思春期の頃に気づくとされている。

2. 適切である。「身体の性」と「心の性」が一致しないこともある。

3. 適切である。LGBTは、性的少数者（セクシャルマイノリティ）を表す言葉の一つである。

4. 適切ではない。トランスジェンダーは「身体の性」と「心の性」が一致しないために、「身体の性」に違和感を持つ人である。問題文の文章は、バイセクシャルのことである。

問34 カウンセリングの技能

解答 **3**

1. 適切である。クライエントは自分の行動に気づいて、必要な選択をすることができる。

2. 適切である。クライエントは指示を理解した上で、実行に移すことが大切である。

3. 適切ではない。問題文はフィードバックの説明である。自己開示は、カウンセラー自身の考えや経験などを伝えることをいう。

4. 適切である。クライエントは自らの状況を別の観点から見ることができる。

問35 カウンセリングのアプローチに関する次の記述のうち、**最も不適切なもの**はどれか。

1. 行動的アプローチは、個人の問題行動は、不適切な行動の学習や、適切な行動の未学習によって引き起こされるとしている。
2. 認知的アプローチは、問題の発生は、非合理的な思考によって引き起こされるとしている。
3. 感情的アプローチのカウンセリングの重点は、一対一の人間関係の質を高めることにある。
4. キャリア・カウンセリングのアプローチは、主に感情的アプローチによる。

問36 グループアプローチに関する次の記述のうち、**最も不適切なもの**はどれか。

1. ベーシック・エンカウンター・グループは、集団心理療法として國分康孝が開発したものである。
2. 構成的グループ・エンカウンターの特徴の1つに、メンバーの自己開示がある。
3. 構成的グループ・エンカウンターは、学校現場、職業指導や産業界においても応用できる。
4. グループアプローチを効果的なものにするため、行動を規定する基準やメンバーの役割が設定される。

問35 カウンセリングの技能

解答 **4**

1. 適切である。行動的アプローチには、系統的脱感作法、弛緩訓練法、主張訓練法などがある。

2. 適切である。認知的アプローチには、論理療法、認知療法、認知行動療法などがある。

3. 適切である。感情的アプローチには、来談者中心療法、精神分析療法、ゲシュタルト療法などがある。

4. 適切ではない。キャリア・カウンセリングはいずれかにとらわれずに、包括的・折衷的アプローチにより行われる。

問36 グループアプローチの技能

解答 **1**

1. 適切ではない。ベーシック・エンカウンター・グループは、集団心理療法としてロジャーズが開発した。國分康孝は構成的グループ・エンカウンターを創始した。

2. 適切である。エクササイズを通じてメンバーの自己開示が行われる。

3. 適切である。学校進路指導などに活用できるエクササイズ集も開発されている。

4. 適切である。行動を規定する基準（norms）や役割（roles）が設定される。

問37 ジョブ・カードに関する次の記述のうち、最も不適切なものはどれか。

1. ジョブ・カードは、職業能力を見える化した職業能力証明のツールとして活用する。
2. ジョブ・カード制度総合サイトにおいて、RIASECの適職診断をすることができる。
3. 大学等においては、ジョブ・カードを学生が生涯を通じて活用するキャリア・プランニングのツールとして活用することが期待されている。
4. 一般教育訓練給付金の申請に当たっては、訓練前キャリアコンサルティングにおいてジョブ・カードの交付を受け、申請手続きにおいてジョブ・カードを提出することが原則である。

問38 自己理解に関わる理論や用語に関する次の記述のうち、不適切なものはどれか。

1. 「コンピテンシー」とは、高業績者の成果達成の行動特性のことをいう。
2. スーパーの職業的適合性の概念では、能力は適性と技量から構成されている。
3. エンプロイアビリティには、顕在的な見える部分と潜在的な見えない部分がある。
4. 早期の離職を防ぐためにも、高校生や大学生などの職業選択においては、シャインの提唱するキャリア・アンカーを吟味することが必要である。

問37 キャリアシートの作成指導及び活用の技能

解答 **4**

1. 適切である。ジョブ・カードは、「生涯を通じたキャリア・プランニング」及び「職業能力証明」の機能を担っている。

2. 適切である。ジョブ・カード制度総合サイトでは、職業スキルチェック、RIASECの適職診断や価値観診断をすることができる。

3. 適切である。キャリア教育やインターンシップ等の状況、自らの目標等を記入することにより、学生自らのキャリア・プランニング等のためのツールとして活用することができる。

4. 適切ではない。訓練前キャリアコンサルティングを受け、ジョブ・カードの交付を受ける必要が原則としてあるのは、専門実践教育訓練給付金や、特定一般教育訓練給付金である。

問38 自己理解の支援

解答 **4**

1. 適切である。高い業績をもたらす行動特性をいう。

2. 適切である。能力は適性と技量から構成され、パーソナリティは適応、価値観、興味、態度から構成される。

3. 適切である。特定の知識・技能などの顕在的な部分と、人柄、性格、価値観等の潜在的な個人的特性に加え、協調性や積極性といった思考特性や行動特性に関するものがある。

4. 適切ではない。シャインのキャリア・アンカーは、実際の仕事の積み重ねから形成されるものであるため、仕事経験のない高校生や大学生に吟味させることは適切とはいえない。

問39 心理検査とその内容に関する次の記述のうち、**適切なもの**はどれか。

1. VRTカードは、VPI職業興味検査をカード式にしたキャリア・ガイダンスツールである。

2. YG性格検査は、能力面の特徴（作業能率等）、性格・行動面の特徴（持ち味やくせ）の2つの側面がわかる。

3. キャリア・インサイト（統合版）は、18歳から34歳程度の若年者向けのキャリアガイダンスシステムである。

4. 厚生労働省編一般職業適性検査（GATB）は、11の紙筆検査と4つの器具検査によって、9つの適性能を測定するものである。

問40 職業理解支援に関する次の記述のうち、**最も不適切なもの**はどれか。

1. 職業人の講話や職場体験等の啓発的経験は実施することに意義があり、事後の評価は重視されない。

2. 映像や音声などの視聴覚情報による情報の提供は、一般的に印刷情報より、クライエントに訴える効果があるとされる。

3. コンピュータを使用したガイダンスやキャリアコンサルティングは、キャリアコンサルタントの訓練が不十分な場合には、十分な効果が発揮できない場合もある。

4. シミュレーションを活用した職業体験は、職業やキャリア探索の興味をもたらすとされている。

問39 自己理解の支援

解答 **4**

1. 適切ではない。VRTカードは、職業レディネス・テスト（VRT）をカード式にしたキャリア・ガイダンスツールである。

2. 適切ではない。YG性格検査は、行動特性、情緒の安定、人間関係に関する特性、仕事に取り組む姿勢、リーダー資質、集団や社会的な場面での適応性、知覚の特性といった性格の特性がわかる。問題文の内容は、クレペリン検査の内容である。

3. 適切ではない。キャリア・インサイト（統合版）には、18歳から34歳程度の若年者向け（EC）と35歳から60歳代程度で職業経験のある人向け（MC）がある。

4. 適切である。9つの適性能（知的能力、言語能力、数理能力、書記的知覚、空間判断力、形態知覚、運動共応、指先の器用さ、手腕の器用さ）を測定する。

問40 仕事の理解の支援

解答 **1**

1. 適切ではない。事後の評価や事前の準備と運営が重要である。

2. 適切である。また、印刷情報のみよりも、視聴覚情報はクライエントをより動機づけるとする研究もある。

3. 適切である。キャリアコンサルタントの技量も求められる。

4. 適切である。学校での進路指導や職業紹介、企業の能力開発の場面で活用されている。

問41 仕事理解支援に関する次の記述のうち、**不適切なもの**はどれか。

1. 厚生労働省編職業分類は、ハローワークインターネットサービスで閲覧することができる。
2. 日本標準職業分類は、大分類、中分類、小分類、細分類の4階層に分類されている。
3. 日本標準産業分類は、総務省が作成している。
4. 職業とは「個人が行う仕事で、報酬を伴うか又は報酬を目的とするもの」と日本標準職業分類に定義されている。

問42 職業情報のための分析手法に関する次の記述のうち、**最も適切なもの**はどれか。

1. 職務分析は、「期待される人間像」を把握することに重点を置いて職務を把握する。
2. 職務調査は、職務の作業内容と、職務遂行要件を調査、分析して、それを一定の様式に記述する。
3. 職業調査は、仕事の内容だけではなく、入離職や労働条件など、広く職業全体を調査する。
4. 職務構造分析は、一般に企業の財務諸表（決算書）などを対象に行う。

問41 仕事の理解の支援

解答 **2**

1. 適切である。なお、厚生労働省編職業分類は、職業紹介において活用されている。

2. 適切ではない。日本標準職業分類は、大分類、中分類、小分類の3階層に分類されている。なお、厚生労働省編職業分類は、さらに細分類を加えた4階層に分類されている。

3. 適切である。なお、産業とは「事業所において、社会的な分業として行われる財貨又はサービスの生産または提供にかかるすべての経済活動」と定義されている。

4. 適切である。日本標準職業分類（総務省）の一般原則における職業の定義である。

問42 仕事の理解の支援

解答 **3**

1. 適切ではない。問題文は職務調査の内容である。

2. 適切ではない。問題文は職務分析の内容である。

3. 適切である。職業ハンドブック作成のための調査が職業調査の典型である。

4. 適切ではない。問題文の内容は企業分析や経営分析と呼ばれるものである。職務構造分析は、多面的な尺度によって体系的に職務構造を分析するものである。

問43 意思決定の支援に関する次の記述のうち、**最も適切なもの**はどれか。

1. 意思決定において、重要なのは内容よりもタイミングである。
2. 意思決定において、決定されたことは変わることがあるため、複数の可能性を見出すよう励ますことが大切である。
3. 意思決定において、クライエントは受動的な役割を持つ。
4. 意思決定において、何を捨てるかは重要ではない。

問44 方策の実行支援に関する次の記述のうち、**最も適切なもの**はどれか。

1. 方策達成のためにカウンセラーとクライエントが契約を結ぶ必要はない。
2. 方策の実行は、システマティック・アプローチの中で最も中核をなす段階である。
3. 方策の内容や進め方は、クライエントに説明する必要はない。
4. クライエントが方策を実行できていない場合は、カウンセラーは実行するよう強く働きかけるのが最良である。

問43 意思決定の支援

解答 **2**

1. 適切ではない。内容とともにタイミングが重要である。

2. 適切である。意思決定には不確実性がある。

3. 適切ではない。受動的ではなく、積極的な役割を持つ。

4. 適切ではない。何を選ぶかと同様に、何を捨てるかが重要である。

問44 方策の実行の支援

解答 **2**

1. 適切ではない。契約を結ぶ必要がある場合もある。

2. 適切である。方策の実行は時間がかかる場合もあるし、多様な対応が多く求められる段階である。

3. 適切ではない。クライエントに十分に説明する。

4. 適切ではない。場合によっては内容を検討し、別の支援を考えることも必要である。

問45 面談の終了に関する次の記述のうち、**最も適切なもの**はどれか。

1. 面談の終了においては、個人情報保護のため、ケース記録を廃棄する。
2. 面談の終了後は、クライエントを一定期間、一定の方法でフォローアップすることが望ましい。
3. 面談の成果に関して、カウンセラー自身による評価は必要ない。
4. 面談は、クライエントの目標達成とともに終了し、クライエントの同意は必要ない。

問46 キャリアコンサルタントの環境への働きかけの認識と実践に関する次の記述のうち、**不適切なもの**はどれか。

1. 相談者への支援だけでは解決できない問題を発見した場合には、組織への働きかけに努めなければならない。
2. 組織や社会に向けて相談者の代弁をすることや、提言を行う活動をアドボカシーという。
3. 企業内で活動するときは、キャリアコンサルタントは従業員の意思を最大限に尊重しつつも、企業側の人材開発方針などと擦り合わせる視点も重要である。
4. メンタルヘルスの不調について企業の従業員から相談を受けた場合には、企業内に対応可能な者がいなければ、キャリアコンサルタントが治療的なカウンセリングを実施する。

問45 相談過程の総括

解答 **2**

1. 適切ではない。個人情報保護に十分留意し、ケース記録は整理して保存する。

2. 適切である。将来必要であれば、カウンセリングに応ずることも伝える。

3. 適切ではない。自分自身の成果をできるだけ客観的に評価する。

4. 適切ではない。クライエントの同意を得て終了する。

問46 環境への働きかけの認識及び実践

解答 **4**

1. 適切である。組織への働きかけを行う。

2. 適切である。キャリアコンサルタントの役割として今後さらに期待される活動である。

3. 適切である。企業側の人材開発方針などとの擦り合わせも必要である。

4. 適切ではない。メンタルヘルスの不調が疑われる場合には、適切な機関、医師等にリファーする。

問47 キャリアコンサルタントのネットワークの認識と実践に関する次の記述のうち、**最も不適切なもの**はどれか。

1. 企業のキャリアコンサルタントには、セルフ・キャリアドックの検討など、人事部門との連携や調整を行う領域がある。

2. 企業で働く人のメンタルヘルスの不調は、企業での仕事の問題と関連していることが多いため、管理監督者や社内の産業保健スタッフ、産業医との連携が重要である。

3. キャリア支援に関係する機関とのネットワークを形成し、日頃から情報を収集・整理しておくことにより、相談者への助言機能の充実にもつながる。

4. キャリアコンサルタントは専門家としての専門性の向上に努めなければならないため、他の分野の専門家とのネットワークは不要である。

問48 スーパービジョンに関する次の記述のうち、**最も適切なもの**はどれか。

1. キャリアコンサルタントは、スーパービジョンを受けずに仕事することが禁止されている。

2. 様々な意見を聞くために、複数のスーパーバイザーからの指導を受けるべきではない。

3. 担当するケースが自己の能力を明らかに超えており、自らの任務の範囲外である場合は、スーパーバイザーの助言を得て、責任を持って最後まで支援を続ける。

4. スーパーバイザーは、スーパーバイジーの能力や知識に不足がある場合には、研修等の受講を提案することがある。

問47 ネットワークの認識及び実践

解答 **4**

1. 適切である。人事部門との連携が必要である。

2. 適切である。管理監督者や社内の産業保健スタッフ、産業医との連携が重要である。

3. 適切である。日頃からのネットワーク形成と情報収集は相談者の利益につながる。

4. 適切ではない。より質の高いキャリアコンサルティングの実現に向けて、他の専門家とのネットワークの構築に努めなければならない（キャリアコンサルタント倫理綱領第4条）。

問48 自己研鑽及びキャリアコンサルティングに関する指導を受ける必要性の認識

解答 **4**

1. 適切ではない。スーパービジョンはキャリコアンサルタントの仕事や、資格更新の要件にはなっていない。

2. 適切ではない。複数のスーパーバイザーから指導を受けることもありうる。

3. 適切ではない。任務の範囲外であるならば、他の専門家の協力を求めるなどの方法で、最大の努力をすべきである。また、スーパーバイザーの活用方法としても適切ではない。

4. 適切である。スキルが不足している場合には、研修受講などを提案することはありうる。

問49 キャリアコンサルタントの活動に関する次の記述のうち、**適切なもの**はどれか。

1. キャリアコンサルタントが、他の専門家の助言を求めることを、リファーという。
2. キャリアコンサルタントが、キャリアコンサルティングについての教育、普及活動を行うことはない。
3. キャリアコンサルタントが、インターンシップ、職場見学、トライアル雇用等について、相談者自らが理解できるように支援し、その実行について助言することがある。
4. キャリアコンサルタントが相談者の職業の選択や職業生活設計について助言を行うことはあるが、指導を行うことはない。

問50 キャリアコンサルタントの活動と義務に関する次の記述のうち、**最も不適切なもの**はどれか。

1. キャリアコンサルタントは、自己の身分や業績を過大に誇示したり、他のキャリアコンサルタントまたは関係する個人・団体を誹謗・中傷してはならない。
2. キャリアコンサルタントは、守秘義務の遵守は、相談者との信頼関係の構築や個人情報保護法令の点からも特に重要であることを理解し、実践することが求められる。
3. 組織との契約関係にあるキャリアコンサルティングにおいて、組織と相談者との利益が相反するおそれがある場合には、キャリアコンサルタントは相談者の利益を優先しなければならない。
4. キャリアコンサルタントは、相談者の求めに応じて自己の能力を超える相談を受けると、相談者の利益につながらない場合があることも理解しておく必要がある。

問49 キャリアコンサルタントとしての倫理と姿勢

解答 3

1. 適切ではない。リファーではなく、コンサルテーション（照会）である。

2. 適切ではない。教育、普及活動を行うこともキャリアコンサルタントの活動の一つである。

3. 適切である。これらの啓発的体験について情報提供をしたり助言したりすることはキャリアコンサルタントの活動の一つである。

4. 適切ではない。職業能力開発促進法において、「キャリアコンサルティング」とは、労働者の職業の選択、職業生活設計又は職業能力の開発及び向上に関する相談に応じ、助言及び指導を行うことをいう（職業能力開発促進法第2条）。

問50 キャリアコンサルタントの倫理と姿勢

解答 3

1. 適切である。誇示、誹謗・中傷の禁止の規定である（キャリアコンサルタント倫理綱領第6条）。

2. 適切である。守秘義務の規定である（キャリアコンサルタント倫理綱領第5条）。

3. 適切ではない。組織との関係の規定である。事実関係を明らかにした上で、相談者の了解のもとに職務の遂行に努めなければならない（キャリアコンサルタント倫理綱領第11条）。

4. 適切である。任務の範囲の規定である（キャリアコンサルタント倫理綱領第8条）。

●模擬問題の解答一覧

　こちらのページには、解答の一覧を掲載しています。それぞれの問題の解説については、問題の右ページをご覧ください。

問	正解
1	4
2	2
3	4
4	3
5	3
6	1
7	4
8	4
9	3
10	4
11	1
12	3
13	4
14	4
15	1
16	2
17	4
18	3
19	4
20	3
21	4
22	1
23	2
24	4
25	1

問	正解
26	3
27	2
28	3
29	3
30	4
31	3
32	2
33	4
34	3
35	4
36	1
37	4
38	4
39	4
40	1
41	2
42	3
43	2
44	2
45	2
46	4
47	4
48	4
49	3
50	3

キャリアコンサルタント　学科試験
—解答用紙—

問	解答欄	備考欄
1	① ② ③ ④	
2	① ② ③ ④	
3	① ② ③ ④	
4	① ② ③ ④	
5	① ② ③ ④	
6	① ② ③ ④	
7	① ② ③ ④	
8	① ② ③ ④	
9	① ② ③ ④	
10	① ② ③ ④	
11	① ② ③ ④	
12	① ② ③ ④	
13	① ② ③ ④	
14	① ② ③ ④	
15	① ② ③ ④	
16	① ② ③ ④	
17	① ② ③ ④	
18	① ② ③ ④	
19	① ② ③ ④	
20	① ② ③ ④	
21	① ② ③ ④	
22	① ② ③ ④	
23	① ② ③ ④	
24	① ② ③ ④	
25	① ② ③ ④	

問	解答欄	備考欄
26	① ② ③ ④	
27	① ② ③ ④	
28	① ② ③ ④	
29	① ② ③ ④	
30	① ② ③ ④	
31	① ② ③ ④	
32	① ② ③ ④	
33	① ② ③ ④	
34	① ② ③ ④	
35	① ② ③ ④	
36	① ② ③ ④	
37	① ② ③ ④	
38	① ② ③ ④	
39	① ② ③ ④	
40	① ② ③ ④	
41	① ② ③ ④	
42	① ② ③ ④	
43	① ② ③ ④	
44	① ② ③ ④	
45	① ② ③ ④	
46	① ② ③ ④	
47	① ② ③ ④	
48	① ② ③ ④	
49	① ② ③ ④	
50	① ② ③ ④	

/50

資料① キャリアコンサルタント試験の出題範囲

学科試験における必要なレベル（「詳細な」「一般的な」「概略の」）の定義について

詳　　細：確実に、かつ、深く知っていなければならない知識の程度

一般的：知っていないと実務に支障が生じる知識の程度

概　　略：浅く広く常識として知っておかなければならない知識の程度

試験科目及びその範囲	試験科目及びその範囲の細目
学科試験 Ⅰ　キャリアコンサルティングの社会的意義	
1　社会及び経済の動向並びにキャリア形成支援の必要性の理解	社会及び経済の動向並びにキャリア形成支援の必要性が増していることに関し、次に掲げる事項について詳細な知識を有すること。 ①　技術革新の急速な進展等様々な社会・経済的な変化に伴い、個人が主体的に自らの希望や適性・能力に応じて、生涯を通じたキャリア形成を行うことの重要性と、そのための支援の必要性が増してきたこと。 ②　個々人のキャリアの多様化や社会的ニーズ、また労働政策上の要請等を背景に、キャリアコンサルタントの活動が期待される領域が多様化していること。
2　キャリアコンサルティングの役割の理解	キャリアコンサルティングの役割と意義に関し、次に掲げる事項について詳細な知識を有すること。 ①　キャリアコンサルティングは、職業を中心にしながらも個人の生き甲斐、働き甲斐まで含めたキャリア形成を支援するものであること。 ②　個人が自らキャリアマネジメントをすることにより自立・自律できるように支援するものであること。 ③　キャリアコンサルティングは、個人と組織との共生の関係をつくる上で重要なものであること。

試験科目及びその範囲	試験科目及びその範囲の細目
	④ キャリアコンサルティングは、個人に対する相談支援だけでなく、キャリア形成やキャリアコンサルティングに関する教育・普及活動、組織（企業）・環境への働きかけ等も含むものであること。
II キャリアコンサルティングを行うために必要な知識	
1 キャリアに関する理論	キャリア発達理論、職業指導理論、職業選択理論等のキャリア開発に関する代表的理論の概要（基礎知識）について詳細な知識を有すること。 ・パーソナリティ・特性因子論アプローチ ・発達論・トランジションに関するアプローチ ・社会的学習理論アプローチ ・意思決定論アプローチ ・精神分析的理論 ・動機づけ（職務満足・職業適応）理論 等
2 カウンセリングに関する理論	1）キャリアコンサルティングの全体の過程において、カウンセリングの理論及びスキルが果たす役割について詳細な知識を有すること。 2）カウセリングの理論、特徴に関し、次に掲げる事項について一般的な知識を有すること。 ① 代表的なカウンセリング理論の概要（基礎知識）、特徴 ・来談者中心アプローチ ・精神分析的カウンセリング ・論理療法 ・行動療法 ・ゲシュタルト療法 ・交流分析 ・包括的・折衷的アプローチ ・家族療法・実存療法 ・アサーション 等 ② グループを活用したキャリアコンサルティングの意義、有効性、進め方の留意点等 ・グループワーク ・グループガイダンス

試験科目及びその範囲	試験科目及びその範囲の細目
	・グループカウンセリング ・グループエンカウウンター ・サポートグループ 等
3　職業能力開発（リカレント教育を含む）の知識	職業能力開発（リカレント教育を含む）に関し、次に掲げる事項について一般的な知識を有すること。 ①　個人の生涯に亘る主体的な学び直しに係るリカレント教育を含めた職業能力開発に関する知識（職業能力の要素、学習方法やその成果の評価方法、教育訓練体系等）及び職業能力開発に関する情報の種類、内容、情報媒体、情報提供機関、入手方法等 ②　教育訓練プログラム、能力評価シート等による能力評価、これらを用いた総合的な支援の仕組みであるジョブ・カード制度の目的、内容、対象等
4　企業におけるキャリア形成支援の知識	企業におけるキャリア形成支援に関し、次に掲げる事項について一般的な知識を有すること。 ①　企業における雇用管理の仕組み、代表的な人事労務施策・制度の動向及び課題、セルフ・キャリアドックをはじめとした企業内のキャリア形成に係る支援制度・能力評価基準等、ワークライフバランスの理念、労働者の属性（高齢者、女性、若者等）や雇用形態に応じたキャリアに関わる共通的課題とそれを踏まえた自己理解や仕事の理解を深めるための視点や手法 ②　主な業種における勤務形態、賃金、労働時間等の具体的な労働条件 ③　企業内のキャリア形成に係る支援制度の整備とその円滑な実施のための人事部門等との協業や組織内の報告の必要性及びその具体的な方法
5　労働市場の知識	社会情勢や産業構造の変化とその影響、また雇用・失業情勢を示す有効求人倍率や完全失業率等の最近の労働市場や雇用の動向について一般的知識を有すること。

試験科目及びその範囲	試験科目及びその範囲の細目
6　労働政策及び労働関係法令並びに社会保障制度の知識	次に掲げる労働者の雇用や福祉を取り巻く各種の法律・制度に関し、キャリア形成との関連において、その目的、概念、内容、動向、課題、関係機関等について一般的な知識を有すること。 ①　労働関係法規及びこれらに基づく労働政策 ア　労働基準関係 　　労働基準法、労働契約法、労働時間等設定改善法、労働安全衛生法 イ　女性関係 　　男女雇用機会均等法、女性活躍推進法、パートタイム労働法（パートタイム・有期雇用労働法） ウ　育児・介護休業関係 　　育児・介護休業法 エ　職業安定関係 　　労働施策総合推進法（旧：雇用対策法）、職業安定法、若者雇用促進法、労働者派遣法、高年齢者雇用安定法、障害者雇用促進法 オ　職業能力開発関係 　　職業能力開発促進法 カ　その他の労働関係法令 ②　年金、社会保険等に関する社会保障制度等 ・厚生年金 ・国民年金 ・労災保険 ・雇用保険 ・健康保険 ・介護保険 等
7　学校教育制度及びキャリア教育の知識	学校教育制度や、初等中等教育から高等教育に至る学校種ごとの教育目標等、青少年期の発達課題等に応じたキャリア教育のあり方等について一般的な知識を有すること。
8　メンタルヘルスの知識	1）メンタルヘルスに関し、次に掲げる事項について一般的な知識を有すること。 ①　メンタルヘルスに関する法令や指針、職場におけるメンタルヘルスの保持・増進を図る対策の意義や方法、職場環境改善に向けた働きかけ方等、さらに、ストレスに関する代表的理論や職場のストレス要因、対処方法

試験科目及びその範囲	試験科目及びその範囲の細目
	② 代表的な精神的疾病（就労支援においてよく見られる精神的疾病）の概要、特徴的な症状を理解した上で、疾病の可能性のある相談者に対応する際の適切な見立てと、特別な配慮の必要性 2）専門機関へのリファーやメンタルヘルス不調者の回復後の職場復帰支援等に当たっての専門家・機関の関与の重要性、これら機関との協働による支援の必要性及びその具体的な方法について詳細な知識を有すること。
9 中高年齢期を展望するライフステージ及び発達課題の知識	中高年齢期を展望するライフステージ及び発達課題に関し、次に掲げる事項について一般的な知識を有すること。 ① 職業キャリアの準備期、参入期、発展期、円熟期、引退期等の各ライフステージ、出産・育児、介護等のライフイベントにおいて解決すべき課題や主要な過渡期に乗り越えなければならない発達課題 ② 上記①を踏まえた中高年齢期をも展望した中長期的なキャリア・プランの設計、キャリア・プランに即した学び直しへの動機付けや機会の提供による支援の必要性及びその具体的な方法
10 人生の転機の知識	初めて職業を選択する時や、転職・退職時等の人生の転機が訪れた時の受け止め方や対応の仕方について一般的な知識を有すること。
11 個人の多様な特性の知識	相談者の個人的特性等によって、課題の見立てのポイントや留意すべき点があることについて一般的な知識を有すること。 ・障害者については障害の内容や程度 ・ニート等の若者については生活環境や生育歴 ・病気等の治療中の者については治療の見通しや職場環境 等
Ⅲ キャリアコンサルティングを行うために必要な技能 1 基本的な技能	

試験科目及びその範囲	試験科目及びその範囲の細目
(1) カウンセリングの技能	次に掲げる事項を適切に実施するために、カウンセリングの技能について一般的な知識を有すること。 ① カウンセリングの進め方を体系的に理解した上で、キャリアコンサルタントとして、相談者に対する受容的・共感的な態度及び誠実な態度を維持しつつ、様々なカウンセリングの理論とスキルを用いて相談者との人格的相互関係の中で相談者が自分に気づき、成長するよう相談を進めること。 ② 傾聴と対話を通して、相談者が抱える課題について相談者と合意、共有すること。 ③ 相談者との関係構築を踏まえ、情報提供、教示、フィードバック等の積極的関わり技法の意義、有効性、導入時期、進め方の留意点等について理解し、適切にこれらを展開すること。
(2) グループアプローチの技能	次に掲げる事項を適切に実施するために、グループアプローチの技能について一般的な知識を有すること。 ① グループを活用したキャリアコンサルティングの意義、有効性、進め方の留意点等について理解し、それらを踏まえてグループアプローチを行うこと。 ② 若者の職業意識の啓発や社会的・基礎的能力の習得支援、自己理解・仕事理解等を効果的に進めるためのグループアプローチを行うこと。
(3) キャリアシート（法第15条の4 第1項に規定する職務経歴等記録書を含む。）の作成指導及び活用の技能	次に掲げる事項を適切に実施するために、キャリアシートの作成指導及び活用の技能について一般的な知識を有すること。 ① キャリアシートの意義、記入方法、記入に当たっての留意事項等の十分な理解に基づき、相談者に対し説明するとともに適切な作成指導を行うこと。 ② 職業能力開発機会に恵まれなかった求職者の自信の醸成等が図られるよう、ジョブ・カード等の作成支援や必要な情報提供を行うこと。
(4) 相談過程全体の進行の管理に関する技能	次に掲げる事項を適切に実施するために、相談過程全体の進行の管理に関する技能ついて一般的な知識を有すること。

資料① キャリアコンサルタント試験の出題範囲

試験科目及びその範囲	試験科目及びその範囲の細目
	① 相談者が抱える問題の把握を適切に行い、相談過程のどの段階にいるかを常に把握し、各段階に応じた支援方法を選択し、適切に相談を進行・管理すること。
2 相談過程において必要な技能	
（1）相談場面の設定	次に掲げる事項を適切に実施するために、相談場面の設定について一般的な知識を有すること。
①物理的環境の整備	相談を行うにふさわしい物理的な環境、相談者が安心して積極的に相談ができるような環境を設定すること。
②心理的な親和関係（ラポール）の形成	相談を行うに当たり、受容的な態度（挨拶、笑顔、アイコンタクト等）で接することにより、心理的な親和関係を相談者との間で確立すること。
③キャリア形成及びキャリアコンサルティングに係る理解の促進	主体的なキャリア形成の必要性や、キャリアコンサルティングでの支援の範囲、最終的な意思決定は相談者自身が行うことであること等、キャリアコンサルティングの目的や前提を明確にすることの重要性について、相談者の理解を促すこと。
④相談の目標、範囲等の明確化	相談者の相談内容、抱える問題、置かれた状況を傾聴や積極的関わり技法等により把握・整理し、当該相談の到達目標、相談を行う範囲、相談の緊要度等について、相談者との間に具体的な合意を得ること。
（2）自己理解の支援	次に掲げる事項を適切に実施するために、自己理解の支援について一般的な知識を有すること。
①自己理解への支援	キャリアコンサルティングにおける自己理解の重要性及び自己理解を深めるための視点や手法等についての体系的で十分な理解に基づき、職業興味や価値観等の明確化、キャリアシート等を活用した職業経験の棚卸し、職業能力の確認、個人を取り巻く環境の分析等により、相談者自身が自己理解を深めることを支援すること。

287

試験科目及びその範囲	試験科目及びその範囲の細目
②アセスメント・スキル	面接、観察、職業適性検査を含む心理検査等のアセスメントの種類、目的、特徴、主な対象、実施方法、評価方法、実施上の留意点等についての理解に基づき、年齢、相談内容、ニーズ等、相談者に応じて適切な時期に適切な職業適性検査等の心理検査を選択・実施し、その結果の解釈を適正に行うとともに、心理検査の限界も含めて相談者自身が理解するよう支援すること。
（3）仕事の理解の支援	次に掲げる事項を適切に実施するために、仕事理解の支援について一般的な知識を有すること。
	① キャリア形成における「仕事」は、職業だけでなく、ボランティア活動等の職業以外の活動を含むものであることの十分な理解に基づき、相談者がキャリア形成における仕事の理解を深めるための支援をすること。
	② インターネット上の情報媒体を含め、職業や労働市場に関する情報の収集、検索、活用方法等について相談者に対して助言すること。
	③ 職務分析、職務、業務のフローや関係性、業務改善の手法、職務再設計、（企業方針、戦略から求められる）仕事上の期待や要請、責任についての理解に基づき、相談者が自身の現在及び近い将来の職務や役割の理解を深めるための支援をすること。
（4）自己啓発の支援	次に掲げる事項を適切に実施するために、自己啓発の支援について一般的な知識を有すること。
	① インターンシップ、職場見学、トライアル雇用等により職業を体験してみることの意義や目的について相談者自らが理解できるように支援し、その実行について助言すること。
	② 相談者が啓発的経験を自身の働く意味・意義の理解や職業選択の材料とすることができるように助言すること。
（5）意思決定の支援	次に掲げる事項を適切に実施するために、意思決定の支援について一般的な知識を有すること。

資料① キャリアコンサルタント試験の出題範囲

試験科目及びその範囲	試験科目及びその範囲の細目
①キャリア・プランの作成支援	自己理解、仕事理解及び啓発的経験をもとに、職業だけでなくどのような人生を送るのかという観点や、自身と家族の基本的生活設計の観点等のライフプランを踏まえ、相談者の中高年齢期をも展望した中長期的なキャリア・プランの作成を支援すること。
②具体的な目標設定への支援	相談者のキャリア・プランをもとにした中長期的な目標や展望の設定と、それを踏まえた短期的な目標の設定を支援すること。
③能力開発に関する支援	相談者の設定目標を達成するために必要な自己学習や職業訓練等の能力開発に関する情報を提供するとともに、相談者自身が目標設定に即した能力開発に対する動機付けを高め、主体的に実行するためのプランの作成及びその継続的見直しについて支援すること。
(6) 方策の実行の支援	次に掲げる事項を適切に実施するために、方策の実行の支援について一般的な知識を有すること。
①相談者に対する動機づけ	相談者が実行する方策（進路・職業の選択、就職、転職、職業訓練の受講等）について、その目標、意義の理解を促し、相談者が自らの意思で取り組んでいけるように働きかけること。
②方策の実行のマネジメント	相談者が実行する方策の進捗状況を把握し、相談者に対して現在の状況を理解させるとともに、今後の進め方や見直し等について、適切な助言をすること。
(7) 新たな仕事への適応の支援	次に掲げる事項を適切に実施するために、新たな仕事への適応の支援について一般的な知識を有すること。
	①方策の実行後におけるフォローアップも、相談者の成長を支援するために重要であることを十分に理解し、相談者の状況に応じた適切なフォローアップを行うこと。
(8) 相談過程の総括	次に掲げる事項を適切に実施するために、相談過程の総括の支援について一般的な知識を有すること。
①適正な時期における相談の終了	キャリアコンサルティングの成果や目標達成具合を勘案し、適正だと判断できる時点において、相談を終了することを相談者に伝えて納得を得た上で相談を終了すること。

試験科目及びその範囲	試験科目及びその範囲の細目
②相談過程の評価	相談者自身が目標の達成度や能力の発揮度について自己評価できるように支援すること、またキャリアコンサルタント自身が相談支援の過程と結果について自己評価すること。
IV　キャリアコンサルタントの倫理と行動	
1　キャリア形成及びキャリアコンサルティングに関する教育並びに普及活動	次に掲げる事項を適切に実施するために、キャリア形成及びキャリアコンサルティングに関する教育並びに普及活動について一般的な知識を有すること。 ①　個人や組織のみならず社会一般に対して、様々な活動を通じてキャリア形成やキャリアコンサルティングの重要性、必要性等について教育・普及すること。 ②　それぞれのニーズを踏まえ、主体的なキャリア形成やキャリア形成支援に関する教育研修プログラムの企画、運営をすること。
2　環境への働きかけの認識及び実践	次に掲げる事項を適切に実施するために、環境への働きかけの認識及び実践について一般的な知識を有すること。 ①　個人の主体的なキャリア形成は、個人と環境（地域、学校・職場等の組織、家族等、個人を取り巻く環境）との相互作用によって培われるものであることを認識し、相談者個人に対する支援だけでは解決できない環境（例えば、学校や職場の環境）の問題点の発見や指摘、改善提案等の環境への介入、環境への働きかけを、関係者と協力（職場にあってはセルフ・キャリアドックにおける人事部門との協業、経営層への提言や上司への支援を含む）して行うこと。
3　ネットワークの認識及び実践	
（1）ネットワークの重要性の認識及び形成	次に掲げる事項を適切に実施するために、ネットワークの重要性の認識及び形成について一般的な知識を有すること。

資料① キャリアコンサルタント試験の出題範囲

試験科目及びその範囲	試験科目及びその範囲の細目
	① 個人のキャリア形成支援を効果的に実施するためには、行政、企業の人事部門等、その他の専門機関や専門家との様々なネットワークが重要であることを認識していること。 ② ネットワークの重要性を認識した上で、関係機関や関係者と日頃から情報交換を行い、協力関係を築いていくこと。 ③ 個人のキャリア形成支援を効果的に実施するため、心理臨床や福祉領域をはじめとした専門機関や専門家、企業の人事部門等と協働して支援すること。
（2）専門機関への紹介及び専門家への照会	次に掲げる事項を適切に実施するために、専門機関への紹介及び専門家への照会について一般的な知識を有すること。 ① 個人や組織等の様々な支援ニーズ（メンタルヘルス不調、発達障害、治療中の（疾患を抱えた）者等）に応える中で、適切な見立てを行い、キャリアコンサルタントの任務の範囲、自身の能力の範囲を超えることについては、必要かつ適切なサービスを提供する専門機関や専門家を選択し、相談者の納得を得た上で紹介あっせんすること。 ② 個人のキャリア形成支援を効果的に実施するために必要な追加情報を入手したり、異なる分野の専門家に意見を求めること。
4 自己研鑽及びキャリアコンサルティングに関する指導を受ける必要性の認識	
（1）自己研鑽	次に掲げる事項を適切に認識する、または実施するために、自己研鑽について詳細な知識を有すること。 ① キャリアコンサルタント自身が自己理解を深めることと能力の限界を認識することの重要性を認識するとともに、常に学ぶ姿勢を維持して、様々な自己啓発の機会等を捉えた継続学習により、新たな情報を吸収するとともに、自身の力量を向上させていくこと。

試験科目及びその範囲	試験科目及びその範囲の細目
	② 特に、キャリアコンサルティングの対象となるのは常に人間であることから、人間理解の重要性を認識すること。
（2）スーパービジョン	次に掲げる事項を適切に認識する、または実施するために、スーパービジョンの意義、目的、方法等について詳細な知識を有すること。 ① スーパーバイザーから定期的に実践的助言・指導（スーパービジョン）を受けることの必要性。 ② スーパービジョンを受けるために必要な逐語録等の相談記録を整理すること。
5 キャリアコンサルタントとしての倫理と姿勢	
（1）活動範囲・限界の理解	次に掲げる事項を適切に認識する、または実施するために、活動範囲・限界の理解について詳細な知識を有すること。 ① キャリアコンサルタントとしての活動の範囲には限界があることと、その限界には任務上の範囲の限界のほかに、キャリアコンサルタント自身の力量の限界、実践フィールドによる限界があること。 ② 活動の範囲内において、誠実かつ適切な配慮を持って職務を遂行しなければならないこと。 ③ 活動範囲を超えてキャリアコンサルティングが行われた場合には、効果がないだけでなく個人にとって有害となる場合があること。
（2）守秘義務の遵守	守秘義務の遵守を実践するために、相談者のプライバシーや相談内容は相談者の許可なしに決して口外してはならず、守秘義務の遵守はキャリアコンサルタントと相談者の信頼関係の構築及び個人情報保護法令に鑑みて最重要のものであることについて詳細な知識を有すること。
（3）倫理規定の厳守	倫理規定の厳守を実践するために、キャリア形成支援の専門家としての高い倫理観を有し、キャリアコンサルタントが守るべき倫理規定（基本理念、任務範囲、守秘義務の遵守等）について詳細な知識を有すること。

資料① キャリアコンサルタント試験の出題範囲

試験科目及びその範囲	試験科目及びその範囲の細目
（4）キャリアコンサルタントとしての姿勢	次に掲げる事項を適切に認識する、または実施するために、キャリアコンサルタントとしての姿勢について詳細な知識を有すること。 ① キャリアコンサルティングは個人の人生に関わる重要な役割、責任を担うものであることを自覚し、キャリア形成支援者としての自身のあるべき姿を明確にすること。 ② キャリア形成支援者として、自己理解を深め、自らのキャリア形成に必要な能力開発を行うことの必要性について、主体的に理解すること。

●特定非営利活動法人 日本キャリア開発協会および特定非営利活動法人 キャリアコンサルティング協議会の公表する「キャリアコンサルタント試験の試験科目及びその範囲並びにその細目」より、学科試験記載部分について抜粋。

資料② キャリアコンサルタント倫理綱領

前文

　キャリアコンサルタントは、労働者の職業の選択、職業生活設計又は職業能力の開発及び向上に関する相談に応じ、助言及び指導を行うことを職務とする。キャリアコンサルタントの使命は、相談者のキャリア形成上の問題・課題の解決とキャリアの発達を支援し、もって組織および社会の発展に寄与することである。その使命を果たすための基本的な事項を「キャリアコンサルタント倫理綱領」として定める。

　全てのキャリアコンサルタントは、本倫理綱領を遵守するとともに、誠実な態度と責任感をもって、その使命の遂行のために職務に励むものとする。

第1章　基本的姿勢・態度

（基本的理念）

第1条　キャリアコンサルタントは、キャリアコンサルティングを行うにあたり、人間尊重を基本理念とし、個の尊厳を侵してはならない。

　2 キャリアコンサルタントは、キャリアコンサルティングが、相談者の生涯にわたる充実したキャリア形成に影響を与えることを自覚して誠実に職務を遂行しなければならない。

（品位の保持）

第2条　キャリアコンサルタントは、キャリアコンサルタントとしての品位と誇りを保持し、法律や公序良俗に反する行為をしてはならない。

資料② キャリアコンサルタント倫理綱領

（信頼の保持・醸成）

第3条　キャリアコンサルタントは、常に公正な態度をもって職務を行い、専門家としての信頼を保持しなければならない。

　2 キャリアコンサルタントは、相談者を国籍・性別・年齢・宗教・信条・心身の障害・社会的身分等により差別してはならない。

　3 キャリアコンサルタントは、相談者の利益をあくまでも第一義とし、研究目的や興味を優先してキャリアコンサルティングを行ってはならない。

（自己研鑽）

第4条　キャリアコンサルタントは、キャリアコンサルティングに関する知識・技能を深める、上位者からの指導を受けるなど、常に資質向上に向けて絶えざる自己研鑽に努めなければならない。

　2 キャリアコンサルタントは、組織を取り巻く社会、経済、環境の動向や、教育、生活の場にも常に関心をはらい、専門家としての専門性の維持向上に努めなければならない。

　3 キャリアコンサルタントは、より質の高いキャリアコンサルティングの実現に向け、他の専門家とのネットワークの構築に努めなければならない。

（守秘義務）

第5条　キャリアコンサルタントは、キャリアコンサルティングを通じて、職務上知り得た事実、資料、情報について守秘義務を負う。但し、身体・生命の危険が察知される場合、又は法律に定めのある場合等は、この限りではない。

　2 キャリアコンサルタントは、キャリアコンサルティングの事例や研究の公表に際して、プライバシー保護に最大限留意し、相談者や関係者が特定されるなどの不利益が生じることがないように適切な措置をとらなければならない。

（誇示、誹謗・中傷の禁止）

第6条　キャリアコンサルタントは、自己の身分や業績を過大に誇示したり、他のキャリアコンサルタントまたは関係する個人・団体を誹謗・中傷してはならない。

第2章　職務遂行上の行動規範

（説明責任）

第7条　キャリアコンサルタントは、キャリアコンサルティングを実施するに
　　　あたり、相談者に対してキャリアコンサルティングの目的、範囲、守秘義
　　　務、その他必要な事項について十分な説明を行い、相談者の理解を得た上
　　　で職務を遂行しなければならない。

（任務の範囲）

第8条　キャリアコンサルタントは、キャリアコンサルティングを行うにあた
　　　り、自己の専門性の範囲を自覚し、専門性の範囲を超える業務の依頼を引
　　　き受けてはならない。

　2 キャリアコンサルタントは、明らかに自己の能力を超える業務の依頼を引
　　　き受けてはならない。

　3 キャリアコンサルタントは、必要に応じて他の分野・領域の専門家の協力
　　　を求めるなど、相談者の利益のために、最大の努力をしなければならない。

（相談者の自己決定権の尊重）

第9条　キャリアコンサルタントは、キャリアコンサルティングを実施するに
　　　あたり、相談者の自己決定権を尊重しなければならない。

（相談者との関係）

第10条　キャリアコンサルタントは、相談者との間に様々なハラスメントが起
　　　こらないように配慮しなければならない。また、キャリアコンサルタント
　　　は相談者との間において想定される問題や危険性について十分配慮して
　　　キャリアコンサルティングを行わなければならない。

　2 キャリアコンサルタントは、キャリアコンサルティングを行うにあたり、
　　　相談者との多重関係を避けるよう努めなければならない。

資料② キャリアコンサルタント倫理綱領

（組織との関係）

第11条　組織との契約関係にあるキャリアコンサルタントは、キャリアコンサルティングを行うにあたり、相談者に対する支援だけでは解決できない環境の問題や、相談者の利益を損なう問題等を発見した場合には、相談者の了解を得て、組織への問題の報告・指摘・改善提案等の環境への働きかけに努めなければならない。

　2　キャリアコンサルタントは、キャリアコンサルティングの契約関係にある組織等と相談者との間に利益が相反するおそれがある場合には、事実関係を明らかにした上で、相談者の了解のもとに職務の遂行に努めなければならない。

雑則

（倫理綱領委員会）

第12条　本倫理綱領の制定・改廃の決定や運営に関する諸調整を行うため、キャリアコンサルティング協議会内に倫理綱領委員会をおく。

　2　倫理綱領委員会に関する詳細事項は、別途定める。

附則

この綱領は平成20年9月1日より施行する。

この綱領は平成25年10月1日より改正施行する。

この綱領は平成28年4月1日より改正施行する。

この綱領は平成29年8月1日より改正施行する。

●特定非営利活動法人キャリアコンサルティング協議会「キャリアコンサルタント倫理綱領」

引用・参考文献

- 木村周著『キャリアコンサルティング　理論と実際 5訂版』2018年、一般社団法人雇用問題調査会
- 渡辺三枝子編著『新版キャリアの心理学［第2版］』2018年、ナカニシヤ出版
- 労働政策研究・研修機構編『新時代のキャリアコンサルティング』2016年、独立行政法人労働政策研究・研修機構
- 宮城まり子著『キャリアカウンセリング』2002年、駿河台出版社
- 岡田昌毅著『働くひとの心理学』2013年、ナカニシヤ出版
- 福原眞知子監修『マイクロカウンセリング技法－事例場面から学ぶ－』2007年、風間書房
- 金井壽宏著『経営組織―経営学入門シリーズ』1999年、日本経済新聞社（現：日本経済新聞出版）

著者運営サイト

「みんなで合格☆キャリアコンサルタント試験」では、試験情報や学習法などの情報提供のほか、重要なポイントのまとめや練習問題、これまでのすべての過去問題の詳しい解説を提供している。また、受験者からのアンケートなども定期的に実施して公開しており、「みんなで合格」をサポートするコンテンツを豊富に提供している。

URL https://www.career-consultant.info/

Index <索引>

数字

36（さぶろく）協定	92
4L	32

アルファベット

CADS&CADI	194
CSP	195
e-ラーニング	6
ERGモデル	49
GATB	19, 194
ILP	31
LGBT	166
MBO	94
NEET	159
Off-JT	64
OHBYカード	194
OJT	64
RIASEC	75
SCCT	39
SOHO	96
SST	59
Tグループ	183
VPI	21
VPI職業興味検査	193
VRT	193
VRTカード	194
Y-G性格検査	195

あ行

アイデンティティ	22, 151
アイビイ	177
アセスメント	193
アダプタビリティ	22
アルコール依存症	147
アルダファ	49
育児・介護休業法	116
育児休業	116
育児休業給付金	116
意思決定	44, 198
一般職業紹介状況	105
イド	53
イラショナルビリーフ	55
インターンシップ	136, 198
インテーク面談	188
インフォームド・コンセント	191
請負	88
うつ病	147
衛生要因	49
エクササイズ	182
エゴ	53
エス	53
エッセンシャルワーク	2
エリクソン	151
エリス	55
エンプティ・チェア	55
エンプロイアビリティ	195
オペラント条件付け	56

か行

カーカフ	176
解決志向アプローチ	58
介護休暇	117
介護休業	117
介護休業給付金	117
外国人雇用	168
介護保険	121
解雇予告	90
外的キャリア	28

解約	90
解離性障害	147
家族療法	58
学校基本調査	135
学校教育法	130
空の椅子	55
環境への働きかけ	211
観察学習	38
感情的アプローチ	52
感情転移	55
完全失業者	103
完全失業率	103, 104, 106
機会遭遇理論	39
基本的かかわり技法	178
逆転移	55
キャリア・アダプタビリティ	33
キャリアアップ助成金	74
キャリア・アンカー	30
キャリア・インサイト	194
キャリア・ガイダンス	19, 21
キャリア・カウンセリングにおける学習理論	40
キャリア教育	131
キャリア構築インタビュー	33
キャリア構築理論	32
キャリアコンサルタントの能力要件の見直し等に関する報告書	13
キャリアコンサルタント倫理綱領	214, 217, 220
キャリア・サイクル	30
キャリア・サバイバル	31
キャリアシート	77
キャリアシミュレーションプログラム	195
キャリア自律	208
キャリア・デザイン研修	209
休業者	103
休憩時間	92
休日	93
休日手当	110
求職者支援訓練	70
求人倍率	104
教育訓練休暇制度	5
教育訓練給付金制度	72
教育訓練支援給付金	74
共感的態度	192
協働	188
局所論	53
ギンズバーグ	26
勤務間インターバル制度	114
グラッサー	58
クランボルツ	40
グループアプローチ	181
クレペリン検査	194
計画された偶発性理論	40
景気動向指数	106
ゲシュタルト療法	55
月間有効求職者数	104
月間有効求人数	104
健康保険	121
現実療法	58
限定正社員	96
公共職業安定所	105
構成的グループ・エンカウンター	182
厚生年金	121
厚生労働省編一般職業適性検査	19
厚生労働省編職業分類	196
厚生労働白書	2
構造論	53
公的職業訓練	70
公的年金制度	120

299

行動的アプローチ	56
行動療法	56
高度プロフェッショナル制度	9
高齢社会白書	161
コーヒーカップ・モデル	175
國分康孝	175
国民健康保険	121
国民年金	120
個体発達分化の図式	151
個別労働紛争解決促進法	116
雇用保険法	117
コラボレーション	188
コンサルテーション	188, 214
コンセンサスゲーム	184
コンピテンシー	195

さ行

サイコドラマ	184
在宅勤務	96
採用管理	87
サテライトオフィス	96
サビカス	32
サポステ	160
シェアリング	182
ジェラット	44
自我	53
自我同一性	151
時間外手当	110
指揮命令関係	88
自己一致	52, 192
自己開示	178, 182, 192
自己概念理論	26
自己啓発	197
自己決定権	192
自己研鑽	217
自己効力感	39
自己実現	48
自己盲点	182
自己理解	192
システマティック・アプローチ	174
システムズ・アプローチ	58
失業等給付	117
失業保険金	118
自動思考	56
シャイン	28
社会人基礎力	134
社会的学習理論	38
社会認知的キャリア理論	39
社会保障制度	120
若年者雇用実態調査	160
社内FA	90
社内検定認定制度	75
社内公募	90
社内ベンチャー	90
就業規則	93
就業構造基本調査	106
就業者	103
従業者	103
就業率	103
就労条件総合調査	106
主観的可能性	45
出向	88
受容的態度	192
シュロスバーグ	156
純粋性	192
照会	188, 214
紹介	214
障害者	161
障害者雇用促進法	162
障害者総合支援法	163
職業興味検査	21
職業生活設計	13

職業的適合性	27
職業能力開発基本計画	4
職業能力開発促進法	4, 119
職業能力評価基準	75
職業の選択	18
職業パーソナリティ	33
職業レディネス・テスト	193
職能資格制度	95
職場復帰支援	144
職務等級制度	95
女性活躍推進法	166
ジョブ・カード制度	75
ジョブ・コーチ	164
新規求職申込件数	104
新規求人数	104, 106
新規求人倍率	104
人材開発支援助成金	74
人事考課	93
人事制度	94
人生の4つの役割	32
深夜手当	110
心理劇	184
睡眠	143
スーパー	26
スーパーエゴ	53
スーパービジョン	188, 217
スキナー	56
ストレス	140
ストレスチェック制度	141
ストレス反応	140
ストレス要因	140
ストレッサー	140
スリー・レター・コード	21
性格特性	19
精神疾患	146
精神分析理論	53
セクシュアル・ハラスメント	165
積極的不確実性	45
セルフ・キャリアドック	5, 13, 209
漸成的発達理論	151
専門職大学等	131
早期退職優遇制度	91
双極性障害	147
相談過程全体の進行の管理	187
相談場面	190
ソーシャル・スキル・トレーニング	59
組織の三次元モデル	29

た行

代休	93
退職管理	90
達成動機理論	50
試し出勤制度	146
男女共同参画白書	165
地域若者サポートステーション	6, 160
チャレンジ雇用	164
超自我	53
ちりょうさ	167
治療と仕事の両立支援	167
賃金構造基本統計調査	105
賃金の支払い	109
ディベート	184
適応コンピテンス	22
適応障害	147
適応モチベーション	22
適性検査	194
テレワーク	2, 96
転機	156
転籍	88
動機づけ要因	49
等級制度	94
統合失調症	147

統合的人生設計 31
東大式エゴグラム 194
特性因子論 18
トライアル雇用 198
ドラッカー 94
トランジション 156

な行

内的キャリア 28
ニート 159
日本標準産業分類 196
日本標準職業分類 196
認知行動療法 55
認知的アプローチ 55
認知的不協和理論 46
認知療法 56
ネットワーク 214
年次有給休暇 110
能力開発基本調査 65

は行

ハーズバーグ 49
パーソナリティ 19
パーソンズ 18
パールズ 55
ハヴィガースト 153
派遣 88
派遣の期間制限 115
働き方改革 7
働き方改革実行計画... 8
発達障害 147, 162
パニック障害 147
ハロートレーニング 70
ハローワーク 105
ハローワークインターネットサービス 197
パワハラ防止法 9
ハンセン 31
バンデューラ 38
評価誤差 94
ヒルトン 46
非労働力人口 103
非論理的な信念 55
ファシリテーター 182
不安障害 147
振休 93
フリー・チョイス 45
フリーランス 2
ブリッジス 157
ブレイン・ライティング法 184
フロイト 53
プロティアン・キャリア 22
プロンフェンブレナー 34
ベーシック・エンカウンター・グループ 182
ベック 56
ヘルピング 176
変幻自在 22
防衛機制 54
包括的・折衷的アプローチ 174
方策の実行 199
法定雇用率 162
法定労働時間 92
ホール 22
補助自我 184
母性保護規定 112
ホランド 19

ま行

マージナルマン 154
マイクロカウンセリング 177
マイクロ技法 177
マキシ・サイクル 27
マクレランド 50

マズロー 48
マッチングの理論 18
ミニ・サイクル 27
無期労働契約 113
メイヤー 190
メタ・コンピテンシー 22
メンタルヘルスケア 142
目標管理制度 94
モデリング 38

や行

有期労働契約 113
有効求人倍率 104, 105, 106
欲求階層説 48

ら行

来談者中心療法 52
ライフ・キャリア・レインボー 27
ライフ・ステージ 27
ライフテーマ 33
ライフ・ロール 26, 27
ラポール 174, 177, 188
リアリティ・セラピー 58
リーダーシップ理論.. 95
リカレント教育 13, 64
離職者訓練 70
リハビリテーションカウンセリング 164
リファー 188, 192, 214
リレーション 174, 176, 188
レヴィン 154, 184
レスポンデント条件付け 56
レビンソン 152
連続的意思決定プロセス 45
労災保険法 118
労働安全衛生法 114
労働基準法 109
労働経済の分析 3
労働契約法 113
労働時間管理 92
労働時間等設定改善法 114
労働施策総合推進法 9
労働市場 102
労働者災害補償保険法 118
労働者派遣法 115
労働条件 111
労働力人口 103
労働力人口比率 103
労働力調査 102, 104
ロー 19
ロジャーズ 52, 182
六角形 20
論理療法 55

わ行

ワークショップ 184
ワーク・ライフ・バランス 4
ワールドカフェ 184
割増賃金 110

301

原田 政樹（はらだ まさき）

みんなで合格☆キャリアコンサルタント試験管理人／キャリアコンサルタント／株式会社 ココスタディ代表取締役社長。
1974年、神奈川県生まれ。大学卒業後、教育関連の会社に入社し、資格試験対策や企業研修用の教材開発や営業に携わり、2014年に独立。
「楽習（がくしゅう）」をモットーに、講義や研修×書籍×WEBを組み合わせ、忙しい方でもいつでも楽しく学べて「みんなで合格」できる仕組みづくりを追求している。

また、求職者向けの職業訓練（委託訓練）や商工会議所のセミナー講師、大学でのキャリア教育科目のゲスト講師も務めている。
著者の運営する国家資格キャリアコンサルタント試験対策のWEBサイト「みんなで合格☆キャリアコンサルタント試験」は、充実した学習コンテンツと親身な学習サポートが人気を呼び、キャリアコンサルタントを目指す受験者の必見サイトとなっている。

みんなで合格☆キャリアコンサルタント試験
https://www.career-consultant.info/

ソーシャルメディア
Twitter　　　https://twitter.com/masakyharada
Facebook　　https://www.facebook.com/masaki.harada2

■保有する資格、検定
国家資格キャリアコンサルタント、CDA資格、メンタルヘルス・マネジメント検定Ⅱ種、日本商工会議所 簿記検定1級、日本商工会議所 販売士検定1級、全国経理教育協会 簿記能力検定上級、税理士試験 簿記論、財務諸表論、2級ファイナンシャル・プランニング技能士

ブックデザイン　　清水 佳子（smz'）
カバーイラスト　　浜畠 かのう
本文イラスト　　　加藤 裕司（クレアート デザイン）
編集・DTP　　　　株式会社トップスタジオ

キャリア教科書
国家資格キャリアコンサルタント
学科試験 テキスト＆問題集 第2版

2019年7月31日　初　版　第1刷発行
2021年3月17日　第2版　第1刷発行
2022年5月10日　第2版　第3刷発行

著者　　　原田 政樹
発行人　　佐々木 幹夫
発行所　　株式会社 翔泳社（https://www.shoeisha.co.jp）
印刷　　　昭和情報プロセス株式会社
製本　　　株式会社 国宝社

©2021 Masaki Harada

本書は著作権法上の保護を受けています。本書の一部または全部について（ソフトウェアおよびプログラムを含む）、株式会社翔泳社から文書による許諾を得ずに、いかなる方法においても無断で複写、複製することは禁じられています。
本書へのお問い合わせについては、ⅱページに記載の内容をお読みください。
造本には細心の注意を払っておりますが、万一、乱丁（ページの順序違い）や落丁（ページの抜け）がございましたら、お取り替えします。03-5362-3705までご連絡ください。

ISBN978-4-7981-6989-7　　　　　　　　　　　　　　　Printed in Japan